中国轻工业“十三五”规划教材
天津市“十三五”重点规划教材
天津市高校课程思政优秀教材

广告策划与媒体创意

修订版

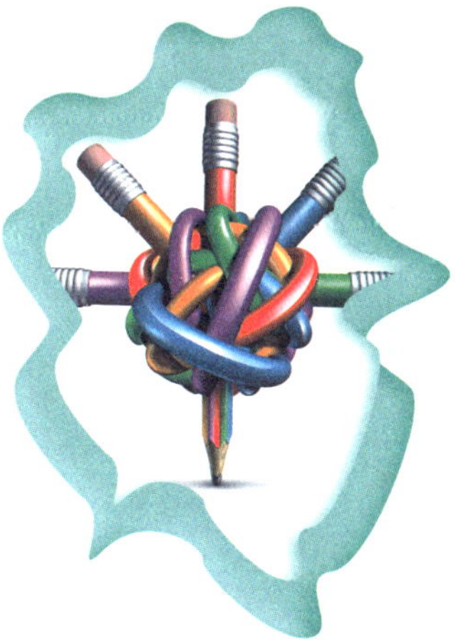

ADVERTISING
PLANNING
AND MEDIA
CREATIVITY

王艺湘 编著

中国轻工业出版社

图书在版编目（CIP）数据

广告策划与媒体创意 / 王艺湘编著. — 修订版. — 北京 ：中国轻工业出版社，2023.9
高等院校艺术设计“十三五”规划教材
ISBN 978-7-5184-1543-4

Ⅰ. ①广… Ⅱ. ①王… Ⅲ. ①广告学—高等学校—教材 Ⅳ. ①F713.81

中国版本图书馆CIP数据核字（2017）第188536号

责任编辑：李　红　　责任终审：劳国强　　整体设计：锋尚设计
责任校对：吴大朋　　责任监印：张京华

出版发行：中国轻工业出版社（北京东长安街6号，邮编：100740）
印　　刷：艺堂印刷（天津）有限公司
经　　销：各地新华书店
版　　次：2023年9月第2版第6次印刷
开　　本：889×1194　1/16　印张：9.5
字　　数：260千字
书　　号：ISBN 978-7-5184-1543-4　定价：48.00元
邮购电话：010-65241695
发行电话：010-85119835　传真：85113293
网　　址：http://www.chlip.com.cn
Email：club@chlip.com.cn
如发现图书残缺请与我社邮购联系调换
230973J1C206ZBQ

前言

有人说："地球是一块最大的广告牌。"确实，随着市场经济激烈竞争的日益加剧，广告作为企业开拓市场、扩大销售的一种有力手段，能有效地建立起企业通向消费市场的渠道，并时刻存在于我们的生活中，成为广大消费者选择、购买商品的良好指引。广告学在我国还是一门正在实践中发展的新兴学科，涉及市场营销学、传播学、写作学、美学等多种学科，它由广告策划、广告创意、广告设计、广告写作、媒体传播等要素共同构成，其中任何一个环节的创作质量都将影响到广告效果的实现，而在这里，广告策划与媒体创意就显得尤为重要。

广告策划与媒体创意设计是广告的一个分支，同时又是广告活动的重要组成部分，它既体现设计领域中审美、实用的特质，同时又承担信息传播的独特使命。广告策划与媒体创意是广告的物化，而且是广告主题的集中表现。广告的效果取决于广告策划与媒体创意，广告策划与媒体创意在整个广告作品中具有举足轻重的地位，直接关系到整个广告活动的成败。它是为了适应市场经济发展的需要，为各类专业广告公司、媒介公司、企事业单位培养掌握广告设计方法、有较强广告设计与制作能力的专业性设计人才。因此，分析、研究广告策划与媒体创意在整个广告活动中的地位、意义，以及广告文案与广告对象、广告文案与媒体、广告文案与受众、传统广告媒体与新兴广告媒体等的关系成为本书的重要内容，它不仅有助于广告学研究的深入发展，而且能给广告从业人员、广告专业的学生、艺术设计及视觉传达专业的学生一个切实有效的指引。

本书借鉴了广告史上一些优秀的广告作品，并结合近年来国内外广告界出现的一些较精彩的设计案例，对广告策划与媒体创意的基本原理、设计技巧等进行了深入浅出的分析，力求做到理论与实践并重，普及与提高兼顾，以期为设计成功的广告提供一些理论与可操作性的指导。但限于编者的水平，谬误之处在所难免，恳请读者批评指正。

本书从内容总体安排上，力图突出四个特点：一是突出基础教育的全面系统性，把握设计艺术教育厚基础、宽口径的原则；二是结合新的艺术设计理念和实例，体现广告策划与媒体创意的现代特点和国际化趋势；三是体现视觉传达设计专业的实用性特点，注重教学需要；四是突显广告策划与媒体创意在广告设计中的重要位置。

为贯彻落实《中共中央关于认真学习宣传贯彻党的二十大精神的决定》，推动党的二十大精神进教材、进课堂、进头脑及时全面准确在高校教材中落实党的二十大精神，根据天津市教材委员会办公室《关于做好党的二十大精神进教材工作的实施方案》文件精神，本教材的修订旨在更好地推进文化自信自强的时代背景与现实途径研究，解决"培养什么人、怎样培养人、为谁培养人"这一根本问题。在本书编写过程中得到中国轻工业出版社大力支持，有关编辑提出了许多宝贵意见，并对图文进行了辛勤的校勘，在此一并表示衷心的感谢！

王艺湘

2023年2月

CONTENTS

目　录

CHAPTER

01

第一部分

广告策划

第1章 广告策划相关概念

一、广告学与广告

（一）广告学

广告学是一门新生科学，它反映了广告活动的客观规律。广告学是经过广大的广告科研工作者与广告工作者的共同努力，在总结了大量的广告活动成功与失败的经验后，运用先进的研究方法，借助于现代科学的分析技术，又将广告知识进行系统的整理、综合、总结的基础上，把经验提升到理论的高度，从而探索出广告活动的规律，形成广告原理，揭示了广告活动促进商品销售规律的本质。同时，广告活动又是借助艺术手段来进行的，广告对消费者行为的影响也是通过艺术形式来进行的（图1-1）。因此广告学既是一门综合性边缘科学，又是一门艺术。

说广告学是一门综合性的边缘科学，是因为广告学涉及社会学、经济学、心理学、新闻学、传播学、语言学、统计学、美学、声学、光学、电学等众多学科。广告学又是一门独立的科学，它本身有着自己完整的理论体系和许多分支学科。例如，它包括广告理论学、实用广告学、历史广告学、市场广告学、广告心理学、广告美学、广告文学、广告摄影学、广告设计学、广告史、广告写作、广告策划、广告战略、广告战术、媒体选择、广告心理、广告摄影、广告设计、广告管理、广告道德规范等一系列原理和理论。这些原理和理论揭示了广告活动的基本规律。

图1-1
绝对牌伏特加酒

说广告学是一门艺术，是因为广告在创意、文字、图画、色彩、字体、修辞等方面都要运用艺术原理，讲求艺术性（图1-2a、图1-2b）。艺术是文学、绘画、雕塑、建筑、音乐、舞蹈、戏剧、电影、曲艺等的总称。它是以形象来反映现实生活，反映社会生活的各个领域的，是一种富有创造性的方式。艺术也是一种认识，是通过形象把这种认识表现出来。艺术有其社会作用，如认识作用、思想教育作用、审美作用等。广告通过艺术的手法表现产品的形象，以准确、生动、简洁、鲜明、富于艺术感染力的方式表现广告内容，给消费者以美的享受，从而引起消费者对广告的注意和兴趣。

广告学是一门独立的学科，它是研究广告活动的历史、理论、策略、制作与经营管理的学科。有关广告的知识，起初只零星地见之于新闻学科和经济学科的部分章节内，且很不成系统。到现在为止，广告知识仍是这些学科的组成内容之一，如新闻学、市场学、企业管理学、商业心理学等都论述到广告的内容。随着商品经济的发展，市场由“卖方市场”向“买方市场”的转化，使市场竞争日趋激烈，争夺消费者和增加市场占有份额成为企业成败的关键。随着科学技术的进步，广告手段日益科学化、现代化，运用广告来开拓市场，争夺消费者，成为企业开发市场、扩大商品销售的重要手段。由于广告活动的范围日益扩大，广告活动的形势日趋丰富多彩，广告业务不断增加，专业广告组织也开始出现，对广告理论和广告策略的研究也日益为人们所重视。为了加强对广告人才的专业化培养，加强对广告理论的研究，高等学府或增设了广告专业或开设了广告课程。广告理论研究的日益发展和广告工作的实际需要，使广告学逐

图1-2b
香蕉

图1-2a
卡门

渐从新闻学和商业经济学中分离出来，成了一门正规的、独立的学科。

广告学从属于社会科学领域的经济学科，它揭示了广告促进商品销售的科学规律。人们只要按照这些规律去从事广告活动，就必然会收到好的经济效益和心理效果。否则，如果在广告活动中违反这些规律，就必然会导致失败。比如，广告要取得视听效果，就必然要符合人们对客观事物认识的规律性；而不同的市场，也要求广告主具有相应的符合市场特性的广告行为。广告活动事实上是一项经济活动，是受社会各方面因素影响的，而社会各项影响因素又是多变的、复杂的。同时，广告活动也受主观因素的影响，因而广告效果的因果关系也比常见的自然科学中所描述的自然界活动的因果关系要复杂。

广告学是将广告以学术性的方法来教育和研究的学科。不少大学都开设了这个科目，而且通常都列在传播学院下面，是传播学下的二级学科。广告学的两大支柱是传播学和市场营销学。

（二）广告

"广告"顾名思义就是"广而告之"。但是，这个家喻户晓的广告定义未免过于简单，因为它只表述了广告的一个基本属性。广告是商品经济的产物，它顺应市场的发展而发展；广告是一种经济活动，必须按照经济规律办事；广告是一门跨学科的边缘学科，广告活动的全过程涉及和影响到社会生活的各个方面；广告的对象是人，它离不开人的感知、认识、思维、情感、兴趣、记忆、意志等许多的心理现象；广告是一种文化，它通过一定的艺术形式达到传播的目的。

广告的定义可以分为广义和狭义两种。广义的广告泛指一切向公众传播信息并引起人们注意的手段，如布告、声明、启示、通知、演讲等，广义广告的主要特点是广告的内容和对象都比较广泛，包括营利性广告和非营利性广告。狭义的广告指通过各种媒介向用户和消费者宣传商品和劳务，以促进销售或扩大服务的手段，通常称作为"商业广告"或"经济广告"。

广告主以付费的方式，通过公共媒介对其商品或劳务进行宣传，借以向消费者有计划地传递信息，影响人们对所广告的商品或劳务的态度进而诱发其行动而使广告主得到利益的活动。这样的营利性广告的定义，说明了如下问题：

（1）广告是一种有计划有目的的活动。

（2）广告活动的主体是广告主，而广告活动的对象是广大消费者。

（3）广告活动是通过大众传播媒介来进行的，而不是面对面的传播，如推销员的推销。

（4）广告活动的内容是经过有计划地选择的商品或劳务信息。

（5）广告活动的目的，是为了促进商品或劳务的销售，并使广告主从中获取利益。

对于“广告”的定义有着不同的界定和解说。

美国是广告业发展较早的国家之一，我们可以看到其在不同时期对广告的定义：1894年，J.E.肯尼迪说“广告是推销手段”。1948年，美国行销协会说“广告即是由一个明确的广告主以付费的方式对观念、商品或劳务经由非人员式的通道加以揭示与促销的行动。”1981年，美国《管理手册》里说“广告是一种传播工具，能有助于推广商品、劳务或观念。单凭广告本身并不能达到销售的目的。最好的广告是和产品开发、分销渠道、定价、包装、人员销售、调研和售后服务等环节相互影响、互相补充的。广告是全面市场营销的一部分，广告中的商品或劳务能满足客户的需要时，它会有最好的结果。”

此外，我们再看一看不同国家和地区从不同层面上对广告定义展开的各种表述：

“广告是传递信息的一种方式。其目的在于推销商品、劳务，影响舆论，博得政治支持，推进一种事业或引起刊登广告者希望的其他反应。”（《大不列颠百科全书》）。

“广告是以广告主的名义，以不特定大众为传播对象，告知商品及服务的存在、特征及便利性等，使其产生理解、好感乃至购买行为，或是对广告主产生信赖的一种有偿传播活动。”（日本《广告用于事典》）。

英国广告家罗塞尔·科里说：“广告是一种收费的大众传播。其最终目的在于传达信息，创造对广告主（一般为商品及劳务的消费者）的有利态势，进而诱使其采取某种行动。”而日本电通公司总裁田秀雄则从宏观上提出：“广告是推销，广告是服务，广告是文化，广告也是宜人的，广告既是科学，又是艺术。”

我国广告虽然起步较晚，但对于广告理论的研究一开始就得到了广泛的关注与重视。我国大型辞书《辞海》（1980年版）对广告的定义是：“向公众介绍商品、报道服务内容或文娱节目等的一种宣传方式。一般通过报刊、电台、电视台、招贴、电影、幻灯、橱窗布置、商品陈列等方式来进行。”2000年版的《辞海》对广告的定义是：“通过媒体向公众介绍商品、劳务和企业信息等的一种方式。一般指商业广告。从广义上来说，凡是向公众传播社会人士动态、文化娱乐、宣传观念的都属于广告范畴。”

从以上这些广告定义中不难看出，随着社会经济、科学、文化的进步，广告的含义还在不断地完善。

1. 广告的分类

广告的分类，一般都是以广告的不同目的、内容、区域、媒介、对象等进行划分的。

（1）按广告目的分类，可分为营利广告和非营利广告等。

营利广告，主要指商业广告，是以营利为目的的广告。广告的目的是通过宣传推销或劳务，从而取得利润（图1-3a、图1-3b）。

非营利广告包括范围较广，例如，政府和社会团体的公告、通知、启示、声明以及个人的挂失声明、寻人启事、征婚启事等。一般不具营利目的并通过一

图1-3a
“冬天、节日、音乐、舞蹈”——家庭表演活动宣传广告

图1-3b
电影短片之夜

定的媒介发布的广告，都可纳入非营利广告范围（图1-4a～图1-4c）。

（2）按广告对象分类，可分为消费者广告、工业用户广告、商业批发广告等。

消费者广告是一种直接以消费者为对象的广告，它通常由商品生产者和品牌形象组成，以获得消费者的信任（图1-5）。

工业用户广告的宣传对象是大批量使用其产品的工业用户，广告内容多是工业加工制造所需的原材料、机械、零配件、半成品等（图1-6a、图1-6b）。

商业批发广告主要是生产企业向商业批发或零售企业发布的广告，以及商业之间、批发商与零售商之间所发布的广告，其对象是商业和企业（图1-7a、图1-7b）。

图1-4a
“黑暗的结束是光明”招贴

图1-4b
茶杯篇

图1-4c
义务献血-沙漏篇

图1-5
视觉对话公司招贴

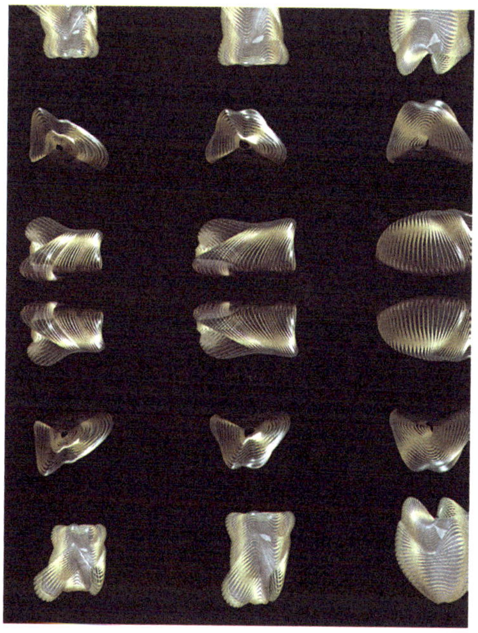

图1-6a
原材料

图1-6b
产品招贴设计

（3）按广告内容分类，可分为商品广告、劳务广告、文娱广告、社会广告、公益广告等。

商品广告在当今国内外广告中数量最多、形式也最广，它主要通过介绍商品的用途、特点、利益、形象来刺激消费者的购买心理，达到给企业带来实际销售利益的目的（图1-8a ~图1-8c）。

劳务广告是向单位和个人提供劳动服务的一种广告，只要通过介绍服务的范围、项目、质量、技术等内容，提供各种劳动服务和中介服务。例如，招聘用工、保养维修、家政家教等（图1-9）。

文娱广告包含内容较广，科学、技术、文学、艺术、体育、卫生、教育、影视、出版、展览等方面所发布的广告都属此范畴（图1-10a~1-10i）。

社会广告大多是由国家政府部门对社会发布的，主要包括市容、城建、公安、交通、财政、税务等方面的内容（图1-11）。

公益广告近年来得到了较好的发展，主要包括环境保护、卫生健康、福利事业、社会公德等方面社会普遍关注的内容，以提高公众关心社会、爱护社会、促进社会的文明建设（图1-12a~图1-12c）。

（4）按广告形式分类，可分为报刊广告、广播广告、电视广告、招贴广告、直邮广告、电子网络

图1-7a
经营天堂

图1-7b
新闻是有分量的

图1-8a
“怕盗”商业广告

图1-8b
商业广告1

图1-8c
商业广告2

图1-9
移址启示广告（劳务广告）

图1-10a
法国杰出艺术家作品展招贴

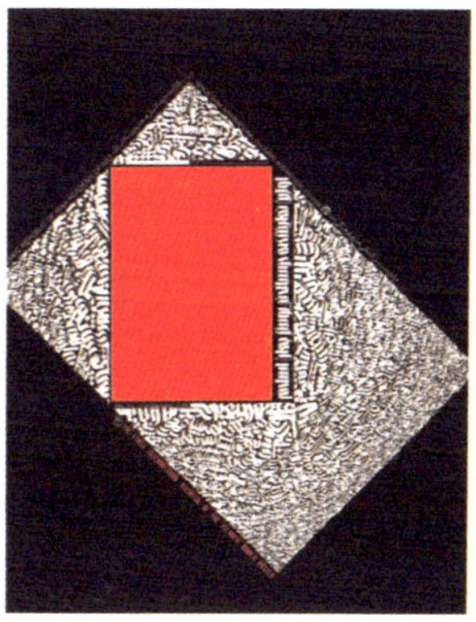

图1-10b
第一届国际伊斯兰世界海报双年展招贴

图1-10c
法国国际设计双年展

图1-10d
“文乐木偶戏，无形的遗产”招贴

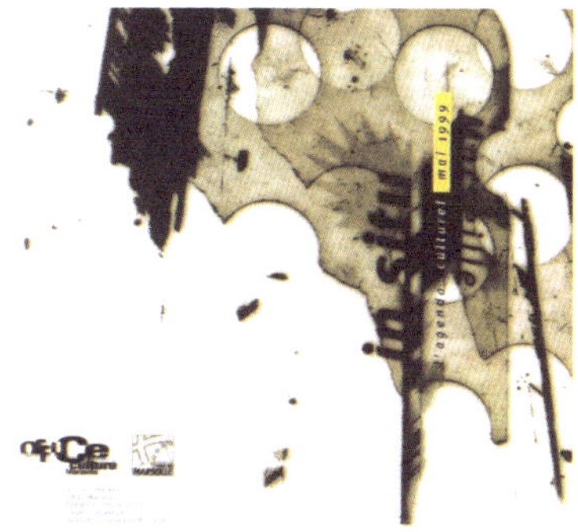

图1-10e
马赛文化活动宣传广告

图1-10f
体育馆宣传广告1

图1-10g
体育馆宣传广告2

图1-10h
体育馆宣传广告3

图1-10i
NSG商店和室内装饰展

图1-11
曾是红色—安全行驶（社会）

图1-12a
“共存”招贴

图1-12b
孩子们是世界的节奏

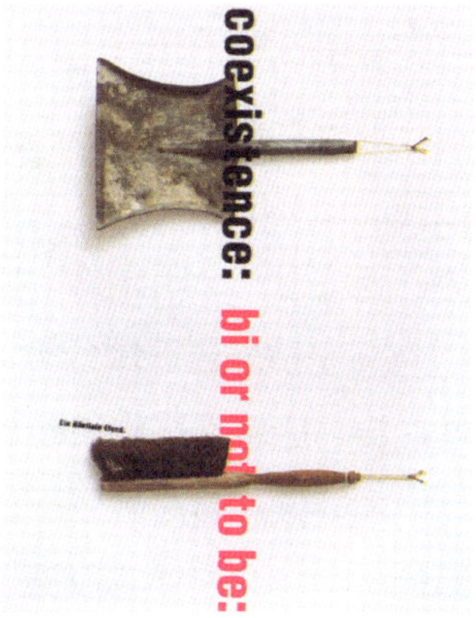

图1-12c
成为或者不做双性恋

广告等。

报刊广告是报纸、杂志媒介发布的广告。报纸、杂志与公众文化生活紧密相连，是一种发行量大、针对性强、有效期长、理解度较高的宣传工具。由于其广告效果好，报刊始终是广告的主要媒介之一。

广播广告是运用无线电波或有线电波播送的广告，尽管它只能听而看不见，但由于广播传播具有迅速、灵活、覆盖面广、价格低等特点，从而仍被普遍运用。

电视广告是当今世界各国广告宣传的主要媒介，它集声音、图像、文字、色彩、动画等各种信息传达要素为一体，有极强的意识表现力和感染力，可以产生较佳的广告效应。

招贴广告是张贴于商店、街道、车站、机场、社区等各种室内外公共场所中的一种印刷广告。其传播面广，表现形式多样，发布形式灵活，艺术性较高，视觉冲击力强，在广告艺术设计中占有重要地位。

直邮广告是通过邮寄方式直接投递到有选择的潜在消费者手里的一种广告。直邮广告有产品目录、宣传样本、明信卡片、销售信函、赠送样品等多种形式。直邮广告便于控制发行量，能直接产生消费者的回应，但也常常被消费者视为“垃圾”。

电子网络广告是随着互联网的不断发展而跻身于传统四大广告媒介之外的一种新颖媒介广告。电子网络广告的主要对象是相对年轻的消费群体，他们比较容易接受新鲜的时尚事物。电子网络广告有旗帜广告、按钮广告、游动浮标、文字连接、画中画、道标等许多形式。如何提高点击率对于电子网络广告是至关重要的。

除了上述几种主要的广告形式外，还有霓虹灯广告、交通工具广告、路牌广告、手电广告等多种形式。现代广告在媒介运用上不断创新，多种形式组合运用而组成的立体式、交叉式、系列式的广告宣传造势已经成为一个明显的特征。

（5）按广告区域分类，可分为国际性广告、全国性广告、区域性广告和地方性广告等。

国际性广告是着眼于世界各地、配合国际营销为目的的广告。它通常以通用性强、销售量大、适用面广、选择行销的产品居多，以便面对文化与消费差异较大的不同受众。

全国性广告是指选择在全国性广告媒介上进行刊播的广告，其目的是激起全国范围的消费者的普遍反响，产生对其产品的认识与认购。

区域性广告是传播面选择在一定区域范围内刊播的广告，通常它是地方性产品、产品销量有限和为扩展销路开辟新市场所采用的一种广告。

地方性广告的广告传播范围更窄，市场范围也小，消费群体目标相对明确集中，广告主大多是商业零售企业和地方工业企业。

此外，广告还可以按诉求方式分为理性诉求广告、感性诉求广告；按管理程度分为一般广告、特殊广告；按部门分为工业广告、商业广告、农业广告、旅游业广告、文教广告、卫生广告、交通广告；而按商品类别则还可以分为食品广告、化妆品广告、酒类广告、服饰广告、玩具广告、药品广告、电器广告等。

2. 广告的作用

现代社会中，广告已成为人们日常生活中不可缺少的内容，在社会的各个方面都起到了相当重要的作用。

（1）传播信息的作用。传播信息是广告最基本的功能。广告通过向目标受众提供各种不同的信息，例如产品信息、市场信息、服务信息、品牌信息、生活信息等进行交流沟通，从而达到广告发布的目的。

（2）发展经济的作用。指导消费、促进消费、赢得市场，是广告的主要任务。广告业的发展，加快了商品的流通和竞争，扩大了销售规模和区域，促进了产品的开发和再生产，从而起到了繁荣市场、增长效益、发挥经济的作用。

（3）宣传教育作用。在铺天盖地的广告环境中，人们日常生活的兴趣、爱好、理想和行为模式不可避免地要受到广告的影响，对于青少年来说尤为显著，这正是广告所起到的一种潜移默化的宣传教育作用。好的广告，应当在介绍商品、劳务等各种信息的同时，融入正确的教育内容，担负起社会的责任，以促进社会向更高层次的方向发展。

（4）美化生活的作用。广告是文化，是科学与艺术的结合。广告通常采用艺术的表现手法来传播信息，艺术形象在广告中是必不可少的。提高广告的文化品位和意识审美价值，使广告受众在接受广告信息的同时，得到美的熏陶和艺术的享受，这对于广告的传播和美化生活、陶冶情操都能起到积极的促进作用。

3. 广告的原则

（1）**真实原则**。真实是广告的生命。保证广告的真实性、维护广告的信誉，是广告客户应付的社会责任和法律责任。广告是促销的一种手段，要想得到消费者的信任，诚实信用是最基本的职业道德。弄虚作假、夸大事实、欺骗公众，或许能骗取一时的利益，但最终只能是适得其反，造成严重后果的还要被依法追究责任并处罚。我国《广告管理条例》中明确规定："广告内容必须真实、健康、清晰、明白，不得以任何形式欺骗用户和消费者。"

（2）**心理原则**。受众对于广告的接受，要经过注意、兴趣、感情、思考、记忆、欲望等一系列的心理过程，这个过程可以归纳为五个方面：一是引起注意；二是产生兴趣；三是促进欲望；四是增强记忆；五是指导行动。

（3）**实效原则**。广告传递的信息仅仅靠真实是不能引起受众注意的，也是毫无价值的。广告要追求实效，具体体现在两个方面：一是传递的信息应当是有用的、有吸引力的，是受众所需求的；二是广告运作要科学合理，包括广告的目标定位、设计制作、媒介选择、发布时间、发布区域等，这些都要合情合理，恰到好处。

（4）**艺术原则**。广告是一门将造型艺术、语言艺术、表演艺术融为一体的综合艺术，它利用绘画、摄影、语言、文字、音乐、表演、歌曲等形式，塑造出生动而又有创意的艺术形象来表现广告的内容，从而感染受众，使受众在自然而然的兴趣和愉悦中认识、接受广告的传播，并从中获得美的享受。

（5）**法律原则**。广告是一种有责任的信息传播活动，必须以法律为准绳，遵循相关法律原则，对社会和公众负责。要维护社会公众利益和民族尊严，广告作品不能有反动、淫秽、丑恶、迷信等不健康内容；不能违反国家保密规定；不能用不正当手段进行广告宣传竞争；不能用虚假广告坑害消费者利益等。

国内广告，除了必须遵循我国的相关法律、法规外，其中利用广播、电影、电视、期刊以及其他媒介发布药品、医疗器械、农药兽药等商品的广告，还必须在发布前提交有关行政主管部门对广告内容进行审查，未经审查同意的不得随意发布。国际广告，除了遵循世界各地的相关法律、法规外，还必须高度尊重当地民族的风俗习惯和宗教信仰，决不能为谋求自己私利而损害公众利益，造成不必要的民族纠纷和事端。

4. 广告的特征

目前社会上谈论"现代广告"的人逐渐多起来，但对于什么是"现代广告"并不完全了解。有些广告经营单位认为只要单位有几部电脑或在闹市树立电子显示屏，就算是现代广告了。有些报道也把激光技术、电子技术应用于广告上说成"标志中国广告业进入了现代广告时代"等。事实上"电子技术""激光技术"对于广告来说仅是一个手段，手段不能变成实质。广告创作人士在其广告的表现中采用什么"现代主义""后现代主义"手法，也沾沾自喜地称这是"现代广告"。事实上这些表现也仅仅是个手段与形式，它并不代表着实质上的转变。

现代广告是根据现代市场活动需求而产生的，是与传统广告相对而言的。现代广告是继承传统广告中的科学部分，剔除其不科学部分，针对市场中出现的新情况，运用现代观念来指导而进行的广告活动。其主要特征如下：

（1）**从生产者为中心转向以消费者为中心**。现代市场活动经历了以产定销、以销定产之后，现在已转向以需定产，这个"需"即是消费者的需要，企业生产是围绕着消费者需要进行生产，把消费者的需要转化为企业的营利。传统广告活动是以生产者为中心，侧重于对广告主主观的广告活动意向的顺从，忽视了对消费者的研究。现代广告是随着企业市场营销观念的变化，把消费者作为广告的研究中心，围绕着消费者的行为、心理、需求、动机等开展深入研究并进行针对性广告诉求，以求消费者对广告信息的认知、产生共鸣、发生行动。

（2）**经验决策转向科学决策**。传统广告则是以广告表现形式为取向，往往凭着过去的经验进行决策。至于市场发生什么变化，消费者又发生什么变化，很少进行分析，以不变的静态经验来决定广告诉求与投向，对广告是否能达到预期目的，缺乏科学分析与预测，从而使广告活动的效果不可控。

现代广告以消费者为中心，而消费者又是复杂多变的群体。因此，广告活动要达到预期的目的，就要科学地研究产品、研究市场、研究目标消费者、研究竞争，通过大量的市场、消费者等方面的调查、研究、分析，进而确立市场策略，并根据市场策略与整体营销目标来制定广告策略，以此确定广告的主题、创意、诉求和相对应的广告创作与表现，以求广告诉求与目标消费者沟通。在传播过程中还要科学选定媒介，制定对应的媒介策略，通过有效的媒介组合，使广告信息有效传达。这一系列的科学决策，通常称为广告策划。也只有这样的科学决策才能使广告富有成效，达到预期的目的。

（3）从单一的活动转向集中各方心力完成。传统广告由于决策凭经验，广告活动则以小生产方式进行运作，一般只需几个会写写画画的人即可进行运作。

现代广告面对着复杂的市场、多变的消费者、层出不穷的商品，单凭一两个人是无法运作的，它是个系统工程，必须通过群体的力量来完成。诸如市场学、心理学、传播学、文案、图形设计、影视制作等多方面的专家人士通过团队方式共同协力完成。

（4）从单一的媒介转向全方位、全媒介、一体化的整合广告活动。传统广告由于广告活动单一，选用媒介也比较单一，无法形成整体效应。

现代营销对广告深度与力度要求比较高，因此，一个广告活动必须运用多媒介组合进行，而且还要全方位地借助于公关（OPR）、助销（SP）、企业识别（C1）等方面的配合，形成全方位整合广告活动。同时，广告活动中还须讲究各媒介中广告视觉形象的一致性，以及目前广告活动的视觉印象与后续广告活动视觉印象的前后延续性，以使广告活动形成整体效应。

认识了现代广告的主要特征，就应从现代广告的观念、意识、组织、运作等方面确立广告业的努力方向，以求尽快适应现代市场与企业营销活动的需求。

5. 广告的功能

提到广告功能，不少关于广告的论述与专著中都会罗列一大堆，诸如：有助于产品销售；提供产品信息；帮助消费者满足需求；促进企业产品质量提高；促进企业之间的竞争；帮助企业募集优秀员工；稳定价格；促进产品更新换代；维护企业的合法权益；使消费者增加生活知识；改变消费者的生活习惯；建立消费者新的生活方式；丰富受众的文化生活；繁荣体育活动；美化城市；提高受众的艺术品位与欣赏水平；繁荣文化等诸多作用，使许多人认为广告的功能是多元化的。然而我们应注意到，上述作用中除了个别属于广告本体功能外，绝大多数均是广告活动所带来的“副产品”，把“副产品”不适当地提高与强化并与主体并列，必然会误导人们对广告功能的认识，并有可能导致广告活动偏离本体功能。

广告的功能是传达信息，也就是广告主针对目标公众传达具有个性化的信息，以求达到预定的目的。从商业广告而言，即是针对目标消费者诉求产品或企业、品牌的信息，它的目的就是为了销售。至于它所使用的手段，从艺术所反映的现象到文化，给企业、给社会、给消费者带来诸多良好效应，那正是广告传播功能实现后延伸出来的东西。绝不能本末倒置。目前，社会上出现广告功能异化或广告功能扩大化的现象，正是对广告功能缺乏应有认识和把握的结果。如为艺术而创作广告（图1-13）；为美化城市而人为地把广告集中在某个街区；不惜牺牲企业或产品个性而盲目追求广告经营者或创作者个人的艺术个性与风格等（图1-14a、图1-14b）。这些无疑都有损广告功能的发挥与强化。

既然广告的功能是传达信息，那么广告所传达的信息应该是真实的、有效的、健康的。偏离这个原则，会导致广告功能与目的无法实现。企业在广告活动中所传达的信息是多方面的，然而实现广告目标主要传达的信息不外乎以下四个方面：

（1）传达产品功能、品质、优点的信息，帮助企业从事产品市场竞争，占有市场。

（2）传达品牌个性与形象信息，帮助企业树立品牌形象，巩固市场。

（3）传达企业形象信息，使企业观念、行为、识别为公众认知、获得公众对企业的认同和信任。

（4）传达企业社会保护方面的信息，帮助公众认知企业对社会所做的贡献，以取得社会公众对企业的支持。

企业在上述四个方面实现广告的功能，客观上也会帮助与推动社会精神文明建设、良好风尚建立、文化生活水准提高、社会环境保护意识强化等。因为广告的功能是传达信息，所以广告行业的定位属于信息行业。

6. 广告的表现手法

一个好的广告，除了有好的创意，还必须选用恰当的表现手法，这也是创作人员必须苦心经营的。在归纳广告表现时可以看出，一切广告完美的表现均应体现在说服目标消费者这一点上，无论图形语言、色彩语言、文字语言、声响语言、镜头语言，都要围绕着准确的表达主题与创意，富有说服力的表现。纵观整个广告创作，其表现不外乎以下两种：

（1）侧重于理性的表现技巧。这种技巧是以真实的事实、以理服人（图1-15a、图1-15b）。这种技巧常常

图1-13
人对人首次公演

图1-14a
三位伊朗女艺术家油画展招贴

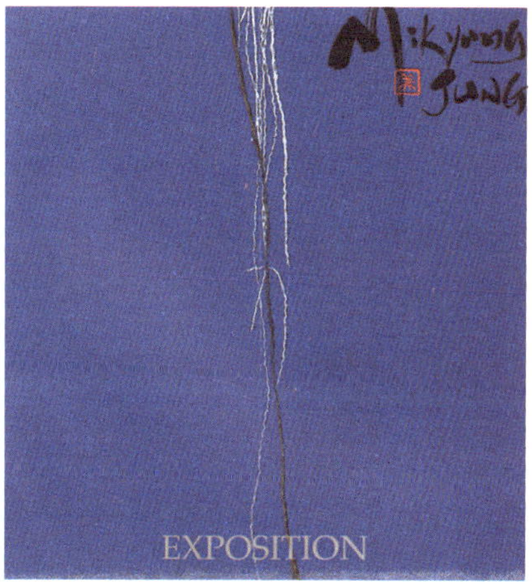

图1-14b
郑美京个人艺术展招贴

图1-15a
伐木Woodcutta半自动售货机

图1-15b
酒广告

用于新产品导入市场、具有个性与独特功能的产品、高档耐用消费品等。此类产品使用理性表现技巧效果较好。

（2）侧重于感性的表现技巧。这种技巧是以情感人，动之以情，其表现上不如理性表现那么直接，带有一定的情感诱导性（图1-16）。这种技巧常常用于产品同质化时，品牌形象与企业形象、市场细分以争取细分的消费者群时。

虽说表现技巧仅两大类，但具体表现则是千姿百态、精彩纷呈，就其形式而言不外乎有以下几种常见形式：

1）生活片断。设计一个故事，把人物与产品联系在一起（图1-17）。

2）产品自身演示，把产品功能特点剖析，用视觉强化其个性、特征部分（图1-18）。

3）设置悬念。在广告中设置悬念，引起观众注意，接着再给予圆满解决（图1-19）。

4）运用联想。以与商品的功能、特征有关联的其他方面事与物，采用同构方式，含蓄暗示商品，使人产生联想，唤起兴趣与增强记忆（图1-20）。

5）巧妙比喻。有一些抽象的概念不易于以视觉形象表达的，可借助于比喻，以达到较好的传播效果（图1-21）。

6）幽默表现法。利用生活中的幽默与产品有关联的个性进行同构，使消费者在愉悦中接受信息（图1-22）。

总之，表现手法是多种多样的，但手法是服从于广告内容的，是为内容服务的。任何脱离内容（广告主题与创意）而玩弄表现手法，为形式而形式的广告都必然会导致广告的失败，这是我们必须竭

图1-16
故乡

图1-17
购买艺术品

图1-18
酒品广告

图1-19
“老鼠会出来喝吗?”产品广告

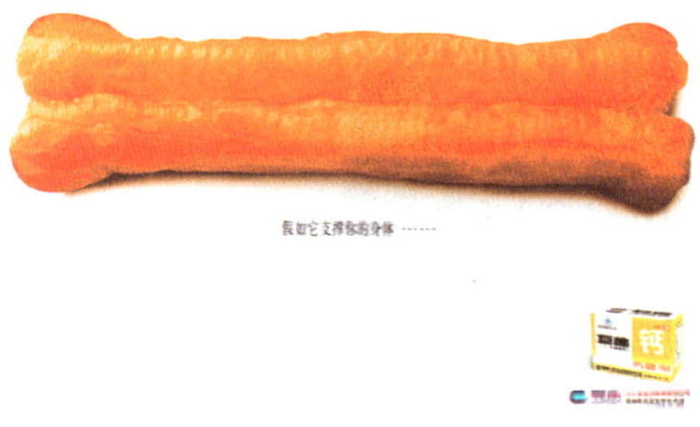

图1-20
油条骨头

图1-21
西麦玉米片-哑铃篇

图1-22
“猫也喜欢VISA金卡?”商业广告

力避免的。

二、广告设计与广告策划

（一）广告设计

1. 广告业与设计业的交叉点

自古以来，人类就一直在寻找能够用来表达感情，达成沟通的方法，最基本的也是最重要的沟通工具不外乎以下四种类型：

（1）形象符号：包括文字、数字、音符以及各种图形等。

（2）声音符号：包括人类口语、音乐、动物叫声、自然声音以及人造声音。

（3）光与颜色符号：光与色的配合，构成各种符号的变化，带来不同的意义。

（4）动作符号：面部表情、身体动作、姿态、手势等，辅助语言的不足。

2. 广告设计的理念

广告设计是一种商业设计，但要能够最大限度地配合整体广告运动，还要有很高的设计制作的能力。达到最佳的广告效果是广告设计的最终目的，设计的本质是创造和发明，带有前导的性质，设计是为明天的消费服务，因此要对未来有一个清晰的判断，谁判断错了，谁就会失败，所以我们必须建立自己的理论体系，用自己的科学设计理论来武装我们的设计师，使他们能够比较正确地面向未来。我国一位设计师总结了以下几条设计之道，作为他所创办的公司的设计理念，它同样适用于广告设计的范畴。

（1）设计之道是一种状态——是阴阳的互补，是天地的融合，是万物的归一，是简单到复杂，复杂到单纯的过程。

（2）设计之道是一种修炼——修炼具有孙悟空的火眼金睛与七十二般变化，方能辨别真伪，随机而变。

（3）设计之道是一种思想——是深思熟虑、竭尽心智的产物，是深谙企业或产品策略、个性、定位、沟通与传达后的必然。

（4）设计之道是一种攀登——只有当你攀上一座座顶峰方能更好地领略沿途风景，方能站得高，看得远，方能发出感叹：原来如此……

（5）设计之道是一种胸怀——只有胸纳百川，你才可能纵览全局，才可能指挥千军万马，驰骋沙场，谈笑自如。

（6）设计之道是一种寂寞——要有把牢底坐穿的勇气和决心，你才能浸在其中，品其中真味。

（7）设计之道是一种感悟——悟是心灵的跳跃与升华，是使千里之物相连的纽带，是云游八方的迷恋，是风筝不断的线，是人与人心智的沟通与交流。

（8）设计之道是一种流行——设计创造着流行，流行影响着设计，流行是人群自发的聚会，是少数人领导多数人的革命。

（9）设计之道是一种生活——它让人生变得丰富，充满智慧，它散落在生活的每个角落，并时刻期待着与你交流。

3. 广告设计的本质

广告设计，是透过点、线、面来多层次、深入、系统地看待、透视和剖析设计。为了达到设计的本质，我们不能一维、平面地去观察、思考，而要立体、多层次地去把握，更应深入到企业内部、行业内部去系统、全面、深入地进行分析、研究。

广告设计不同于其他设计门类，它必须将设计作品的艺术性和商业性相结合，找到一个最恰当的结合点，才能成就一个好的作品。广告设计的本质和最终目的在于彰显企业的独特形象、提升市场竞争力、促成商业利益的最大化。

4. 广告设计分类

按照设计的概念与界定来分类：

（1）广告设计：包括报纸、杂志、招贴画、宣传册、商标等。

（2）展示设计：包括铺面、橱窗、展示台、招牌、展览会、广告塔等。

（3）包装设计：包括包装纸、容器、标签、商品外包装等。

（4）装帧设计：包括杂志、书籍、插图、卡通与版面设计等。

（二）广告策划

广告策划和策划学一样，广告活动也是一项系统工程，要经历一套复杂的程序，如广告的调查、广告战略的制定、广告效果的测定等。广告策划是对推行整个广告活动的运筹规划，是一种先于提出广告决策，实施广告决策和检验广告决策的设想，是对具体的广告业务提出的基本原则和策略。它的任务是确定广告目标、广告对象、广告计划、广告策略等原则问题，也就是要解决广告应达到什么目的，确定广告的目标受众，决定广告的诉求重点，以及对广告效果的测定等一系列重大问题。

在广告事业发达的国家里，广告策划已成为一种科学的广告管理活动。在我国，尽管广告策划的历史还比较短，但是随着科学技术和商品生产的发展，市场的细分化，消费者需求的多样化，广告媒体的新型化，广告活动也要科学化。我国广告策划的发展顺应了广告事业发展的趋势，也是广告专业水平不断提高，专业功能不断完善的体现。

从上述广告策划的基本含义中可以看出，广告策划的本质特征可以用6M来概括：

（1）Market：市场。对广告目标市场的选择及其特征的把握。

（2）Message：信息。确定广告需要传达的正确信息。

（3）Media：媒体。选择什么样的媒体将广告中的信息传播给目标受众。

（4）Motion：活动。使广告发生效果的相关行销、促销活动。

（5）Measurement：评估。对广告效果的检测，事后、事中和事前的各种评估。

（6）Money：费用。广告需要投入的经费、预算。

广告策划人依据上述要求，进行广告调查，掌握市场情况，进行研究论证，提出广告活动的原则和战略策略。在这些原则和策略的指导下，确定广告目标、广告对象、广告主题、广告方式、广告时机、广告地域、广告媒体、广告效果等一系列重要问题。最终拟定广告策划书。

思考与练习题：

比较广告学、广告、广告设计、广告策划这四个概念，找出它们之间的共性和差别。

第2章

广告策划原点解析

一、广告策划概述

（一）广告策划的含义

1. 策划的含义

现代社会，策划多用在经济方面。策划到底是什么？确切地说，策划人根据企业目前的状况，紧紧把握企业的战略目标或活动要求，针对企业转型方向、企业市场定位、品牌建立手段、市场活动过程等策划对象，起草一套完善并切实可行的方案的过程就叫作策划。由此我们可以看出，策划从来就不是孤立存在的，它是一个综合过程。把策划同市场、管理等割裂开来，使策划成为独立体系的观点是不正确的。离开了市场、管理等要素，策划就没有了存在的意义。策划之所以存在，就是要创造效益，包括经济效益和社会效益。没有效益，就不需要策划，企业也就没有存在的必要了。

从实现形式上看，策划是个从上到下的过程，是一种未实现的想法，是战略。因此，如果没有从下到上的完全配合，就很容易成为“纸上谈兵”。这里的从下到上的完全配合是指管理人员将目前企业内部存在的问题和一线市场销售人员将相关的情况（诸如客户的喜好、市场的需求、竞争对手的布局、举动等），准确及时地反馈到策划人那里，以便及时地给出或调整对策。

完全的策划应该连接一个企业的内部和外部，它的对象应该包括企业内部的组织形式、企业文化的确立、员工培训及激励机制、企业的物流布局和外部的市场运作手段（包括广告、促销手段）资本运作手段、销售渠道布局、企业经营理念以及全局性的企业战略的制定和品牌的铸造。一流的策划应该能够将内部对象和外部对象的资源进行有效的整合，以达到事半功倍的效果。

策划的特点，注定了策划学的特点——边缘性、综合性、分析性和可操作性。策划学已经逐渐融合了其他相关专业知识的新兴专业，成为一门综合性很强的学科。

2. 广告策划的含义

策划是通过周密的市场调查和系统的分析，利用已经掌握的知识（情报或资料）和手段，科学合理地、有效地布局营销和广告战略活动进程，并预先推知判断市场态势和消费群体定势现在和未来的需求，以及未知状况的结果。策划的概念有五个要素：策划者、策划依据、策划方法、策划对象和策划效果的策定和评估。

所谓广告策划，是根据广告主的营销计划和广告目标，在市场调查的基础上，制定出一个与市场情况、产品状态、消费群体相适应的经济有效的广告计划方案，并加以评估、实施和检验，从而为广告主的整体经营提供良好服务的活动。广告策划可分为两种：一种是单独性的，即为一个或几个单一性的广告活动进行策划，也称单项广告活动策划；另一种是系统性的，即为企业在某一时期的总体广告活动策划，也称总体广告策划。

广告策划是现代商品经济的必然产物，是广告活动科学化、规范化的标志之一。美国是最早实行广告策划制度的，随后许多商品经济发达的国家都建立了以策划为主体、以创意为中心的广告计划管理体制。1986年，中国大陆广告界首次提出广告策划的概念。这是自1979年恢复广告业之后对广告理论一次观念上的冲击，它迫使人们重新认识广告工作的性质及作用。广告工作开始走上向客户提供全面服务的新阶段。

一个较完整的广告策划主要包括五个方面的内容：市场调查的结果、广告的定位、创意制作、广告媒介安排、效果测定安排。通过广告策划工作，使广告准确、独特、及时、有效地传播，以刺激需要、诱导消费、促进销售、开拓市场。

（二）广告策划的本质

广告策划，实际上就是对广告活动过程进行的总体策划，或者叫战略决策，包括广告目标的制定、战略战术研究、经济预算等，并诉诸文字。广告策划是广告运作的主体部分，是在企业整体营销计划指导下做出的。

在对广告策划的理解和具体广告活动中，许多人把广告计划和广告策划看作是一回事。这种看法虽然有一定的道理，但其中也有许多误解。从严格意义上讲，广告计划和广告策划这两个概念是不能画等号的。虽然二者有联系，有相似之处，但二者又有区别。广告计划是实现广告目标的行动方案，它是一个行动，其侧重于规划与步骤；而广告策划的本质虽然也是为了实现广告目标，但它更强调的是借助于科学的手段和方法，对多个行动方案（即广告计划）做出选择和决定。广告策划的全称可以看作是“广告策划活动”，它是一个动态的过程，要完成一系列的决定，包括确立广告目标、广告对象、广告战略、广告主题、广告策略、广告创意、广告媒体选择、广告评估等；而广告计划相对来说呈现出一种静止状态，是广告策划前期成果的总和与提炼。广告策划作为一个动态的过程，它还体现在其活动内容的多元化，它既要设定广告目标，寻求广告对象，又要制定广告计划、实施广告策略，检验广告活动效果。制定广告计划只是广告策划的主要任务之一。广告策划工作运转之后，才能生产广告，广告计划是广告策划的产物，是广告策划所决定的战略、策略、方法、部署、步骤的书面体现。

总之，广告策划是一系列集思广益的复杂的脑力劳动，是一系列广告战略、策略而展开的研讨活动和决策活动；而广告计划是这一系列活动的归纳和体现，是广告策划所产生的一系列广告战略、广告策略的具体化。所以广告策划与广告计划既相互联系、密不可分，又有区别。

作为一个动态的过程，广告策划也是一种程序，广告策划的出发点是现在，落脚点是未来，它是不静止的，是一个运动过程。任何事物都处于运动的、变化的环境之中。广告策划活动也是如此，市场活动的各个方面总是处于千变万化之中，而广告策划的重心也随着市场诸要素的变化而变化，不能以不变应万变。

广告策划，是现代商品经济的必须产物。在现代商品经济活动中，市场情况极为复杂。搞好广告策划的前提条件就是要对各种市场情报了如指掌，这必须依赖科学的广告调查。此外，广告策划还要遵从广告客户的意图，服从于广告客户营销计划的广告目标，但不能超出广告客户的实际承受能力。广告策划的任务是向用户提供一种全面而优质的服务。在正常的广告活动中，广告策划已经不是一个人所能完成的工作。它是一种需要集合各有关方面的人才，共同提供智慧，研讨后才能完成的工作。因此，广告策划工作常被人称为小组性工作（Team work）。

（三）广告策划的原则

作为科学活动的广告策划，其运作有着自己的客观规律性。进行广告策划，必须遵循以下原则。

1. 统一性原则

统一性原则，要求在进行广告策划时，从整体协调的角度来考虑问题，从广告活动的整体与部分之间相互依赖、相互制约的统一关系中揭示广告活动的特征和运动规律，以实现广告活动的最优效果。广告策划的统一性原则，要求广告活动的各个方面的内在本质要步调一致；广告活动的各个方面要服从统一的营销目标和广告目标，服从统一的产品形象和企业形象。没有广告策划的统一性原则，就做不到对广告活动的各个方面的全面规划、统筹兼顾，广告策划也就失去了存在的意义。

统一性原则具体体现在四个方面：

（1）广告策划的流程是统一的。广告策划的前后步骤要统一，从市场调查开始，到广告环境分析、广告主题分析、广告目标分析、广告创意、广告制作、广告媒体选择、广告发布，直到广告效果测定等，各个阶段都要有正确的指导思想来统领整个策划过程。

（2）广告所使用的各种媒体要统一。既不要浪费性重叠，造成广告发布费用的浪费；也不要空缺，使广告策划意图不能得到完美实现。媒体与媒体之间的组合是有序的，不能互相抵触，互相矛盾，甚至在同一媒体上，广告节目与前后节目内容也要相统一，不可无选择地随便安排。

（3）产品内容广告形式要统一。如商品本身是高档产品，那么广告中就不可出现，“价廉物美”的痕迹。

（4）广告要与销售渠道相统一。广告的发布路线与产品的流通路线要一致，不能南辕北辙。比如产品到达该地区而广告却没有，形成广告滞后局面，或者广告发布了，消费者却见不到产品等。

总之，广告策划各自为政，各行其是，广告策划的整个活动过程是统一的整体。

2. 调适性原则

统一性原则是广告策划最基本的原则。但是，仅仅有统一性还不够，还必须具有灵活性，具有可调适的余地。以不变就万变，这不可能在市场活动中游刃有余。客观事物的发展与市场环境，产品情况并不是一成不变的，广告策划也不可能一下子面面俱到，总是要处于不断地调整之中。只强调广告策划的统一性原则，忽视了调适性原则，广告策划必须呈现出僵死的状态，必然会出现广告与实际情况不一致的现象。广告策划的统一性原则，也要求广告策划活动要处于不断地调整之中，以保证广告策划活动既在整体上保持统一，又在统一性原则的约束下，具有一定的弹性。这样，策划活动才能与复杂多变的市场环境和现实情况保持同步或最佳适应状态。

及时的调适广告策划，主要表现在三个方面。一是广告对象发生变化。广告对象，是广告信息的接受者，是广告策划中所瞄准的产品消费者群体。当原先瞄准的广告对象不够准确，或者消费者群体发生变化时，就要及时修正广告对象策划。美国广告大师大卫·奥格威在1963年的一份行销计划中说："也许，对于业务员而言，最重要的一件事就是避免使自己的推销用语（Salestalk）过于僵化。如果有一天，你发现自己对着主教和对着表演空中飞人的艺人都讲同样的话时，低的销售大概就差不多了。"二是创意不准。创意是广告策划的灵魂，当创意不准，或者创意缺乏冲击力，或者创意不能完美实现广告目标时，广告主体策划就要进行适当的修正；三是广告策略的变化。原先确定的广告发布时机，广告发布地域，广告发布方式，广告发布媒体等不恰当，或者出现新情况时，广告策划要加以调整。

3. 有效性原则

广告策划不是纸上谈兵，也不是花架子。广告策划的结果必须使广告活动产生良好的效果。也就是在非常经济地支配广告费用的情况下，取得良好的广告效果。广告费用是企业的生产成本支出之一，广告策划就是要使企业产出大于投入。广告策划，既追求宏观效益，也追求微观效益；既追求长远效益，也追求眼前效益；既追求经济效益，也追求社会效益。不顾长远效益，只追求眼前利益，这是有害的短期行为。在统一性原则指导下，广告策划要很完善地把广告活动的微观效益与宏观效益、眼前效益与长远效益、社会效益与经济效益统一起来。广告策划既要以消费者为统筹广告活动的中心，也要考虑到企业的实力和承受能力。不能搞理想主义而不顾及企业的实际情况。

4. 操作性原则

科学活动的特点之一，就是具有可操作性。广告活动的依据和准绳就是广告策划，要想使广告活动按照其固有的客观规律运行，就要求广告策划具有严格的科学性。广告策划的科学性主要体现在广告策划的可操作性上。广告策划的流程，广告策划的内容，有着严格的规定性，每一步骤，每一环节都是可操作的。经过策划，在要具体执行广告计划之前，就必须按科学的程序对广告效果进行事前测定。广告计划执行以后，若广告活动达到了预期的效果，这便使广告策划意图得以很好地实现。若是没有达到预期的广告效果，可按照广告策划的流程回溯，查出哪个环节出了问题。若没有广告策划，广告效果就是盲目的，不是按部就班地实现出来的。

5. 针对性原则

广告策划的流程是相对固定的。但不同的商品，不同的企业，其广告策划的具体内容和广告策略是有所不同的。然而，许多广告客户却不愿意自己的品牌形象受制于特定（针对性）的羁绊，他们希望产品最好能面面俱到、满足任何人。比如一个品牌必须同时诉求男性和女性，也必须广受上流社会和市井小民的喜爱。这种贪得无厌的心理会使品牌落入一个完全丧失个性的下场，欲振乏力、一事无成。在今天的商场中，一个四不像的品牌很难立足，就好像太监无法当皇帝一样……同一企业的同一种产品，在产品处于不同的发展时期，也要采用不同的广告战略。只要市场情况不同，竞争情况不同，消费者情况不同，产品情况不同，广告目标不同，那么广告策划的侧重点和广告战略战术也应该有所不同。广告策划的最终目的是提高广告效果。广告策划不讲究针对性，很难提高广告效果。用一个模式代替所有的广告策划活动，必然是无效的广告策划。

以上五个方面是任何广告策划活动都必须遵守的原则，这五种原则不是孤立的，而是相互联系的，相辅相成，缺一不可。这些原则不是人为的规定，而是广告活动的本质规律所要求的。

二、广告策划的内容

（一）分析广告机会

若想进行广告促销，首先要分析解决针对哪些消费者做广告以及在什么样的时机做广告等问题。为此就必须搜集并分析有关方面的情况，如消费者情况、竞争者情况、市场需求发展趋势、环境发展动态等，然后根据企业的营销目标和产品特点，找出广告的最佳切入时机，做好广告的群体定位，为开展有效的广告促销活动奠定基础。

（二）确定广告目标

确定广告目标，就是根据促销的总体目的，依据现实需要，明确广告宣传要解决的具体问题，以指导广告促销活动的实行。广告促销的具体目标，可以使消费者了解企业的新产品，促进购买、增进销售或提高产品与企业的知名度，以便形成品牌偏好群等。

（三）形成广告内容

1. 确定内容

广告的具体内容应根据广告目标、媒体的信息可容量来加以确定。一般来说应包括以下三个方面：

（1）**产品信息**。主要包括产品名称、技术指标、销售地点、销售价格、销售方式以及国家规定必须说明的情况等。

（2）**企业信息**。主要包括企业名称、发展历史、企业声誉、生产经营能力以及联系方式等。

（3）**服务信息**。主要包括产品保证、技术咨询、结款方式、零配件供应、保修网点分布以及其他服务信息。

2. 注意事项

企业在安排广告内容时应注意以下事项：

（1）**真实性**。即传播的信息必须真实可信，不可有夸大不实之词，更不能用虚假广告欺骗消费者。

（2）**针对性**。即传播的信息应该是目标消费者想了解的，做到有的放矢。

总之，广告是否具有吸引力、感染力，从根本上来说，取决于以上两个方面，但同时也与广告的生动性与新颖性密切相关。因此，广告内容应简明易懂、易于记忆，广告形式应生动有趣、富有新意。

（四）选择广告媒体

广告信息需要通过一定的媒体才能有效地传播出去，然而不同的媒体在广告内容承载力、覆盖面、送达率、展露频率、影响价值以及费用等方面互有差异，因此它是正确地选择广告策划的过程中一项非常重要的工作。

企业的广告策划人员在选择广告媒体时必须了解各种媒体的特性。广告可以选择的传播媒体及其特性的有关情况如下。

1. 印刷媒体

印刷媒体指的是报纸、期刊等印刷出版物，这类媒介是广告最普遍的承载工具。

报纸的优点：信息传递及时、记者广泛稳定、可信度比较高；刊登日期和版面的可选度较高，便于对广告内容进行较详细的说明；便于保存，制作简便，费用较低。报纸的局限性：时效短、转阅读者少；印刷简单因而不够形象和生动，感染力相对差一些。

期刊的优点：读者对象比较确定、易于送达特定的广告对象；时效长、转阅读者多、便于保存；印刷比较精美、有较强的感染力。期刊的不足：广告信息传递前置时间长、信息传递的及时性差、有些发行量是无效的（图2-1）。

2. 视听媒体

视听媒体主要有广播、电视等。

广播的优点：覆盖面广、传递迅速、展露频率高；可选择适当的地区和对象、成本低。广播的缺点：稍纵即逝、保留性差、不易查询；受频道

图2-1

杂志促销海报

限制缺少选择性；形象性较差、吸引力与感染力较弱。

电视的优点：覆盖面广、传播速度快、送达率高；集、形、声、色、动态于一体，生动直观、易于接受、感染力强。电视的不足：展露瞬间即逝、保留性不强；对观众的选择性差，绝对成本高（图2-2）。

3. 户外媒体

户外媒体包括招牌、广告牌、交通工具、霓虹灯等。户外媒体的优点：比较灵活、展露重复性强、成本低、竞争少。户外媒体的缺点：不能选择对象、传播面窄，信息容量小、动态化受到限制（图2-3a、图2-3b）。

4. 邮寄媒体

邮寄媒体是指遍布全国乃至全世界的邮政网络。邮寄媒体的优点：广告对象明确而且具有灵活性、便于提供全面信息。邮寄媒体的局限性：时效性较差、成本比较高、容易出现滥寄的现象。

三、广告策划书的内容

广告策划书是把在广告活动中所要采取的一切部署都列出来，指示相关人员在特定时间予以执行，它是广告活动的正式行动文件。

广告策划书有两种形式。一种是表格式的策划书，这种形式的广告策划书上列有广告主现在的销售量或者销售金额、广告目标、广告诉求重点、广告时限、广告诉求对象、广告地区、广告内容、广告表现战略、广告媒体战略、其他促销策略等栏目。其中，广告目标一栏又分为知名度、理解度、喜爱度、购买愿意度等小栏目。一般不把具体销售量或销售额作为广告目标。因为销售量或销售额只是广告结果测定的一个参考数值，它们还会受商品的包装、价格、质量、服务等因素的影响。这种广告策划书比较简单，使用的面不是很广。另一种是以书面语言叙述的广告策划书，运用广泛。这种把广告策划意见撰写成书形成的广告计划，又称广告策划书。人们通常所说的书面广告策

图2-2
影视类广告-安莉芳子弹篇

图2-3a
路牌广告招贴1

图2-3b
路牌广告招贴2

划和广告策划书实际是一回事，没有什么大的差别。

一份完整的广告策划书至少应包括如下内容：①前言。②市场分析。③广告战略或广告重点。④广告对象或广告诉求。⑤广告地区或诉求地区。⑥广告策略。⑦广告预算及分配。⑧广告效果预测。当然，广告策划书可能因撰写者个性或个案的不同而有所不同，但内容大体如此。下面简述撰写时应注意的问题：

（1）前言部分，应简明概要地说明广告活动的时限、任务和目标，必要时还应说明广告主的营销战略。这是全部计划的摘要，它的目的是把广告计划的要点提出来，让企业最高层次的决策者或执行人员能快速阅读和了解，并在对策划的某一部分有疑问时，能通过翻阅该部分迅速了解细节，但这部分内容不宜太长，以数百字为佳，所以有的广告策划书称这部分为执行摘要。

（2）市场分析部分，一般包括四个方面的内容：①企业经营情况分析。②产品分析。③市场分析。④消费者研究。撰写时应根据产品分析的结果，说明广告产品自身所具备的特点和优点。再根据市场分析的情况，把广告产品与市场中各种同类商品进行比较，并指出消费者的爱好和偏向。如果有可能，也可提出广告产品的改进或开发建议。有的广告策划书称这部分为情况分析，简短地叙述广告主及广告产品的历史，对产品、消费者和竞争者进行评估。

（3）广告战略或广告重点部分，一般应根据产品定位和市场研究结果，阐明广告策略的重点，说明用什么方法使广告产品在消费者心目中建立深刻的印象，用什么方法刺激消费者产生购买兴趣；用什么方法改变消费者的使用习惯，使消费者选购和使用广告产品；用什么方法扩大广告产品的销售对象范围；用什么方法使消费者形成新的购买习惯。有的广告策划书在这部分内容中增设促销活动计划，写明促销活动的目的、策略和设想。也有把促销活动计划作为单独文件分别处理的。

（4）广告对象或广告诉求部分，主要根据产品定位和市场研究来测算出广告对象有多少人、多少户。根据人口研究结果，列出有关人口的分析数据，概述潜在消费者的需求特征和心理特征、生活方式和消费方式等。

（5）广告地区或诉求地区部分，应确定目标市场，并说明选择此特定分布地区的理由。

（6）广告策略部分，要详细说明广告实施的具体细节。撰文者应把所涉及的媒体计划清晰、完整而又简短地设计出来，详细程度可根据媒体计划的复杂性而定。也可另行制定媒体策划书。一般至少应清楚地叙述所使用的媒体、使用该媒体的目的、媒体策略、媒体计划。如果选用多种媒体，则需对各类媒体的刊播及如何交叉配合加以说明。

（7）广告预算及分配部分，要根据广告策略的内容，详细列出媒体选用情况及所需费用、每次刊播的价格，最好能制成表格，列出调研、设计、制作等费用。也有人将这部分内容列入广告预算书中专门介绍。

（8）广告效果预测部分，主要说明经广告主认可，按照广告计划实施广告活动预计可达到的目标。这一目标应该和前言部分规定的目标任务相呼应。

在实际撰写广告策划书时，上述八个部分可有增减或合并分列。如可增加公关计划、广告建议等部分，也可将最后部分改为结束语或结论，根据具体情况而定。

撰写广告策划书一般要求简短，避免冗长。要简要、概述、分类，删除一切多余的文字，尽量避免再三再四地重复相同概念，力求简练、易读、易懂。撰写广告计划时，不要使用许多代名词。广告策划的决策者和执行者不在意是谁的观念、谁的建议，他们需要的是事实。广告策划书在每一部分的开始最好有一个简短的摘要。在每一部分中要说明所使用资料的来源，使计划书增加可信度。一般说来，广告策划书不要超过两万字。如果篇幅过长，可将图表及有关说明材料用附录的办法解决。

在撰写过程中，视具体情况，有时也将媒体策划、广告预算、总结报告等部分专门列出，形成相对独立的文案，随后分别叙述。

思考与练习题：

引入广告策划观念的现实意义是什么？

第 3 章

广告市场调查

一、广告市场调查概述

（一）广告市场调查的概念

广告市场调查是广告调查的内容之一，指和广告活动密切相关的市场营销组合因素的调查和企业微观环境的调查。一般来说，市场调查的内容极为复杂，范围极为宽广，如果从不同的角度出发，就会对市场调查的内容和范围有不同的理解。但是，如果我们只从广告运作的规律考虑的话，市场调查的内容和范围是可以基本确定的。广告市场调查主要有：市场环境调查、广告主企业经营情况调查、广告产品情况调查、市场竞争性调查、消费者调查等几项内容。

（二）广告市场调查的目的

1. 产品定位

通常市场调查，可以将某种商品的市场位置加以确定。通过这种产品定位进而推导出产销策略定位，并且做出产品的广告定位。市场调查的一个重要作用就是使广告的定位更切合实际，扩大产品的知名度和美感度，进而巩固产品的市场。

2. 选择广告策略

广告策略是多种多样的，没有固定的或专一的模式。确定以何种广告策略表达营销的目的，归根结底在于对市场的符合和对实际的了解，只有通过对市场的分类与对市场的不同层次消费群体的分析，才能提出有针对性的广告策略，没有深入的市场调查，便无法制定具体有效的广告策略，所以广告调查是选择广告策略的前提和手段。

3. 确定广告媒体的方式

不同的商品，不同的消费者，不同的消费区域和时机，其广告媒体方式所起到的促销作用是不同的，市场调查可以使广告策划者根据不同的市场行情，消费走势，及社会文化的背景条件，确定最适当的广告媒体方式，最有效地达到推销、促销的目的。

4. 寻求最佳的广告诉求点

“消费者是上帝”这一商界格言，说明了消费者在现代市场经济中所处的重要地位，对于广告活动来说，广告策划者也必须十分关注对消费者的研究，消费者的消费态度、消费方式是受多种因素制约的，某类商品的推销，关键就在于寻求最佳的广告诉求点，这是广告管理策划的集中体现。因此，市场调查的目的，就是通过广泛深入的市场调查，确定广告的最佳诉求点，达到与消费者的良好沟通，从而促进市场的运转。

5. 确定广告时机

广告时机的选择，是广告策划的重要内容，也是广告媒体选择程序中的重要步骤，广告的时机选择不是主观随意的，从根本上说要服从市场的变化和消费者需要，所以市场调查的一个目的就是把握广告推出的最佳时期，以便收到事半功倍的效果。

（三）广告市场调查的要求

广告市场调查是一项目的性、实践性十分突出的工作，无论是对企业的决策者，还是对广告的策划来说，都是十分重要的。没有经过市场调查的产品，是不宜轻易生产经营的，没有对市场进行调查分析及预测，广告策划与创意也是无根据的、盲目的，不可能收到预想的广告收益。因而，市场调查的基本要求，就是企业的全部营销战略（其中重要的手段之一就是广告）都要服从市场（消费者）的需要和要求，主要有以下几个方面。

1. 广告市场调查必须经常性地进行

市场本身就是一个千变万化，错综复杂的动态系统，这就要求市场调查必须有步骤地经常进行，没有及时的和经常的市场调查就不可能及时观察出市场变化和市场出现的新情况、新趋势、新特点。企业也就不能及时采取应变措施，其结果不但使新产品难以打开销路，就算名噪一时，十分抢手的产品也会因此而逐渐失去竞争力变成滞销产品，所以必须确立市场调查的长远规划，建立适应的工作制度，真正发挥市场调查在营销广告策划与创意中应有的功效。

2. 广告市场调查必须有目标地进行

广告市场调查能否成功，主要取决于市场调查目标的确立，与市场调查的目标主题相关，从而派生出广告策划的主导思想，因而市场调查的最重要的方式就是提出目标，也就是以预测市场发展的趋向为目标，从不同的市场调查方案中（依据不同的市场调查方案），构思新的广告方针和策略。

虽然市场调查目标有总体目标与具体目标的层次上的差别，但都要求和广告策划的主题紧密结合起来，只有与市场调查的目的相关，才能有的放矢。采取广告的各种策略，也只有重视并抓住市场调查目标，才能使广告策划发挥其特有的功效。

3. 广告市场调查必须遵循精确性原则

广告市场调查的精确性原则是其本身提出来的，市场调查的对象越宽泛，市场信息越复杂，市场的发展变化越迅速，就越要求市场调查科学精确。

广告市场调查的精确性包括三个方面的内容：

（1）在调查方法上无论采取定比方法或是定量方法，都要使调查的第一手资料真实可靠，尽可能符合市场发展的实际情况。

（2）在调查材料的概括分析上，必须采取从现象进入本质的科学抽象方法，从而使广告市场调查出的结论更科学、更合理。

（3）在广告策划和广告策略中，市场调查与广告手段的一体化关系表明广告的目标必须适合市场发展的规律，使营销战略建立在更扎实、更牢固的基础上。

（4）市场调查人员必须有良好的素质。市场调查是一项长期的、艰苦的、复杂的工作，具体承担这项工作的人的素质能力不仅关系到市场调查的成败，也关系到广告策划思路能否取得实效，这就要求市场调查人员应当具备较高的文化素质、思想修养和良好的工作作风，因为市场调查者面对的是大量客观的市场信息，一个调查者应当懂得如何去搜集资料，去什么地方搜集资料，并有能力对资料进行及时的整理、分析和研究，所以具备一定的对综合信息的决策能力和预测能力，是对市场调查人员最起码的要求。

二、广告市场调查过程

（一）广告市场调查的步骤

（1）确定调查目标。

（2）拟订调查计划。

（3）设计调查表。

（4）实地调查。

（5）统计分析调查资料。

（6）提出调查报告。

（二）广告市场调查的方法

广告市场调查的方法，是指在进行市场调查时，用以发掘资料来源，搜集整理资料信息，实现市场调查目的进而确定广告策划的各种途径和方法。

1. 市场普查法

市场普查法是以市场总体为调查对象的一种调查方法，是为了了解市场某种现象在一定时空上的情况而进行的一次全面调查，这种调查方法的基本特点，是具备全面性、精确性和相对稳定性。市场普查法通常是由专门的普查机构来主持的，需要组织统一的人力和物力，确定调查的标准时间，提出调查的要求的和计划，由于市场普查法的侧重点是宏观的，它本身包含着很多具体内容，因此它也是实际调查中运用较少的一种。

例如："飘逸"营养浴液利用市场普查法制定的广告策划，便是一个成功的事例。北京丽源化学总厂在为其产品"飘逸"营养浴液进行广告策划时，首先从宏观上全面调查产品涉及的客源情况，获得了大量有价值的材料。

（1）从企业自身条件看："丽源"采用的是日本华姿技术，在全国同行业中占有优势。

（2）从市场情况分析看：浴液产品，销路一般，但经过市场普查了解，消费者只愿意购买大瓶包装的产品，追求实用性，而小包装的产品则更适合于各类高档宾馆使用。

（3）从消费者情况来看：人们大多对浴液产品的性能尚不熟悉，加之居住条件较差，很多家庭还没有自己的卫生间设备，浴液产品难以普遍进入寻常百娃家。

通过全面的市场普查，“丽源”提出了符合实际情况的产品定位，即：一方面把重点放在城乡各类宾馆上；另一方面加强广告宣传，特别是引导消费者认识此类产品的性能和特点，北京丽源厂的经验表明，通过市场普查，熟悉产品的市场情况，做到心中有数，在此基础上，制定切实可行的广告策划，是产品成功的关键。

2. 抽样调查法

抽样调查法是根据概率统计的随机原则，从被研究的总体中抽出一部分个体作为样本进行分析、概括，以此推断整体特征的一种非全局性的调查方法。

抽样调查法有三种常用的方式：

（1）等距离抽样，即将准备调查的对象排列起来，设定等距离来抽取样本的方法。

（2）任意抽样，即采取抽签、粘阅方法，将调查对象做成签、阅，混合后再随意抽取的方法。

（3）随机抽样，将调查对象编成号码，运用乱数表抽取样本的方法，这是最常用的一种方法。

抽样调查法是市场调查的一种主要方法。其特点具体，技术性强，这种方法实施的主要环节有两方面：一是要注意抽样客观性，避免主观人为倾向；二是选点取样要具有代表性，使样本等特征能较为充分地表现事物的总体特征。由于样本的选择直接影响到调查的质量，所以使用抽样调查法须特别注意。

3. 典型调查法

典型调查法是对市场中的典型消费进行深入再调查的一种方法。这种方法主要是通过典型的特殊定位来了解。如从女性化妆品的购买状况这一典型调查来预测化妆品市场的发展趋势，就是这种方法的具体运用。

典型调查法是市场调配中普遍采用的一种方法。其特点是较为节省人力、财力，取得资料也较快。运用典型调查法，要求调查人员只有在对被调查团体非常了解的基础上才能进行，以避免选择非典型事例作为调查对象。例如，在调查城市居民对自行车的需求中，青年组对山地车高档赛车的需求与老年组对自行车的需求显然不同，这就需要选择不同的典型样本，同时还应注意典型的未来发展的可能性问题。

4. 随意调查法

随意调查法是指调配者根据调查的目的和内容，随意选择对象进行调查研究的一种方法。但需要指出的是，这里所说的随意性，仍然是服从调查目标的前提下的随意，不是毫无限制的随意。

这种方法也是调查人员和广告策划人经常采用的一种方法。其特点在于调查简便，而且调查费用较低。例如，调查者要了解消费者对某种产品的评价状况，就可以在繁华的街头，百货商场，购物中心等人员较为集中的场所作不定点的调查，当然这种调查也要有所选择，在确定调查对象、调查时间或调查区域时，要尽量考虑代表性。比如：调查消费者对休闲运动装的评价，对象应选取青少年；时间应选取北京的春秋时节。如果你放假期间回家，为了图省事，就找整天拿个蒲扇坐门口晒太阳的邻家奶奶调查，那就不具有代表性了。

5. 访谈法

访谈法是指调查者通过询问的方法来获取所需资料的一种调查方法。它有三种常用方式：

（1）人员走访，即调查人员直接造访被调查者，从中了解情况并搜集所需的情报资料。

（2）电话采访，给被调查者打电话，通过电话询问的方式进行调查。其特点是简便快捷。

（3）邮信查询，即通过邮递问卷的方式调查被调查者的方法。其特点是凡是能够形成专一对象的人，通常能获得较为权威而又准确具体的第一手资料，使调查的内容有深度。运用访谈法，关键在于确定调查的主题，使采取抽样调查者能够直接进入问题的情境之中。

6. 观察实验法

观察实验法是指注意调查现场情形的一种调查方法，它通常分为观察与实验两种方式。

（1）**观察法**。主要是指调查人员对被调查者的行为与特点进行现场的描述。如市场调查人员到购物中心观察某类产品的销售情况，推销方式、消费者情况等。观察法具体包括直接观察、痕迹观察、行为记录等方法。其特点是可以客观地记录事实发生的现状和经过，使收集的资料具有较高的准确性和可靠性。

（2）**实验法**。主要是通过小规模的试验来了解产品及其发展前途，借此把握消费者的评价意见。例如，要了解消费者对某种新产品的评价，就可以选择此新产品进行实验，进而进行试销调查。常用的实验法包括：销售区域实验、模拟实验、购买动机实验等。其特点是调查结果较为客观、准确，但实验的时间较长，成本较高，有些实验因素也难以控制。

（三）广告市场调查的常用技巧

广告市场调查的技巧，是指具体运用市场调查方法去实现调查目的时所需掌握的调查问卷，这对获取全局准确的调查资料有很大帮助，而且往往是能否实现调查目标的关键。

1. 基本条件

广告市场调查的问卷设计从总体上讲应符合如下基本条件：

（1）问题必须简明扼要和有较强的信息涵盖量。

（2）问题要符合人们通常的逻辑思维进程，保证能获得对方的答复。

（3）问题须具有典型意义，能够代表一定阶段内市场发展的基本趋向。

（4）问题应便于评议、分析和综合说明。

设计市场问卷是一项技术性很强的工作，除了要求具备以上条件外，设计问卷还要注意概念的确定性，尽量避免一般性问题或与调查内容无关的枝节事项，避免对被调查者进行引导或诱引。

2. 基本技术手段

问卷设计的基本技术手段主要有：

（1）**二项选一法**。又称是否法或真伪法。即问题分为两种情况，被调查者只能选择其一。优点：求得判断明确，结论属于解说。但它不能表现有意见程度的差别。

案例："你是否喜欢喝可口可乐？"

A. 喜欢（　） B. 不喜欢（　）。

（2）**多项选择法**。即问卷设计给出两个以上答案，被调查者可在所给答案中选择一项或多项。

案例："在购买电冰箱时，你认为电冰箱哪种指标最重要？"（择一选之）。

A. 内部容积大（　） B. 制冷迅速（　）

C. 耗电量小（　） D. 噪声小（　）

E. 外形美观（　） F. 结构合理（　）

G. 其他（ ）

（3）**排序法**。即给出若干答案，让被调查者进行选择，并按重要程度排出先后顺序的方法。

案例："促使你买海尔冰柜的主要原因是什么？"（择三并按重要程度排序）。

A. 名牌（　） B. 价格（　） C. 广告（　）

D. 颜色（　） E. 性能（　） F. 他人推荐（　）

G. 售后服务（　）

第一位：（　） 第二位：（　） 第三位：（　）

（4）**自由回答法**。即问卷的问题不拟定答案，被调查者可以不受答案限制，而自由发表意见。这种方法可缩短问答者间的距离，但却难以形成一般性结论。

案例："你喜欢哪种款式的夏装？""你喜欢哪个品牌的化妆品？"

（5）**漏斗法**。又称过滤法，是指最初提出的问题范围广泛，应答者自由回答，然后逐步缩小范围，到最后所问的则是特殊的专门性问题。这种方法的特点是使调查内容逐步概括，并能归属调查主角，省略枝节性或表面性的问题，操作简便自然，有利于对调查问题的全局了解。

（6）**比较法**。即让被调查者对几种产品的品牌、商标、广告等，按照喜欢程度进行比较选择。这种方法不仅能判断出所比较项目的顺序，也可以测定出所比较对象间的评价距离。

案例：喜欢、较喜欢、一般较不喜欢、不喜欢（A. 牌广告、B. 牌广告、C. 牌广告）。

（7）**表格测检法**。即让被调查者在一张印有产品相关特性的表格上注明自己的看法。

（8）**文字联想法**。即先列出一些词汇，每一个都让被调查者写出他脑海中涌现出的几个字或几句话，主要用于产品、企业等命名调查。

案例："下列有几个名词，逐一去看，看后分别写出你想出的字、词或句。"

A. 长虹 B. 康师傅 C. 太阳神

三、广告市场调查的内容

一般来说，市场调查的内容极为复杂，范围极为宽广，如果从不同的角度出发，就会对市场调查的内容和范围有不同的理解。但是，如果我们只从广告运作的规律考虑的话，市场调查的内容和范围还是可以基本确定的，主要有：市场环境调查、广告主企业经营情况调查、广告产品情况调查、市场竞争性调查、消费者调查等。

（一）市场环境调查

市场环境调查是以一定的地区为对象，有计划地收集有关人口、政治经济、社会文化和风土人情等情况，在现代市场经济中，市场营销受着市场环境的影响。因此，对市场环境的分析研究，就成为广告策划和创意的重要课题。

市场环境调查的主要内容有以下几方面。

1. 人口统计

主要包括：目标市场的人口总数、性别、年龄段、文化构成、职业分布、收入情况、以及家庭人口、户数与婚姻状况等。通过对这些数据的统计分析，为确定诉求对象、诉求重点提供依据。

2. 社会文化与风土人情

主要包括：民族、文化特点、风俗习惯、民间禁忌、生活方式、流行时尚、民间节日、宗教信仰等内容。对这些进行分析，可以为确定广告的表现方式和广告日程提供事实依据。

3. 政治经济

主要包括：国家的法律法规、方针、政策、重大政治活动、政府机构情况、社会发展水平、工农业发展现状、商业布局等内容。这是制定产品策略，市场营销策略和进行广告决策的依据。

（二）广告主企业经营情况调查

广告主企业经营情况调查是指对企业的历史现状、规模及行业特点、行业竞争能力等情况的调查。其目的是为广告策划和创意提供依据，从而有效地实施广告策略，强化广告诉求。

主要内容：

（1）企业历史：主要了解广告企业是新企业或是老企业，在历史上有过什么成绩，其社会地位和社会声誉如何等。

（2）企业设施和技术水平：主要了解生产设备和操作技术是否先进，发展水平如何等。

（3）企业人员素质：主要包括人员的知识构成、技术构成、年龄构成、人员规模、科技成果、业务水平、工作态度、工作作风等情况。

（4）经营状况和管理水平：包括企业经营的成绩如何；企业组织结构和工作制度是否健全；工作秩序是否良好有序；企业的市场分布区域、流通渠道是否畅通，以及公关业务开展情况等。

（5）经营管理方法：包括企业经营的生产目标、销售目标、广告目标，以及实现上述目标采取什么样的经营举措、经营方式等。

（三）产品情况调查

产品调查是市场调查的一个重要内容，以此类产品为调查主题，从产品的诸方面性质入手，就可以确定此类产品是否在市场上适销，提出指导性意见，为企业的营销战略和广告策划提供参考。

产品调查的主要内容有：

（1）产品生产： 包括广告产品生产的历史、生产过程、生产设备、制作技术和原材料使用，以便掌握产品工艺流程和质量。

（2）产品性能： 主要考察产品的功能，与同类产品比较的突出长处，此外还包括产品的外形特色规格、花样、款式和质感以及装潢设计等。

（3）产品类别： 广告产品是属于生产资料还是消费品？又是其中的哪一类？生产资料主要类型有：原料辅料、设备工具、动力。消费品的主要类别有：日常用品、选购品和特购品。只有分清类别，广告设计和广告决策才有针对性，广告媒体选择才能准确适当。

（4）产品生产周期： 指产品在市场的销售历史。产品的生产周期分为五个阶段，即引入期、成长期、成熟期、饱和期和衰退期。产品处于不同的生命周期，其生产工艺水平不同，消费者需求特点不同，市场环境情况也不同，因而所要采取的广告策略就应不同。

（5）**产品服务**：在现代市场经济中产品服务是影响销售的重要内容，尤其是耐用消费品和重要生产设备。

产品服务包括：销售服务与售后服务。

销售服务包括：代办运输、送货上门、代为安装、调试培训操作人员等。

售后服务包括：维修、定期保养。

这方面的宣传也是增强消费者对广告产品信任感的重要环节。

（四）市场竞争性调查

市场经济的原则之一便是公平竞争，现代商品的市场产品竞争愈演愈烈，所谓“商场如战场”在市场竞争性调查中，重点查明市场竞争的结构和变化趋势，主要竞争对手的情况以及企业产品的竞争成功的可能性，在广告创业的竞争性调查中还要了解广告市场竞争的状况，各种广告手段与效果分析以及提出新广告策划的可能思路，通过这种调查性分析寻找到最有希望的产品销售突破口，寻找到最佳的广告创意。

市场竞争性调查的主要内容：

（1）产品的市场容量：包括生产经营同类产品的竞争等项目、规模、市场占有率及变化特点。

（2）竞争对手的销售服务和售后服务方式、消费者的评价。

（3）竞争对手的生产经营管理水平，尤其是销售的组织状况、规模和力量、销售渠道选择方式。

（4）各竞争者所采用的广告类型与广告支出等。

（五）消费者调查

“人们在一杯饮料中放几块冰？一般来说，人们都不知道，可是可口可乐公司知道。”这是美国作者约翰·科恩在谈到美国公司重视对消费者情况的基本调查时说的一段话。尽管在一杯饮料中投放几块冰，对消费者来说，是微不足道的小事，但是对企业广告公司来说却是一件极为重要的大事，由于可口可乐公司了解人们在一杯饮料中加入几块冰的数据，该公司便掌握了美国餐厅饮料及冰块的需要量，可见对消费者群体进行调查研究，对企业来说，是多么重要。

市场调查针对的消费者，包括工商企业的用户和社会个体消费者，通过对消费者购买引来的调查，来研究消费者的物质需求、购买方式、购买决策，为确定广告目标和广告策略提供依据。

对消费者调查的主要内容有：

（1）消费者的风俗习惯、生活方式；不同类型的消费者的性别、年龄、职业、收入水平、购买能力以及对产品商标和广告的态度与认识。

（2）产品的使用对象属于哪一个阶层，消费者对产品的质量、供应数量、供应时间、价格、包装以及服务等方面的意见和要求，潜在客户对产品的态度和要求，以及消费群体对新产品的需求趋势。

（3）影响消费的因素。包括购买动机、购买能力、购买习惯等因素。

1）购买动机。指推动消费者购买某种商品的念头，只有找准是什么样的念头促成了消费者的购买作为，才有可能使广告宣传做到有的放矢。

2）购买能力。是指消费者在感情动机和理智动机的支配下而对某商品的注意、兴趣、购买欲望等的能力，研究购买能力是制定广告战略不可缺少的重要内容。

3）购买习惯。即消费者日常在何时何地以及如何购买的问题。一般情况下，消费者购买商品的时间选择是有规律的。比如：有人常常在星期日到街上购物，有人则常常中午或晚上购物。再如，季节交换、节日来临、发工资等，都是影响购买作为的因素，了解这些情况，可为广告时机、地域的选择提供有价值的参考。

思考与练习题：

结合实际谈谈为什么广告策划不做市场调查犹如盲人骑瞎马？

第4章

广告定位策略

一、广告定位概述

（一）广告定位的定义

广告定位是指企业从消费者需求出发，把整个市场，按照不同的标准分为不同的部分或购买群，并选择其中一个或几个市场部分进行广告调查、确立广告主题、选择广告媒体、编写广告文案、实施广告行为的系统广告营销策略。

广告定位的正确与否直接影响整个策划的最终成败，它是最能体现策划者的策划水平和策划能力的关键环节。谁能挖掘到消费者的潜在需求，确定恰当的定位，谁就能在激烈的竞争中取胜。定位理论的创始人艾·里斯和杰克·特劳特曾指出："'定位'是一种观念，它改变了广告的本质。""定位从产品开始，可以是一种商品、一项服务、一家公司、一个机构，甚至是一个人，也可能是你自己。但定位并不是要你对产品做什么事。定位是你对未来的潜在顾客心智所下的功夫，也就是把产品定位在你未来潜在顾客的心中。所以，你如果把这个观念叫作'产品定位'是不对的。你对产品本身，实际上并没有做什么重要的事情。"

可见，广告定位是现代广告理论和实践中极为重要的观念，是广告主与广告公司根据社会既定群体对某种产品属性的重视程度。把自己的广告产品确定于某一市场位置，使其在特定的时间、地点，对某一阶层的目标消费者出售，以利于与其他厂家产品竞争。它的目的就是要在广告宣传中，为企业和产品创造、培养一定的特色，树立独特的市场形象，从而满足目标消费者的某种需要和偏爱，为促进企业产品销售服务。

（二）广告定位的发展

1. USP阶段

20世纪50年代，美国的罗瑟·瑞夫斯提出广告应有"独具特点的销售说辞"（Unique Selling Proposition，通常被缩写为USP）。他主张广告要把注意力集中于商品的特点及消费者利益之上，强调在广告中要注意商品之间的差异，并选择消费者最容易接受的特点作为广告主题。

20世纪50年代末期，随着产品时代被市场营销时代代替，确立"独具特点的销售说辞"就变得日益困难。但是，USP理论中的基本思想则被随后的广告思潮所汲取。因而，直至今日许多广告人把USP赋予诸多的现代意义，为当代广告活动所采用。

2. 形象广告阶段

20世纪50年代以来，西方经济发达国家的生产得到迅速发展，新产品不断涌现，同类产品在市场上竞争十分激烈。许多广告人通过各种广告宣传和促销手段，不断为企业提高声誉，开创著名品牌产品，使消费者根据企业的名声与印象来选择商品。此时期，涌现出一大批著名的广告人，广告思想都以树立品牌形象为核心，在客观的广告实践上，推动了企业营销活动的开展。这一时期最具代表性的人物就是被称为"形象时代建筑大师"的大卫·奥格威。他最著名的命题之一就是："每一则广告都是对品牌印象的长期投资"。

3. 广告定位阶段

1969年艾·里斯和杰·特劳特在美国《产业行销杂志》（Industrial Marketing Magazine）写了一篇名为《定位是人们在今日模仿主义市场所玩的竞赛》使用"定位"（Positioning）一词。

广告定位阶段自20世纪70年代初期产生，到80年代中期达到顶峰，其广告理论的核心就是使商品在消费者心目中确立一个位置。正如艾·里斯和杰·特劳特所指出的：广告已进入一个以定位策略为主的时代，"想在我们传播过多的社会中成功，一个公司必须在其潜在顾客的心智中创造一个位置。""在定位的时代，去发明或发现了不起的事物并不够，甚至还不需要。然而，你一定要把进入潜在顾客的心智，作为首要之事。"

4. 系统形象广告定位

进入20世纪90年代后，世界经济日益突破地区界限，发展成为全球性的世界大经济。企业之间的竞争从局部的产品竞争、价格竞争、信息竞争、意识竞争等发展到企业的整体性企业形象竞争，原来的广告定位思想，进而发展为系统形象的广告定位。

这种广告定位思想，变革了产品形象和企业形象定位的局部性和主观性的特点，也改变了七八十年代广告定位的不统一性、零散性、随机性，更多地从完整性、本质性、优异性的角度明确了广告定位。

系统形象广告定位，最初产生于美国50年代中期，发展于六七十年代，成熟于八九十年代。这种广告形态不但在欧美，而且在亚洲都产生了划时代的影响。当代世界上著名企业，其经营管理过程中已经在系统形象广告领域做了大量的工作，促进了企业经济效益和社会效益的大幅度提高。

（三）广告定位的作用

1. 正确的广告定位是广告宣传的基准

企业的产品宣传要借助于广告这种形式，但“广告什么”和“向什么人广告”，则是广告决策的首位问题。

在现实的广告活动中，不管你有无定位意识，愿意或不愿意，都必须给开展的广告活动进行定位。科学的广告定位对于广告战略的实施与实现，无疑会带来积极的、有效的作用，而失误的广告定位必然给企业带来利益上的损失。

2. 正确的广告定位有利于进一步巩固产品和企业形象定位

现代社会中的企业组织在企业产品设计开发生产过程中，根据客观现实的需要，企业必然为自己的产品所针对的目标市场进行产品定位，以确定企业生产经营的方向，企业形象定位又是企业根据自身实际所开展的企业经营意识、企业行为表现和企业外观特征的综合，在客观上能够促进企业产品的销售。无论是产品定位还是企业形象定位，无疑都要借助于正确的广告定位来加以巩固和促进。

3. 准确的广告定位是说服消费者的关键

一个消费者需要的商品能否真正引起其购买行为的出现，首先就要看广告定位是否准确，否则，即使是消费者需要的商品，由于广告定位不准，也会失去促销的作用，使许多真正的目标对象错过购买商品的机会。在现代社会中，消费者对商品的购买，不仅是对产品功能和价格的选择，更是对企业精神、经营管理作风、企业服务水准的全面选择，而企业形象定位优良与否，又正是消费者选择的根据之一，优良的企业形象定位，必然使消费者对产品产生“信得过”的购买信心与动力，促进商品销售。

4. 准确的广告定位有利于商品识别

在现代营销市场中，生产和销售某类产品的企业很多，造成某类产品的品牌多种多样，广告主在广告定位中所突出的是自己品牌的与众不同，使消费者认牌选购。消费者购买行为产生之前，需要此类产品的信息，更需要不同品牌的同类产品信息，广告定位所提供给消费者的信息，其中很多为本品牌特有性质、功能的信息，有利于实现商品识别。广告定位告诉消费者“此类产品的有用性”，更告诉消费者“本品牌产品的与众不同性”。

5. 准确的广告定位是广告表现和广告评价的基础

在广告活动中，广告表现必须以广告定位为基础进行广告视听表现，广告表现要以广告定位为目标与导向，体现出广告表现，服务于广告定位思维逻辑。一则广告的好与坏、优与劣，要以表现广告定位情况来进行分析和评价。这是对广告进行的评价，实际上也是对广告表现及产生的社会效果进行的评价。广告表现是以广告定位为核心展开工作的，对于广告表现进行评价，归根结底就是对广告定位的评价。也就是说，评价广告，首先要依据广告是否表现出准确的广告定位思想，是否比较准确地表现出广告定位的主题，而不能单纯围绕广告表现形式而大发议论。准确的广告定位既是广告表现的基础与基准，又是广告评价的前提基础之一。

6. 准确地进行广告定位有助于企业经营管理科学化

广告作为企业行为中的重要内容之一，是企业战略目标实现的重要手段，广告定位表面看起来仿佛仅仅属于广告活动的问题，实则属于企业经营管理中不可缺少的重要组成部分。科学的企业经营管理，有助于准确地进行广告定位，而准确的广告定位在促进企业营销目标实现的同时又反过来促进企业管理的科学化和规范化。

二、广告定位心理分析

（一）潜在顾客心理分析

潜在顾客心理是广告定位的出发点。

1. 人们只看他们所期望看到的事物

广告要创造消费者内心所期望的产品或服务，使消费者达到一种内在的满足。相反，如果广告创造了与人们期望不相符的东西，就会使其产生一种严重的失落感，被推销的产品就会陷入困境。

2. 在人们的心理上不仅排斥与自己以前知识或经验不相符合的信息而且同时人们实际上也没有很多的知识或经验来应用。

艾·里斯等称“人类的心智是一个完全不够大的容器”。根据哈佛大学心理学家米勒博士（Dr. George Miller）的研究，一般人类的心理不能同时与7个以上的单位打交道。这也就是为什么以“7”为我们所必须记忆的表格目录数字所盛行的原因。

3. 人们心理上存在着等级和阶梯

把产品在心智上划分等级。一个竞争者要想在市场上占有一席之地或提高市场占有份额，要么驱逐上方的品牌，要么把自己的品牌与其他企业的品牌位置发生关联。一个广告主如果想上市一新，心理上没有余地去接纳其他不同点。在开发或上市一种新产品时，如果告诉潜在顾客此产品“不是什么”，胜过告诉他“它是什么”。正如当第一辆汽车见世时，当时称之为“不用马的马车”（“Horseless”carriage），这一名称使社会公众把新观念的位置与当时存在的运输形式相联系。

在开展广告定位工作时，必须牢牢记住，定位并不是改变产品本身。如果说到改变的话，它确实在改变，只是改变的是名称、价格及包装，实际上对于产品则完全没有改变。所有的改变，基本上都是在做着修饰的作用，其目的是在潜在顾客心中得到有利的地位。

（二）失误定位分析

有悖于消费者心理的具体定位称为失误定位，失误定位一般有以下几种。

1. 挑战一个在同类产品中雄踞“第一”的品牌意味着失败

某种产品已经在消费者心中盘踞着“第一”或“领导者”的地位，其他不同品牌的同类产品从正面进行广告定位与其竞争，无疑是以卵击石，产品很难在这个市场上站住脚，即使实力雄厚的企业在开发新产品时，与场上占据“领导地位”的企业产品面对面地竞争，都冒着极大的风险，以至于出现重大损失。即使有更好的商品品质也往往难以去动摇“领导者”的地位。

2. 高品质的并非一定能够击败对手

从一般常识来看，一个产品拥有比同类其他产品更高的品质就应该会击败对手，但事实并非如此。

3. 品牌推广并非都能够成功

当某一品牌在其同类产品领域获得成功之后，该品牌在随后向其他领域推广的过程中并非都会成功。

4. 高科技并非会真正带来极大成功

艾·里斯等认为“假如在心智中没有空隙，即使在研究室中有伟大技术的成功，结果也要失败。”

5. 不适当的名称选择导致失败

“名称是把品牌吊在潜在顾客心智中产品阶梯的挂钩。在定位时代中，你要做的最重要的行销决策，便是为产品取个名称。”在一般人看来，名称不过是一种代号、一种称谓，它与成功或失败没有多大关系。但是，越来越多的事实证明名称与成败有密切关系。

6. 不要努力去向任何人诉求

在品牌很少和广告很少的时候，尝试向每个人说自己的产品还讲得过去。但是在今天，由于产品的竞争十分激烈，到处都会有太多的竞争者，你想八面玲珑而赢得胜利将会十分困难。要想在竞争的环境中求胜，就必须在市场中开拓明确的、最适合的位置，即使会受到某些损失，你也要这样做下去。也就是说，广告要定位，要指向某一类特别消费群体，而不是所有的消费者。在广告定位中要时刻牢记：“用步枪瞄准最佳潜在顾客来射击的方法，远比用猎枪散弹希望打几个全部市场的方法要好得多。计划者一定要知道谁是目标市场并直接和他们说话。”“试图用一个策略去传达给太多的人或向太多的人说话实在是一项风险。试图对一个更广大的市场夸张一项利益，希望借以吸引更多的人士几乎永远是一种错误。”

三、广告定位内容

（一）产品规格定位

广告定位主要有两大类：实体定位和观念定位。

1. 实体定位

所谓实体定位就是在广告宣传中突出产品的新价值，强调本品牌与同类产品的不同之处以及能够给消费者带来的更大地利益。实体定位又可以分为市场定位、品名定位、品质定位、价格定位和功效定位。

（1）市场定位。市场定位就是指把市场细分的策略运用于广告活动，确定广告宣传的目标。广告在进行定位时，要根据市场细分的结果，进行广告产品的市场定位，而且不断地调整自己的定位对象区域。只有向市场细分后的产品所针对的特定目标对象进行广告宣传，才可能取得良好的广告效果。

（2）品名定位。任何产品都有一个名称，但并不是随机地选定一个名称都可以的。在我国许多地区，人们在选定产品名称时很讲究一种吉祥和顺达，当然国内也有不少有名的产品名称用现代营销观念来分析，并非能行得通，但是都由于历史渊源的原因而仍然著名，像天津的“狗不理”作为包子食品的名称，就是较为奇特的一个，因为那毕竟是在中国商品经济并不发达时期的产物。在现代社会中，企业开发和生产的产品，不仅仅是产品本身，而且在创造一种文化现象，这必然要求产品的名称与文化环境相适应。

据说日本在20世纪60年代末和70年代初开发、进军美国市场之前，曾派调查人员赴美国实地调查。结果发现，美国人所使用的单词中，最普通的第一个字母是：S、C、P、A及T。许多企业在随后的产品名称定位时，大都采用了在美国人那里比较熟悉和经常采用的字母，日本企业的产品能够迅速地占领美国市场，与此不无关系。

（3）品质定位。在现实生活中，广大消费者非常注重产品的内在质量，而产品质量是否卓越决定产品能否拥有一个稳定的消费群体。很多广告把其产品定位在品质上，取得了良好的广告效果。

（4）价格定位。把自己的产品价格定位于一个适当的范围或位置上，以使该品牌产品的价格与同类产品价格相比较而更具有竞争实力，从而在市场上占领更多的市场份额。

（5）功效定位。指在广告中突出广告产品的特异功效，使该品牌产品与同类产品有明显的区别，以增强竞争力。广告功效定位是以同类产品的定位为基准，选择有别于同类产品的优异性能为宣传重点。美国七喜汽水的广告宣传，就以不含咖啡因为定位基点，以显示与可口可乐等众多饮料的不同。

2. 观念定位

观念定位是在广告中突出宣传品牌产品新的意义和新的价值取向，诱导消费者的心理定式，重塑消费者的习惯心理，树立新的价值观念，引导市场消费的变化或发展趋向。观念定位在具体应用上分为逆向定位和是非定位两种。

（1）逆向定位。这种定位是以有较高知名度的竞争对手和声誉来引起消费者对自己的关注、同情和支持，以达到在市场竞争中占有一席之地的广告定位的效果。当大多数企业广告的定位都是以突出产品的优异之处的正向定位时，采取逆向定位反其道而行之，利用社会上人们普遍存在的同情弱者和信任诚实的心理，反而能够使广告获得意外的收获。

（2）是非定位。是非定位就是打破既定思维模式下的观念体系，创立一种超乎传统方式上理解的新观念。前面已经介绍过的美国七喜汽水广告定位，就属于典型的是非定位，由于其典型性，在很多地方又把是非定位称为“非可乐定位”。

（二）企业形象广告定位

企业形象是组织的识别系统在社会公众心目中留下的印象，是企业物的要素和观念的要素在社会上的整体反应。现代企业形象的理论是以CIS理论，即理念识别（Mind Identity）、行为识别（Behavior Identity）和外在表征识别（Visual Identity）所构成的企业识别系统（Corporate Identity System）为基本理论框架，企业形象广告定位应该围绕理念识别、行为识别和外在表征识别展开。

1. 理念识别（即MI）的定位

理念识别是企业的核心和统帅。一般来说不同的企业，经营理念不同，理念识别的定位也是不一样的。不同的理念识别不仅决定着企业的个性特征，而且决定着企业形象的层次高低与优劣。

（1）**经营宗旨的定位**。经营宗旨是企业的经营哲学，它主要包括经济观、社会观、文化观。经营宗旨的定位事实上是企业的自我社会定位。经营宗旨的定位类型大体可分为三类：一是经济性，它突出的是企业经济效益；二是经济社会型，它讲求经济效益和社会效益并重，或者把重心偏重社会效益；三是经济、社会、文化并重型，它既讲求经济效益，也要求社会效益，亦十分注重对人类社会的文化贡献。

（2）**经营方针的定位**。经营方针是企业运行的基本准则。从社会性的角度来看，不同的行业，在经营方针的选择和确定上具有一定的倾向性。而这种倾向性往往是由企业生存发展的环境所决定的。在为企业经营方针定位时，既要注意行业自身的特点又要注重经营方针的指导性。

（3）**经营价值观的定位**。企业的经营价值观是企业文明程度的标志，反映出企业的文化建设水准。正确的企业价值观，对内能够产生巨大的凝聚力，对外可以激发出强有力的感召力。经营价值观的定位，一但经广告传播，会使企业的形象连同它的口号，深入到公众心目中。

2. 行为识别（即BI）的定位

企业行为识别定位具体表现为：实力定位、产品形象定位、经营风格定位、企业行为定位和文化定位。

（1）**实力定位**。这种定位是指在广告中突出企业的实力，其中主要是展示企业生产技术、人才、营销和资金，企业历史现在和未来等方面的实力。

（2）**产品形象定位**。这种定位是以突出企业的主要产品在同类产品中成名牌产品，具有的优势和特质，而这种优势和特质与企业整体形象的优势与特质具有某些方面的融合性，即具有企业整体形象的鲜明代表性。如“麦当劳从不卖出炉后超过10分钟的汉堡包和停放7分钟以后的油炸薯条”，充分体现初期严格的食品生产、销售的操作规范。其经营活动从一定程度上反映出麦当劳的经营风格。

（3）**经营风格定位**。销售人员乃至全体员工的管理水平、经营特点和风格，其目的是使企业从众多经营同类产品的企业中脱颖而出。经营风格定位即在广告中突出高层决策者、经营管理者、技术人员、如美国麦当劳广告：“Q、S、C+V（即品质、服务、清洁和附加值）”，就很好地把麦当劳的经营风格体现出来了。

（4）**企业经营行为定位**。是指通过将企业经营管理活动在广告中进行定位宣传，把企业经营行为、企业社会责任感传递到社会公众，以达到赢得支持和赞誉的效果。

（5）**文化定位**。文化定位就是在广告中突出、渲染出一种具有个性的、独特的文化气氛，其目的是使公众自然而然地为其所吸引，从而树立起企业在公众中的形象。文化定位是使广告的内容不仅显示商品本身的特点，更重要、更关键的是展示一种文化，标示一种期盼，象征一种精神，奉送一片温馨，提供一种满足。日本企业在中国销售中，更加刻意追求中华民族文化的认同感，如三家汽车公司的广告语：“车到山前必有路，有路必有丰田车”；“有朋远方来，喜乘三菱牌”；“古有千里马，今有日产车”。三家汽车厂商都巧妙地引用了中国人非常熟悉的三句话，增强了广告的感染力和渗透力。

（三）广告定位的因素

广告定位的因素有三：

其一，产品的创新，如果能被用来作产品的定位和差异化，那么这种创新的市场价值就特别大，它不仅为消费者提供了新的利益，同时它还是一件克敌制胜的营销武器。例如：果冻。大家都知道是放到嘴里吃的，可是喜之郎出了一种可以吸的果冻，广告语是：“喜之郎，可以吸的果冻。”产品新鲜、好玩，使自己在其同类产品中一下跳了出来。

其二，商品到处充满着同质化，当显而易见的、重要的差异点都被说完时，那些次要的特点如果运用好了，也同样能为营销出力。

其三，广告定位必须要与产品定位相一致，才能收到良好的效果。要做好广告，必须针对目标顾客的心理需求“看客出招”。广州宝洁公司深谙此道，他们为不同的产品做了不同的电视广告。这些“土洋结合”的广告，经久耐看，收效甚佳。

四、广告定位策略

（一）市场定位策略

即把产品宣传的对象定在最有利的目标市场上。通过整合市场，寻找到市场的空隙，找出符合产品特性的基本顾客类型，确定目标受众。可根据消费者的地域特点、文化背景、经济状况、心理特点等不同特点，进行市场的细致划分。策划和创作相应的广告，才能有效地影响目标公众。

例如，宝洁号称“没有打不响的品牌”，这源自于宝洁成功的市场细分理念。以洗发水为例，宝洁有飘柔、潘婷、海飞丝三大品牌，每种品牌各具特色，占领各自的市场。海飞丝个性在于去头屑，“头屑去无踪，秀发更出众”；飘柔突出“飘逸柔顺”；潘婷则强调“营养头发，更健康更亮泽”。三种品牌市场个性鲜明，消费群体需求划分明确，可根据自己的需要对号入座。这种细分，避开了自己同类商品的竞争，强有力地占领了市场。“万宝路”这个品牌的成功也归功于成功的市场定位。其最初的广告定位是女性，宣传主题是“像5月天空一样温和”，销量不佳。原因是定位过于狭窄，把广大男性烟民排除在外，不利于品牌的发展壮大。后来定位做出重大变化，定位在硬铮铮的男子汉，强调“万宝路”的男子气概，以吸引所有爱好追求这种气概的顾客。并且用马车夫、潜水员、农夫等做具有男子汉气概的广告男主角，一跃成为全美第十大香烟品牌。可见，广告定位的正确与否直接影响到产品的市场效应和未来发展。成功的定位策略对整个品牌有着起死回生的作用（图4-1a、图4-1b）。

图4-1a
“不妨把儿时游戏拿来玩”产品广告

图4-1b
“情在不言中”产品广告

（二）产品定位策略

最大限度地挖掘产品自身特点，把最能代表该产品的特性、性格、品质、内涵等个性作为宣传的形象定位。可以从以下方面入手，如产品的特色定位（图4-2a～图4-2c）、文化定位（图4-3）、质量定位、价格定位、服务定位（图4-4）等。通过突出自身优势，树立品牌独特鲜明的形象，来赢得市场效益和企业的发展。

在奶制品竞争激烈的环境下，各种品牌可谓八仙过海各显其能。“健康的牛”伊利牛奶广告充分体现了伊利奶的定位策略是“健康的牛，运动出好奶”。此定位的优势是抓住了产品原材料的特点，从奶的源头上做文章。充分挖掘消费者追求健康、新鲜、优质奶的心态，从而抢先占领了奶制品市场，赢得了良好的市场效益。

（三）观念定位策略

广告策划过程中，通过分析公众的心理，赋予产品一种全新的观念。这种观念既要符合产品特性，又要迎合消费者的心理，只有这样才能突出自身优势，从一种更高层次上打败对手。这里融入更多的是一种思想、道德、情感和观念等。

脑白金的孝心和传统观念定位，使该产品在保健品市场上独占鳌头。广告语“今年孝敬咱爸妈，送礼还送脑白金”“今年过节不收礼，收礼还收脑白金”。中国是一个节日和庆典比较多的国家，自古以来，民间就有互相送礼表示祝贺的风俗习惯。脑白金定位成一种礼品，并且是一种能带给人健康的礼品，极力宣传送礼更要送健康的理念。这个“送礼”观念定位恰好顺应了中国的传统。同时，中国自古就有尊老爱幼、孝敬父母的传统美德。脑白金增加礼品观念，

图4-2a
脏系列-地毯篇

图4-2b
脏系列-垃圾铲篇

图4-2c
脏系列-扫帚篇

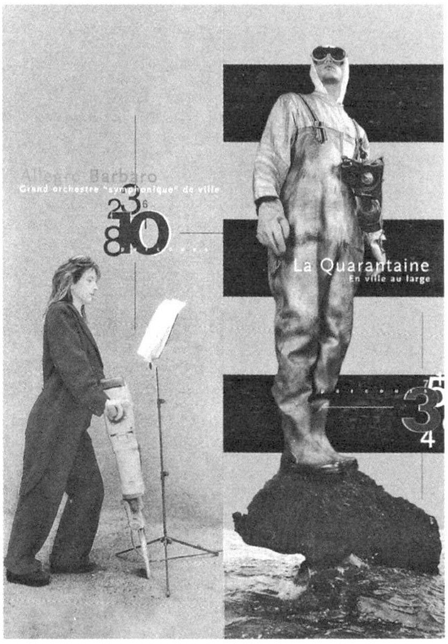

图4-3
音乐舞蹈节文化招贴

图4-4
潘高车库，定弦连接

增加孝心观念的策略，是其他竞争者所不具备的（图4-5a、图4-5b）。

（四）企业形象定位策略

把定位的重点放在如何凸显企业的形象和树立一个什么样的企业形象上。通过注入某种文化、某种感情、某种内涵于企业形象之中，形成独特的品牌差异。真正成功的企业形象，是恰到好处地把握住时代脉搏，击中人类共同的感动与追求。定位可以从企业文化的角度（图4-6a～4-6b）、企业情感的角度（图4-7）、企业信誉的角度（图4-8）、企业特色的角度（图4-9a、图4-9b）来树立企业的形象。

例如“四川全兴大曲”，其广告定位中融入了四川源远流长的酒文化，通过“品全兴，万事兴”的广告语，树立其在众多中国酒品牌中的独特文化定位；“孔府家酒”一句“孔府家酒叫人想家”，注入了浓浓的思乡情感；号称中国第一酒的“茅台酒”，融入的是企业的信誉和品质，这些都成功地树立了企业独特鲜明的形象。

“大红鹰胜利之鹰”的这个广告定位是从企业的文化和内涵出发，树立企业的形象。每个人的内心深处都渴望胜利，都渴望被认同，没有人会心甘情愿地主动放弃胜利选择失败。大红鹰定位“胜利之鹰”，符合了时代特点和企业精神。

图4-5a
纪念Arago-为了明天的设计

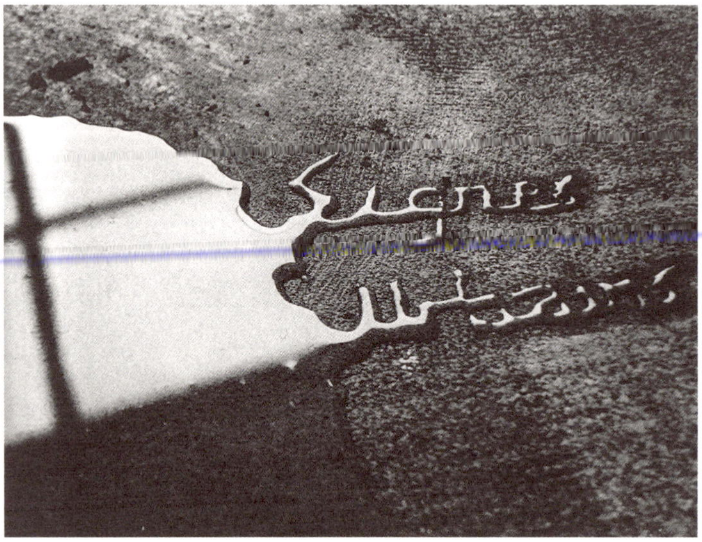

图4-5b
城市符号-平面设计月

图4-6a
法国戏剧中心海报1

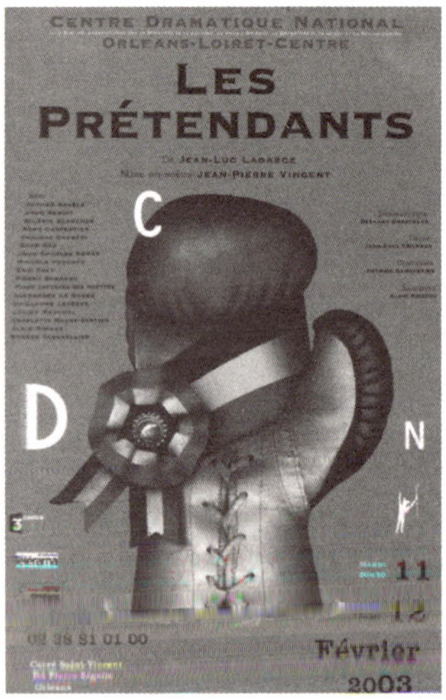

图4-6b
法国戏剧中心海报2

图4-7
“啤酒地图”产品广告

（五）品牌定位策略

即把定位的着眼点落在扩大和宣传品牌上。目前的市场竞争已进入了同质化时代，很多同类商品使消费者无法从简单的识别中辨别出优劣。正如人们很难说出可口可乐和百事可乐哪个更好喝些。企业之间的竞争就在于品牌的竞争。谁抢先树立了自己的品牌，就抢先赢得了商机。消费者有时购买商品就是选择自己所喜爱的品牌。

我们可以通过求先定位、求新定位、空隙定位、竞争定位等手段来在第一时间树立起自己的品牌，建立起自己的消费群。例如阿迪达斯、耐克、李宁都有自己的品牌特色，人们购买商品就是选择品牌。

成功的广告定位策略能帮助企业在激烈的竞争中处于不败之地，能够赋予竞争者所不具备的优势，赢得特定而且稳定的消费者，树立产品在消费者心目中与众不同的位置。因此，在广告策划中，应准确把握广告定位（图4-10a、图4-10b）。

思考与练习题：

举例说明广告定位的现实意义是什么？

图4-8
大提琴篇

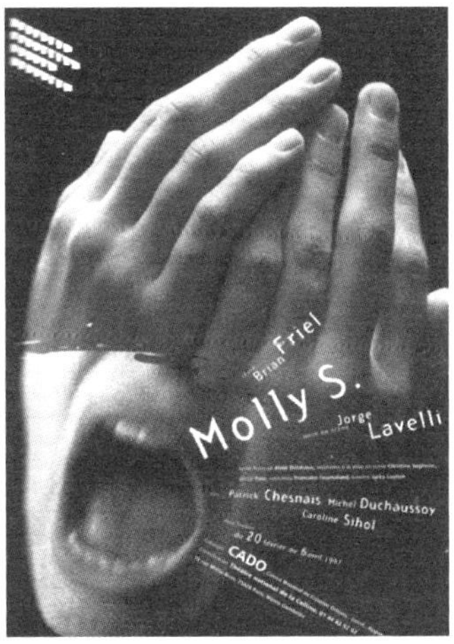

图4-9a
山丘剧院戏剧招贴1

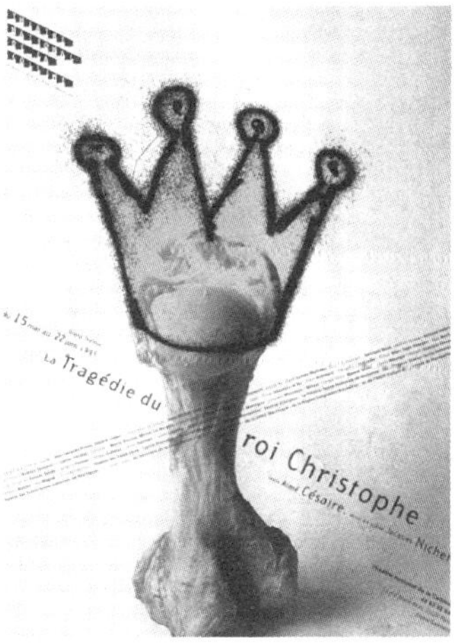

图4-9b
山丘剧院戏剧招贴2

图4-10a
NIKE广告

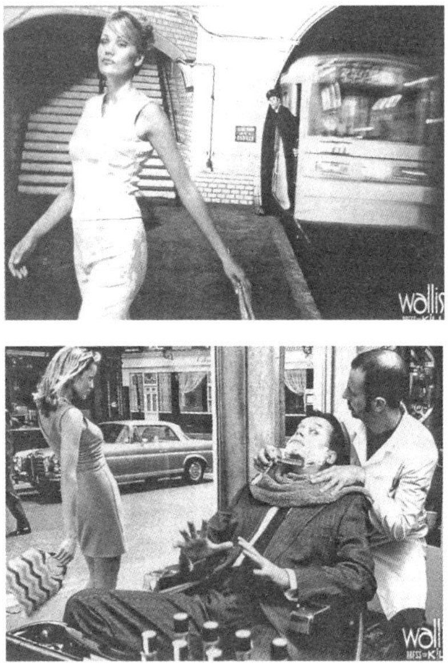

图4-10b
WALLIS女装品牌广告

第 5 章

广告媒体策划

一、广告媒体概述

广告媒体策划属于整个广告策划的一个重要组成部分，它是针对既定的广告目标，在一定的预算约束条件下，利用各种媒体策略把广告信息有效地传达到市场目标受众而进行的一系列筹划和安排。媒体的主要评价指标有：覆盖率、毛频点、视听众暴露度、到达率、暴露频次、有效到达率及千人成本等。媒体策划的基本任务就是结合考虑各媒体特性，根据这些指标进行比较评价，而后选择合适的媒体和媒体组合，以适当的时机和适当的方式把广告信息有效地传播给目标受众。

所谓广告媒体选择，就是指通过具体分析评价各类媒体的特点及局限性，找出适合广告目标要求的媒体，从而使广告信息顺利地到达目标顾客那里，现代广告活动已经发展成为一个全方位的整合性的信息传播活动，因此，各种广告媒体已经不再是各自为政的个体，广告媒体计划与选择已经成为广告活动战略的一个重要组成部分。

（一）广告媒体的定义

媒体，来源于英语词汇Media，其意为“中间的”“手段”或“工具”等。广告媒体，是指向受众传播广告信息的物质技术手段。广告媒体很多，如广播、电视、报刊、互联网、路牌、灯箱、包装装潢、交通工具，甚至一张名片、一支笔、一件工服，凡能起传播作用的物体，均可成为广告媒体。

我们生活在一个广告的世界里，从下水道的铁盖到空中的气球，从街头的垃圾桶到咖啡厅里的茶杯，无论物品大小，位置高低，只要有商机，就会留下广告的痕迹。广告信息传播的方式之多、曝光频率之高，令人咋舌。广告媒体凭借着人类的智慧以及无限的想象力，渗透到人们生活的方方面面。各种媒体用不同的方式与方法传播着各种各样的广告信息，为生产者与消费者架起了沟通的桥梁，商家赚取了巨额的利润，消费者满足了各种需求，生活水平不断提高。随着市场经济的进一步发展，广告成了人们生活中不可缺少的一部分。

（二）广告媒体的分类

现代广告媒体越来越多样化，但总的来说，报纸、杂志、广播、电视这四大广告媒体仍是主导媒体。从发展趋势来看，电脑网络有取代传统媒体成为强势广告媒体之势。不同媒体，其传播对象范围、视听效果、成本费用、可信度和权威性、利用条件或适用性，都有很大不同。

按照传播手段的不同，广告媒体划分为：印刷媒体、电子媒体和其他媒体。按受众数量，广告媒体可分为大众媒体、中众媒体、小众媒体。按广告受众接触时间的长短，广告媒体可分为长期媒体和短期媒体。按照信息能够传达到的地区范围，广告媒体可分为全国性媒体和地区性媒体。按照媒体信息传播诉诸受众感觉不同，广告媒体可以分为诉诸视觉媒体、诉诸听觉媒体。

1. 按媒体的载体与传播途径划分

目前，最常用的广告媒体分类方法是按照媒体的载体与传播途径来进行划分，把广告媒体分为以下具体类别：

（1）印刷媒体。如报纸、杂志、挂历、书籍（包括电话簿、邮政编码簿、火车时刻表等）、海报、传单、票证、标签等。

（2）电子媒体。如广播、电影、电视、电话、传真机、录像、电子显示大屏幕、电动广告牌、幻灯、光导纤维等。

（3）户外媒体。如路牌、霓虹灯、交通车船、飞机、气球、飞艇、高层建筑、旗帜等。

（4）邮寄媒体。如销售信、明信片、订购单、商品目录等。

（5）销售现场媒体。如橱窗、招牌、门面、室内外装潢、模特等。

（6）**流动媒体**。如打火机、火柴盒、手提袋、包装纸、广告衫、购物袋、雨伞、书包等。

2. 按媒体的功能划分

现在按其功能将其分为三类：视觉媒体、听觉媒体和视听两用媒体。

（1）视觉媒体包括报纸、杂志、邮递、海报、传单、招贴、月历、售点广告以及户外广告、橱窗布置、实物和交通广告等媒体形式。

其主要特点是通过对人的视觉器官的信息刺激，影响人的心理活动中的感觉过程，从而使人留下对所感知的事物的印象。

（2）听觉媒体包括无线电广播、有线广播、宣传车、录音和电话等。

其主要特点是通过对人的听觉器官的信息刺激，激发人的心理感知过程，使人留下对所感知的事物的印象。

（3）视听两用媒体主要包括电视、电影及其他表演形式等。

其主要特点是通过对人的听觉和视觉器官的双重信息刺激，激发人们的心理感知过程，从而，能使广告宣传给观众留下深刻的印象。

另外，网络媒体是新兴的且发展潜力巨大的广告媒体。它具有覆盖面广、信息容量大、传播速度快捷等特点。网络媒体最为显著的特性同时也是其强势所在之处，主要表现在信息传播的双向交互性。网络广告的主要类型有：横幅式广告（Banner）、按钮式广告（Button）、赞助式广告（Sponsorship），以及BBS广告等。

不同媒体在传播范围和传播对象方面是有差异的，如报纸、电视和广播就有全国性媒体和地方性媒体之分。媒体的传播效率有相当的差异，电视、广播的传播速度比其他印刷媒体要快捷得多，而在印刷媒体中又以报纸的传播速度最快，效率最高。针对不同的消费市场和不同层次的消费者的需要，广告活动对传播媒体的选择性也具有不同的要求。针对大众化的生活用品的广告活动，必须选择传播面宽、传播效率高的大众化媒体，而针对一些具有特定消费阶层的商品做广告宣传时，则需要选择专业性的、趣味性的、商业性的或地方性媒体。

（三）广告媒体发展的进程

根据媒体产生和发展的历史脉络，可以把迄今为止的人类传播活动划分为以下几个发展阶段：口语传播时代、文字传播时代、印刷传播时代、电子传播时代。不过，这个历史进程并不是媒体依次取代的过程，而是一个依次叠加的进程。

1. 口语传播时代

口语传播是人类传播活动的第一个发展阶段，这一阶段可以简单概括为从人类开始说话到用手写字这一漫长时期。口语最初仅仅是一种将声音与周围事物或环境联系起来的符号，在人类认识世界和改造世界的实践中，逐渐提高了它的抽象能力，成为一种能够表达复杂含义的声音符号系统。与此同时，也大大促进了人类思维能力的发展。美国传播学家德弗勒认为，语言与思维是不可分割地联系在一起的，思维的规则和说话的规则相同，思维也就是内向操作语言。直到今天，口语依然是人类最基本、最常用和最灵活的传播手段，但是作为音声符号的口语是有其局限性的。其一，口语只能在很近的距离内传递和交流;其二，口语转瞬即逝，记录性较差。因此，口语受到空间和时间的巨大限制，在没有诸如电话等口语媒体的情况下，它只能适用于较小规模的近距离社会群体或部落内的信息传递。事实上，即使在以口语传播为主的时代，口语也并不是唯一的传播手段。为了适应越来越复杂的社会生活和越来越大的环境空间，人类不断地发明和采用了一些早期的体外化媒体，例如，用约定的实物来传递和交流信息，利用结绳或图形符号来记录重要的事件或生产和交易情况;利用擂鼓或燃放烟火，以及这些信号的接力传送等，来实现远距离的联络。这种原始媒体的传播功能已经接近于文字，它们能把信息传得更加广远，更加长久。

2. 文字传播时代

文字是人类传播发展史上第二座重大里程碑。文字是在结绳符号、原始图画的基础上发展而来的。英国历史学家巴勒克拉夫在《泰晤士世界历史地图集》

中指出:“公元前3000年左右的文字发明，是文明发展中的根本性的重大事件。它使人们能够把行政文献保存下来，把消息传递到遥远的地方，也就使中央政府能够把大量的人口组织起来，它还提供了记载知识并使之代代相传的手段。”巴勒克拉夫的这段话概括了文字发明的重要意义。首先，文字能够把信息长久保存下来，使人类的知识、经验的积累、储存不再单纯地依赖人脑的有限记忆力;其次，文字能把信息传递到遥远的地方，打破了声音语言的距离限制，扩展了人类的交流和社会活动的空间;再次，文字的出现使人类文化的传承不再依赖容易变形的神话或传说，而有了确切可靠的资料和文献数据。一句话，文字的产生使人类传播在时间和空间两个领域都发生了重大变革。文字作为人类掌握的第一套体外化符号系统，大大加速了人类利用体外化媒体系统的进程。以我国汉字的载体而论，从早期的石壁、石器、陶器、青铜器，到甲骨、竹简和木简，再到后来的纸张，书写材料不断趋于轻便化，文字信息的传递越来越容易。道路的开拓，驿站、邮政设施的建立，也使得文字信息能够在越来越广大的区域内进行传播。

3. 印刷传播时代

文字出现以后，人类经历了一个很长的手抄传播阶段。手抄传播效率低、规模小、成本高。在这种情况下，文字信息的生产规模还很小，加上教育的普及程度低，文字传播基本上还属于政府、官吏以及统治阶层的特权。印刷时代的到来是建立在纸张和印刷术发明的基础之上的，这是中华民族为世界文明做出的两大贡献。印刷术的发明标志着人类已经掌握了复制文字信息的技术原理，有了对信息进行批量生产的观念。印刷机的出现迎来了近代报刊的诞生，伴随着读写能力的普及，印刷媒体开始在社会变革和社会生活中扮演越来越重要的角色。施拉姆指出:“书籍和报刊同18世纪欧洲启蒙运动是联系在一起的。报纸和政治小册子参与了17世纪和18世纪所有的政治运动和人民革命，正当人们越来越渴求知识的时候，教科书使得举办大规模的公共教育成为可能。正当人们对权利分配普遍感到不满的时候，先是报纸，后来是电子媒体使普通平民有可能了解政治和参与政治。”施拉姆的这段话高度概括了印刷媒体的发展在社会政治、文化和教育领域中带来的巨大影响。

在21世纪的今天，印刷媒体已经高度普及，书籍、报纸、杂志等出版物作为人们每天获得信息、知识、娱乐的基本渠道之一，在社会生活的各个领域都发挥着重大的影响。20世纪80年代以来，随着电子信息技术的飞速发展，激光排版、电脑编辑、网络传输等新的传播技术在印刷出版领域也得到了广泛的应用。

报刊的变革，首先，体现在技术变革上，数字化编辑与远程印刷大大提高了报纸的生产速度、生产量，并扩大了覆盖范围，彩色印刷和图文传真增加了报纸版面的可视性。其次，变革还体现在报纸种类的多样化上，日报、晚报、晨报、周报、副刊、国际性报纸、全国性报纸、区域性报纸、各种专业性报纸（如经济类、体育类）等，发展到今天可谓花样繁多。再次，多数国家，报纸的发行量都呈现出下降的趋势，其特点是销量减少，广告市场份额降低，年轻读者减少，而且与广播电视和电脑相比，报刊的影响普遍下降。

4. 电子传播时代

如果说印刷传播实现了文字信息的大量生产和大量复制，那么电子传播最重要的贡献之一就是实现了信息的远距离快速传输。

1888年，德国物理学家亨利希·赫兹在研究中发现了电磁波。在此基础上，俄国科学家波波夫（1859—1905）和意大利科学家马可尼（1874—1905）各自通过独立的研究，于1895年发明了无线电通讯（电报）。研究无线电通讯的科学家随即把兴趣投向了新的领域——如何利用无线电技术传送人的语言和声音。加拿大人雷金纳德·奥布里费森登（1866—1932）首先获得了成功。1906年圣诞节，新英格兰海岸附近的人们听到了人类历史上的第一声广播。20世纪20年代，最早的一批广播电台在欧洲出现。20世纪20年代末30年代初，无线电广播发展迅速，其新奇的节目、明星主持人和快捷的新闻吸引了大量的听众和巨额的广告，迅速成为与报纸、通讯社分庭抗礼的新大众媒体。第二次世界大战期间，广播的优势得到了充分发挥。罗斯福的重要演说、斯大林在莫斯科危急存亡之际的广播讲话，以及伦敦大轰炸、珍珠港事件、日本投降等新闻，都是通过广播第一时间传到世界各地的。

1926年，英国人贝尔德成功地完成了电视画面的播送及接收试验。1927年，他通过电话线成功地实现了从伦敦至格斯拉哥的电视画面传送。1928年，他又成功地利用无线短波，将图像从伦敦送到了纽约，贝尔德被誉为“电视之父”。1929年，英国广播公司（BBC）开始电视试播，使用的是贝尔德发明的机械电视，播出的是无声图像。1930年，BBC播出了第一个声像俱全的电视节目。1936年，BBC在伦敦以北6英里处的亚历山大宫建立了世界上第一座电视台。第二次世界大战后，世界电视事业得到了蓬勃发展。1950年出现了“彩色电视制式”，彩色电视机面世。1960年通讯卫星的发射和应用，更打破了广播、电视等传播的时空限制。

电子媒体为人类传播带来的变革不仅仅是空间距离和速度上的突破。从人类社会信息系统发展的角度看，电子媒体还在另外两个方面具有里程碑的意义：一方面，它形成了人类体外化的声音信息系统和体外化的影像信息系统；另一方面，它使人类在知识经验积累、文化传承等方面的效率、质量产生了新的飞跃。电子传播技术的发展，引领人类进入了一个全新的、前所未有的信息社会，传播媒体也进入了一个前所未有的整合和发展的新时代。

5. 数字传播时代

1998年5月，联合国秘书长科菲·安南审时度势，在联合国新闻委员会年会上正式提出：互联网已成为继报刊、广播、电视之后的“第四媒体”。从此“第四媒体”一词成为最引人瞩目的字眼。由“第四媒体”引发的经济增长模式，被称作“新经济”，目前正风靡全世界。之所以这样讲，是基于人们按照传播媒体的不同。把媒体的发展划分为四个阶段：以纸为媒体的报纸和杂志、以电波为媒体的广播、基于光电图像传播技术的电视，分别被称为第一、第二和第三媒体，互联网技术则被称为第四媒体。

互联网的起源是美国国防部在1969年创办的一项工程，名叫阿帕计算机网（ARPAnet），开始用4台计算机互联试验，到1977年网络节点达57个，连接各类计算机100多台。发展至今，互联网已经成为一个联通全球200个国家和地区的3亿多台主机，拥有5亿多用户的动态网络。与发达国家相比，我国互联网的应用虽然起步很晚，但发展势头很猛。传播学者做过研究，一种电子传媒从投入使用到拥有5000万用户所需要的时间。广播用了38年，电视用了13年，有线电视用了10年，而互联网仅用了5年。种种数据都指向一个事实：伴随着人类社会迈进21世纪，互联网也将人类社会带入数字传播的新时代。互联网诞生后相当长一段时期内的功能只是传送文件和电子邮件。1994年1月，随着浏览器的推出，网上出现了包括音频、视频在内的多媒体。1995年8月，美国有线电视新闻网（CNN）建立了自己的网站，正式拉开了网络电视传媒的序幕。21世纪一开始，传统的电影、广播和电视节目在互联网上出现得越来越多：舞台剧、喜剧、连续剧，音乐节目、综艺节目、新闻、谈话节目…

从1994年，网络在世界上崭露头角，到现在短短的几年间，网络及其相关产业为全世界创造了巨大的财富。2004年互联网广告的市场规模比上年增加了759%，为19亿元;2005年为27亿元，2006年达到40亿元。即使是在整体中国广告行业中，互联网广告的高增长率也相当喜人。不过中国互联网广告市场在整体中国广告行业中还只占据5%左右的份额，远低于其他国家的互联网广告市场。现在美国、欧洲的互联网广告市场在整体广告市场中所占份额为5%～7%，日本和韩国也达到了约4%。不过虽然现阶段中国互联网广告市场的规模还不大，但考虑到今后互联网用户的不断增加，中国互联网广告市场今后将呈现增长趋势。

尽管2000年以来互联网经济低迷不振，国际学界、业界对于网络媒体的研讨依旧是热火朝天。或许应了管理大师彼得·杜拉克（Peter Drucker）对互联网的一个判断：“网络对文化的影响力比对经济大得多。”无论如何，互联网的存在是不容忽视的。今天，人们在讨论媒体，尤其在研究无孔不入的广告媒体时，是不能不提到互联网这只怪兽的。虽然它现在依然不够成熟，但是它总有一天会走向强大。我们今天的世界已经慢慢开始像离不开电话那样离不开网络了。互联网展现着其特有的活力，作用和影响与日俱增，“另类媒体”正快步成为“主流媒体”。虽然它的将来会发展成什么模样，我们无法描述，正如传播学者大卫·亚伯拉罕逊（David Abrahamson）所说：“对于未来的情况和互联网的发展，我们唯一能够确定的事情就是，我们对此一无所知。”但是我们现在唯一可以预见的是，互联网前程无量。

二、广告媒体评价

随着我国社会主义市场经济体制的逐步完善，市场构成的多样化，媒体类型、品种日趋丰富，媒体费用日渐高涨，广告媒体的选择越来越复杂。如何以最低的媒体代价获得最优的广告效果，便成为企业最关心的一个问题。在广告媒体选择过程中首先要掌握广告媒体的评价指标。

1. 权威性和影响力

广告是可以借助媒体的权威性而扩大影响的。当然，要选用权威性高的媒体，不仅难度较大，而且广告费用也较高。媒体的权威性与影响力，难以从数量上进行分析，只能作定性研究。同时，权威性的衡量标准也是相对的，对某一类广告来说，某媒体的权威性高，但对另一类广告来说，这一媒体的权威性可能并不高。因为不同的媒体都有自身的特性和影响力，广告受众自身是有一定的衡量标准的。

2. 覆盖面

任何一种广告媒体都只能在一定范围内发挥影响作用，即广告媒体的覆盖面，覆盖面一般用触及率来比较。触及率这一指标有两个特点：一是触及人数不可重复计算，某人虽多次接收同一广告，但也只能算是一个接触者；二是触及率是对覆盖面中所有人而言的，因而这一指标也不代表所有受众群体。触及率是选择广告媒体的重要指标。

3. 接触频率

广告媒体接触频率指接触过该广告的人平均接触的次数，这一指标的意义在于了解在多次发布广告后，接触者对广告印象的加深程度。计算方法如第一次触及率为25%，第二次为30%，其中重复触及率为5%，那么30÷25的结果为1.2次，这就是二次广告的接触频率。一般来说，二次或多次广告中，重叠多，则纯有效范围小，重叠少，则纯有效范围大。在制定媒体计划和选择媒体时，必须按照广告目的的要求，弄清究竟是重视广告有效范围，还是重视广告频率，然后再做出决策。

4. 连续性

广告媒体连续性，指同一则广告多次在一个媒体上推出所产生效果的相互联系和影响。连续性指标也可运用于在不同媒体上推出同一则广告，或同一媒体不同时期广告活动之间的联系和影响。广告媒体不同，对连续推出广告的效果影响是不同的。例如，一般杂志是以月为间隙接触消费者的，如果为配合某项时效性强的营销计划而在杂志上刊出连续性广告，这显然是不适合的，但如果是配合长期销售计划或针对性较强的产品，杂志广告的连续性是比较好的。因此，在研究连续性指标时，应与广告活动作综合分析，才能得出正确的判断。

5. 针对性

广告媒体针对性指广告媒体的主要受众群体构成的指标。媒体的覆盖面和其受众的多少并不是广告主所考虑的唯一指标，一个媒体受众可能很多，但如果其中只有一部分是广告主的目标消费者，这一媒体对特定的广告主来说，也不是理想的媒体。针对性指标包括两项主要内容：一是媒体受众的构成情况；二是媒体受众的消费水平和购买力的情况。

6. 成本效益

广告媒体成本效益指衡量某一媒体可以获得的广告效益同所消耗费用之间的关系的指标，此指标主要是对媒体经济效益的量度。广告主在做广告前不仅要考虑“广告能够向市场上百分之几的人传播几次”，同时还必须考虑平均每人用多少成本。

成本效益不能单纯看媒体费用的绝对值大小，而是看支出的费用、覆盖面与视听者数量之间的比例关系。广告策划人员按照成本原则选择媒体，最常用的简捷方法是“千人成本法”，也称CPM法，即媒体平均每接触1000个人所花费的广告费，其公式是：CPM=广告费/接触人数×1000。从CPM公式中也可看出，要把CPM压缩到最小的方法有两种：一是用少量广告费；二是增加广告的接触人数。千人成本指标虽简易可行，但也有其不足之处，广告学界对此争议颇多，其主要缺点在以媒体的接触数（视听者）为计算成本的基础，但不同的媒体其影响力有所不同，接触者的构成不同，广告的目标对象不同等，在千人成本指标中均难以反映。如婴儿润肤霜广告，若某媒体的接触者多为年轻的母亲，其广告效果就大，而若接触者多为老年人，其广告效果就很低。因此，在考虑成本效益时，还应有其他指标配合而综合加以衡量。

三、广告媒体的选择

（一）广告媒体选择原则

正确选择广告媒体，除了依照广告媒体选择的科学方法外，还必须遵循广告媒体选择的基本原则，这是广告策划取得成功的重要因素。归纳起来，广告媒体选择应遵循以下四项原则。

1. 目标原则

所谓目标原则，就是必须使选择的广告媒体同广告目标、广告战略协调一致，不能背离相违。它是现代广告媒体渠道策划的根本原则。消费者群体不同，他们对于广告媒体的态度也必然有所不同，而只有根据目标对象接触广告媒体的习惯和对媒体的态度来选定媒体，才能符合广告战略的要求，进而顺利达成广告目标，收到良好的广告效果。

如果广告媒体传播信息的受众并非广告目标所针对的消费者或潜在消费者，即使广告主投入再多的广告费，广告创意再新奇独特，也不会取得预期的广告效果，最多也只能是收效甚微。总之，只有严格遵守目标原则，才能辨明并坚持媒体选择的正确方向，才能制定出整体最佳的广告媒体渠道策划。

2. 适应原则

所谓适应原则，就是根据情况的不断发展变化，及时调整媒体方案，使所选择的广告媒体与广告运动的其他诸要素保持最佳适应状态。适应性原则包括两方面的内容：

一方面，广告媒体的选择要与广告产品的特性、消费者的特性以及广告信息的特性相适应。例如，消费品多以大众传播媒体为主，工业品多以促销媒体为主；有些消费者习惯于接受大众传播媒体的广告宣传，有些消费者却对其抱有冷淡态度，而对促销媒体深怀好感。

另一方面，广告媒体的选择要与外部环境相适应。外部环境是指存在于广告媒体之外的客观原因或事物，如广告管理、广告法规、经济发展、市场竞争、宗教文化，以及媒体经营单位等。外部环境是不断发展变化的，媒体方案也要相应做出调整。

3. 优化原则

所谓优化原则，就是要求选择传播效果最好的广告媒体，或作最佳的媒体组合。在进行媒体选择时，必须认真分析了解各种能够达到广告对象的媒体性能特征，以做出最优的选定。一般来说，应该选择传播速度快、覆盖区域宽、收视（听）率高、连续性强、色彩形象更好、便于记忆、信誉高的媒体。优化原则强调，广告媒体渠道的选择及其组合，应该尽可能寻求到对象多、注意率高的传播媒体及组合方式。即使是同类同种的传播媒体也是各有长短的。例如，同属于杂志的媒体，由于级别、性质、特点各有区别，因而其优势与不足也就各有不同的具体体现。

4. 效益原则

所谓效益原则，就是在适合广告主广告费用投入能力的前提下，以有限的投入抓住可以获得理想效益的广告媒体。现代市场经济条件下，无论选择何种广告媒体都应该将广告效益放在首位，这就要求广告媒体渠道策划应该始终围绕选择成本较低而又能够达到广告宣传预期目标的广告媒体这个中心来进行。

一般来说，各种广告媒体因其技术高超、覆盖区域和质量的不同，成本费用也不同。某种广告媒体的技术手段高超、覆盖区域广阔、质量出类拔萃，则其成本费用就高；反之则低。即使是同一媒体，因受有关因素的影响，成本费用也会有明显的差异。例如，从同一份报纸上看，广告版面的大小，版位的划定；从同一电视上看，播放时间的长短、占据的是一般时段还是“黄金时段”等，都将影响广告的费用。

（二）广告媒体选择方法

为了减少广告媒体选择中的偏差和失误，必须善于灵活巧妙地运用广告媒体选择的方法。进行广告媒体选择的方法有很多，常用的主要有以下几种。

1. 按目标市场选择的方法

任何产品总有其特定的目标市场，因此广告媒体渠道的选择就必须对准这个目标市场，使产品的销售范围与广告宣传的范围相一致。如果某种产品以全国范围为目标市场，就应在全国范围内展开广告宣传，其广告媒体渠道的选择应寻求覆盖面大、影响面广的传播媒体，一般选择全国性的电台、电视台、报纸、杂志及交通媒体最为理想。如果某种产品是以特点细分市场为目标市场，则应着重考虑何种传播媒体能够有效地覆盖与影响这一特定的目标市场。一般选择有影响的地方性报刊、电台、电视台、户外广告及交通媒体比较适宜。

2. 按产品特性选择的方法

当代市场产品的种类繁多，不同产品适用于不同的广告媒体，这就要求应按产品特性慎重选择其传播媒体。一般来说，印刷类媒体适用于规格繁多、结构复杂的产品；色彩鲜艳并需要进行技术展示的产品最好运用电视媒体。硬性产品（即工业品）属于理性型购买品，如果其技术性较强，价格昂贵，用户较少，通常选择专业杂志、专业报纸、直邮及展销现场媒体；如果其技术性一般，价格适中，用户较多，也可以选择电视和一般报刊。软性产品（即生活消费品）属情感型购买品，通常适宜选择电视、杂志彩页媒体。

3. 按产品的消费层选择的方法

任何产品都有自己的消费者层，即特定的使用对象。一般来说，软性产品均拥有其比较固定的消费者层。因此，广告媒体渠道的选择应根据其目标指向性，确定深受消费者喜欢的传播媒体。例如，广告产品为新型美容系列化妆品，其使用对象就应是女性，而其主要购买者必定是青年女性，那么，根据这一特征，就必须选择年轻女性最喜欢的传播媒体。如果广告产品是一种新型化肥，其目标市场是农村，其使用对象自然是农民，那么就应选择广大农民喜闻乐见的传播媒体，像广播、电视、报纸等。

4. 按消费者记忆规律选择的方法

广告是通过传递商品信息来促进商品销售的，但广告还只是间接推销。因为人们在接受广告传播的信息后，由于时间与空间的原因，一般不会听了或看了广告就去立即购买，总是经过一定时间之后才付诸行动。因此，广告应遵循消费者的记忆原理，不断加深与强化消费者对广告产品的记忆与印象，并起到指导购买的作用。例如，某企业推出的产品是在全国范围内销售，那么这家企业除了选择全国最有影响的报纸媒体外，还应选择最有影响的电视媒体和广播媒体，并认真考虑传播广告信息的连续性，其目的就是为了强化消费者对广告产品的记忆。

5. 按广告预算选择的方法

每一个广告主的广告预算是不同的，有的可能高达百万元甚至更多，有的可能只有几千元，这就决定了广告主必须按其投入广告成本的额度进行媒体的选择。对于广告主来说，广告是一项既有益又昂贵的投资，广告主对广告媒体渠道的选择要量力而行，量体裁衣。这就要求广告主在推出广告前，必须对选择的媒体价格进行精确的测算。如果广告价格高于广告后所取得的经济效益，就不要选择价格高的广告媒体。

6. 按广告效果选择的方法

广告效果是一个相当复杂而又难以估价的问题。一般来说，广告主在选择媒体时应坚持选择投资少而效果好的广告媒体。例如，在发行量为400万份的报纸上做广告，经计算可知，广告主在每张报纸上只花费5厘钱，即可将自己的产品信息传播给一个受众，比寄一封平信要便宜得多。在接受信息的400万人中，只需有10%的人对广告做出反应，此广告就可收回广告费。

（三）广告媒体选择策略

1. 与企业的营销目标相结合的选择策略

一个企业在确定了自己的目标市场以后，要以一个最佳的营销组合式以一个有效的营销计划进入和占领这个目标市场。其具体表现为如何实现一定时期内的企业营销目标。如果把企业的营销目标简单地加以归结，不难发现，所有企业营销目标都可以扩大销售额、增加市场占有率、树立企业或产品形象。但在媒介选择时，就必须针对特定的营销目标。

（1）扩大销售额时的媒介选择。企业扩大销售额的目标要求广告能够促使消费者缩短购买决策过程，尽快地做出购买决策。为了达到这一目标，在媒介上较为理想的选择顺序应该是电视、广播、售卖点（POP）、直邮（DM）、报纸、杂志等。

（2）增加市场占有率时的媒介选择。增加市场占有率就是争取新的消费者，甚至把自己竞争对手的消费者吸引过来，以加强企业自身的竞争地位。在增加市场占有率时，选择的媒介以报纸、杂志的效果为最佳，其次是电视与广播，再次是售卖点、直邮及户外等媒介。

（3）树立企业产品形象时的媒介选择。树立企业或产品形象是使消费者产生对企业或产品的好感，提高企业或产品的知名度与美誉度。为了实现这些目标，在媒介选择上，报纸、户外交通和赛场等媒介较为适宜，同时，在电视、杂志上进行形象广告宣传，也会产生良好的效果。

总之，从媒介传播信息的广度和深度来分析，任何一种媒介都有其他媒介不能比拟的优点或长处，同时也有自身的缺点或劣处。

2. 与目标市场相结合的选择策略

（1）以区域划分目标市场的媒介选择。企业的目标市场从区域上划分，可以分为全国范围目标市场和区域目标市场。如果目标市场为全国范围的话。媒体的选择应尽可能寻求一个成本尽可能低，广告信息总暴露量尽可能大的媒介组合，因此，可以选择国家一级的电视台、电台、杂志和全国范围内发行量较大的报纸。

（2）以消费者自身因素划分目标市场的媒介选择。所谓消费者自身因素是指消费者的年龄、性别、职业、受教育程度、收入等因素。在对市场细分时，企业比较多地使用这种社会文化标志来细分市场。在媒介选择上，经常运用撇脂媒介选择法。撇脂媒介选择法就是企业首先把广告集中投放到最有可能购买企业产品的消费群体中去，如果产品的销售没有达到预期的目标，随后再调整到另一个群体，直到在广告媒介上找出一个最能适应某一个消费群体的媒介就可以了。

3. 与营销环境相结合的选择策略

（1）社会意识形态影响媒介选择。从统计分析来看，凡经济发达国家或通讯传播业发达的国家，各种媒介都能被广泛使用。但有许多国家，由于社会意识形态的限制，导致在某类媒体上的偏重。如：挪威、瑞典、丹麦等国家，禁止在电视、广播上播放广告；有的国家法令禁止香烟、酒类在电视和广播上做广告；在伊斯兰国家，对于电视、电影的限制比较严格，这些国家的广告选择便偏向于其他的媒介。可见，意识形态直接影响到一个国家的媒介选择。

（2）人口密度影响媒介选择。人口密度与广告媒介的传播范围和传播速度有一定关系。在人口密度低的地区，对于媒介传播的速度与范围要求就高。

（3）文盲率影响媒介选择。文盲率的高低直接制约着印刷媒介的发行范围及数量。在文盲率高的地区，宜用电视及广播这两类媒介去说服消费者，因为电视和广播能够通过画面的直观形象和语言的通俗表达，把商品信息传递给消费者。同时，售卖点和户外两种媒介也可以在文盲率高的地区经常使用。

（4）生活水平影响媒介选择。一个地区的生活水平高低与通讯传播业的发达成正比。生活水平高的地区，其报纸、杂志、广播、电视的普及率就高，这几种媒介的选用就比较经常。

四、主要媒体优劣势分析

（一）报纸与杂志传播信息的优势和弱点

广告传播工作是离不开报纸、杂志的。报纸作为一种印刷媒介、是以刊登新闻为主面向公众发行的定期出版物。杂志也是一种印刷媒介，它是定期或不定期成册连续出版的印刷品。报纸、杂志是通过印刷文字将大量的信息和意见传递给公众的，属于印刷类大众传播媒介。

1. 报纸传播信息的优势和弱点

（1）报纸的优势。

1）传播面广。报纸发行量大，触及面广，遍及城市、乡村、机关、厂矿、企业、家庭，有些报纸甚至发行至海外。

2）传播迅速。报纸一般都有自己的发行网和发行对象，因而投递迅速准确。

3）具有新闻性，阅读率较高。报纸能较充分地处理信息资料，使报道的内容更为深入细致。

4）文字表现力强。报纸版面由文字构成，文字表现多种多样，可大可小，可多可简，图文并茂，又可套色，引人注目。

5）便于保存和查找。报纸信息便于保存和查找，基本上无阅读时间限制。

6）传播费用较低。

（2）报纸的弱点。

1）时效性短。报纸的新闻性极强，因而隔日的报纸容易被人弃置一旁，传播效果会大打折扣。

2）传播信息易被读者忽略。报纸的幅面大，版面多、内容杂，读者经常随意跳读所感兴趣的内容，因此报纸对读者阅读的强制性理解能力受限。受读者文化水平的限制，更无法对文盲产生传播效果。

3）色泽较差，缺乏动感。报纸媒体因纸质和印刷关系，大都颜色单调，插图和摄影不如杂志精美，更不能与视听结合的电视相比了。

2. 杂志传播信息的优势和弱点

（1）杂志的优势。

1）时效性长。杂志的阅读有效时间较长，可重复阅读，它在相当一段时间内具有保留价值，因而在某种程度上扩大和深化了广告的传播效果。

2）针对性强。每种杂志都有自己的特定读者群，传播者可以面对明确的目标受众制定传播策略，做到“对症下药”。

3）印刷精美，表现力强。

（2）杂志的弱点。

1）出版周期长。杂志的出版周期大都在一个月以上，因而即效性强的广告信息不宜在杂志媒体上刊登。

2）声势弱。杂志媒体无法像报纸和电视那样造成铺天盖地般的宣传效果。

3）理解能力受限。像报纸一样，杂志不如广播电视那么形象、生动、直观和口语化，特别是在文化水平低的读者群中，传播的效果受到制约。

（二）广播与电视传播信息的优势和弱点

1. 广播传播信息的优势和弱点

广告主经常要运用广播、电视去播放新闻、广告。广播与电视同属于电子媒介，它们能及时、有效地影响公众，是非常重要的广告传播手段。

广播是指通过无线电电波或导线传送声音节目、供大众收听的传播工具。广播分无线广播和有线广播。通过无线电波传送声音符号称无线广播，通过导线传送声音符号称有线广播。

（1）广播的优势。

1）传播面广。广播是使用语言做工具，用声音传播内容，听众对象不受年龄、性别、职业、文化、空间、地点、条件的限制。

2）传播迅速。广播传播速度快，能把刚刚发生和正在发生的事情告诉听众。

3）感染力强。广播依靠声音传播内容，声音的优势在于具有传真感，听其声能如临其境、如见其人，能唤起听众的视觉形象，有很强的吸引力。

4）多种功能。广播是一种多功能的传播工具，可以用来传播信息、普及知识、开展教育、提供娱乐的服务，能满足不同阶层、不同年龄、不同文化程度、不同职业分工的听众多方面的需要。

（2）广播的弱点。

1）传播效果稍纵即逝，耳过不留，信息的储存性差，难以查询和记录。

2）线性的传播方式，即广播内容按时间顺序依次排列，听众受节目顺序限制，只能被动接受既定的内容，选择性差。

3）广播只有声音，没在文字和图像，听众对广播信息的注意力容易分散。

2. 电视在传播信息中的优势和弱点

电视是用电子技术传送活动图像的通讯方式。它应用电子技术把静止或活动景物的影像进行光电转换，然后将电信号传送出去，使远方能即时重现影像。

（1）电视的优势。

1）视听结合传达效果好。它是用形象和声音表达思想，这比报纸只靠文字符号和广播只靠声音来表达要直观得多。

2）纪实性强、有现场感。电视能让观众直接看到事物的情境，能使观众产生亲临其境的现场感和参与感，具有时间上的同时性、空间上的同位性。

3）传播迅速、影响面大。它与广播一样，用电波传送信号，向四面八方发射，把信号直接送到观众家里。传播速度快，收视观众多，影响面大。

多种功能、娱乐性强。由于直接用图像和声音来传播信息，因此观众完全不受文化程度的限制，适应面最广泛。

（2）电视的弱点。

1）电视和广播一样，传播效果稍纵即逝，信息的储存性差，记录不便也难以查询。

2）电视广告同样受时间顺序的限制，加上受场地、设备条件的限制，使信息的传送和接收都不如报刊、广播那样具有灵活性。

3）电视广告的制作、传送、接收和保存的成本较高。

（三）国际互联网传播信息的优势和弱点

国际互联网即Internet，它是指全球最大的、最开放的、由众多网络互联而成的，主要采用TCP／IP协议的计算机网络以及这个网络所包含的巨大的国际性信息资源。

Internet是现代电脑技术、通信技术的硬件和软件一体化的产物，代表了现代传播科技的最高水平。Internet这种全新的媒介科技，具有与传统的大众媒介和其他电子媒体不同的传播特征，主要表现在以下几个方面：

（1）范围广泛。Internet实际上是一个由无数的局域网（如政府网、企业网、学校网、公众网等）联结起来的世界性的信息传输网络，因此，它又被称为“无边界的媒介”。

（2）超越时空。Internet的传播沟通是在电子空间中进行的，能够突破现实时空里许多客观的限制和障碍，真正全天候地开放和运转，实现超越时空的异步通讯。

（3）高度开放。Internet是一个高度开放的系统，在这个电子空间中，没有红灯，不设障碍；不分制度，不分国界，不分种族。任何人都可以利用这个网络平等地获取信息和传递信息。

（4）双向互动。电脑Internet成功地融合了大众传播和人际传播的优势，实现了大范围和远距离的双向互动。

（5）个性化。在Internet上，无论信息内容的制作、媒体的运用和控制，还是传播和接收信息的方式、信息的消费行为，都具有鲜明的个性，非常符合信息消费个性化的时代潮流，使人际传播在高科技的基础上重放光彩。

（6）多媒体，超文本。Internet以超文本的形式，使文字、数据、声音、图像等信息均转化为计算机语言进行传递，不同形式的信息可以在同一个网上同时传送，使Internet综合了各种传播媒介（报纸、杂志、书籍、广播、电视、电话、传真等）的特征和优势。

（7）低成本。相对其巨大的功能来说，Internet的使用是比较便宜的。

由于Internet具有以上与传统的大众媒介和其他电子媒体不同的传播特征。如今，“网上公关”“网上广告”对大多数组织与公众来讲，已经不再是一个陌生的词语了。作为广告策划人员，如果不懂得如何运用Internet的强大功能来从事广告活动的话，他就可能成为一个信息化社会的落伍者。

五、广告媒体的组合

所谓媒体组合（Media Mix），是指在同一广告活动中，使用两种或两种以上的不同广告媒体的方法。每一种广告媒体都有它的优点，也有其缺点，运用一种广告媒体做广告，其效果远不及同时连续用几种媒体做广告的效果。运用广告媒体组合的方法进行广告宣传，是一条已被实践证明了的成功之道。

媒体组合可以增强媒体效果，补充单一媒体的缺陷。更可以通过媒体的交叉性，提高媒体在一定时期内的作用，以达到最佳的影响效果，同时能够扩大影响范围，使更多潜在消费群得到认知，提高产品品牌的普及率，保证在相对较短的时间内更快速、更直接地影响目标消费群，以占得更有利的市场机会。

媒体组合可以更全面地发挥媒体功效。使其使用的媒体成为一个相对完整、立体的信息网络，强化单一媒体所不能达到的效果，从而形成较强的广告力度，使竞争性得到加强，并通过交互式作用，多面冲击消费者感官，加强对品牌及产品的印象，有效抑制及抗击竞争产品的广告效果，提高产品的占有率。

媒体组合可以使媒体的短期功效转移为长期功效，这种转移作用是利用短期媒体的不断积累，作用于相对长期的媒体上，使品牌及产品的影响力及冲击力得到保持及发展，不至于呈现遗忘及信息直线下降，而使信息保持延续。

（一）组合的原则

一般而言，广告媒体的组合可遵循以下原则。

1. 互补性原则

进行媒体组合的目的在于通过不同媒体间的优化互补，实现媒体运用的“加乘效应”。具体表现在：

（1）**点面效应互补**。是用两种媒体覆盖面的大小为互补条件的组合方法，以提高信息的重复暴露。当选定某一媒体作一个或数个目标市场覆盖时，还可选择一种或多种局部区域覆盖的媒体与之组合，来提高信息的重复暴露度。

（2）**媒体传播特性互补**。每种媒体都有其不同的个性和诉求特点，利用这种不同的个性，进行互补组合，可以使信息传达全面、完整。

（3）**时效差异互补**。是用媒体时效长短结合的组合方法，以扩大信息与消费者的接触时空，提高信息扩散度。

（4）**时间交替互补组合**。这种方法是利用在时间上的交替形式实行媒体组合。当个别主要媒体得到最佳到达率后，另一种较便宜的媒体与之交替作用，提高重复暴露率，使信息送达给那些主要媒体未传达到的受众。

2. 有效性原则

有效性原则，即所选择的广告媒体及其组合，能有效地显示企业产品的优势，能有效地传递企业的各种有关信息，不失真，少干扰，具有说服力和感染力，同时能以其适当的覆盖面和影响力有效地建立企业及其产品的良好形象。

3. 可行性原则

可行性原则，即选择广告媒体还应当充分考虑到各种现实可能性。如自身是否具有经营的经济实力，能否获得期望的发布时间；目标受众能否接触你所选择的媒体，理解这些媒体所传递的信息；当地的政治、法律、文化、自然、交通等条件能否保证所选择的媒体可以有效地传播企业的广告信息等。

4. 目的性原则

目的性原则，即在选择广告媒体时，应当遵循企业的经营目标，适应企业的市场目标，并充分考虑广告所要达到的具体目标，选择那些最有利于实现目标的广告媒体。

（二）组合的功能

（1）**媒体组合能够弥补单一媒体在接触范围上的不足**。因为在广告媒体领域，几乎没有哪一种媒体能够100%的到达每一个广告主所预定的目标对象那里。

（2）**媒体组合能够弥补单一媒体在暴露频率上的不足**。在媒体选择上，有的媒体能够以比较大的接触范围到达目标市场，但是由于广告费用太高，往往限制了广告主多次使用。

（3）**媒体组合有助于广告的少投入多产出**。任何一个企业的广告费用都是受到一定限制的，在特定时期，广告费用是一个常量。在企业无法以大的广告费用投入到广告媒体上进行宣传时，将广告费用合理分配在低费用的报纸、杂志、直邮、户外等媒体，再辅助以其他促销活动，常常会达到理想的目标。

（三）组合的方法

为了达到应有的效果，广告就需要“持续不断”，因为若不持续地做广告，观众就会产生“遗忘现象”，而且遗忘的速度非常快。据研究资料显示，当100%接受讯息的5分钟后，讯息接收者只能记住60%；一天后，尚记住30%；30天后，只剩20%的印象。鉴于此，广告必须巧妙地运作媒体组合推出广告，以使记忆效果不因时间而发生切断的现象，更重要的是，避免目标对象因接触了竞争对手的广告，产生态度上的转移。媒体组合是必然的，而要协调不同媒体并有计划持续不断地推出广告就必须进行科学的组合，才能事半功倍。

1. 包括所有目标市场消费者

将所有选用的具体媒体排列起来，把其覆盖面加在一起，可以看出在媒体组合的覆盖下，是否可以将大多数甚至绝大多数目标市场消费者归入广告可产生影响的范围内；或者是将具体媒体的针对性累加起来，看一下是否广告必须对之进行劝说的目标市场消费者都可以接受广告信息。如果上述两种方法的累加组合，尚不能保证所有目标市场消费者都可以接收广告信息的话，那么就应再考虑增加使用某些媒体，将不足或遗漏的目标市场消费者收入广告的影响范围内。

2. 选取媒体影响力集中点

媒体组合在一起可能发生两种以上的媒体影响力重叠在一起，这就需要分析媒体影响力重叠的形式是否合算，在目标市场上，虽然所有消费者都已经或可能购买广告主企业的产品；但是这些消费者对广告主企业营销的重要性，绝不会是完全相同的。有一些消费者具有较强的购买能力，或具有一定的影响力，他们一旦接受广告的影响，对广告主是十分有利的。因此，广告主所选用的多种媒体的重叠影响力应放在这些重点目标对象上，即使增加广告费投入也是十分值得的。

概括地说媒体组合的原则不是简单地将所选择的各种具体媒体加在一起来算，而必须细致地分析媒体组合后的效果，以便调整广告费的投入，使得广告媒体组合方式可以最有效的、最合理的发挥作用。

3. 运用线性规划进行优化媒体组合

运用线性规划进行优化媒体组合是在一组约束条件下，用数学方法求解广告的成本最低或有效性最大的优化法。

优秀广告媒介作品赏析（图5-1a ~图5-5b）。

思考与练习题：

为什么要进行广告媒体组合？媒体组合的优势是什么？

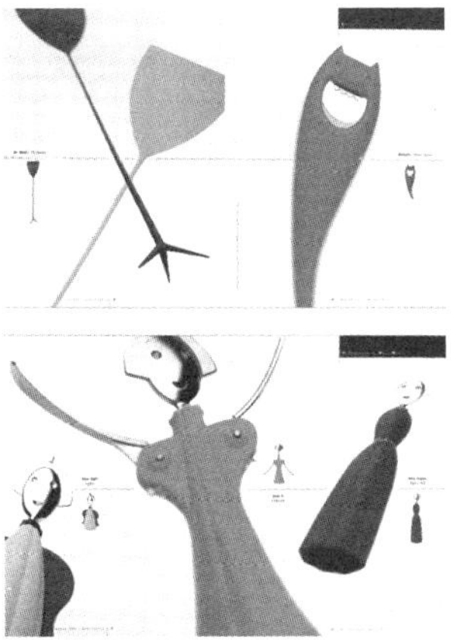
图5-1a
《半球》杂志广告

图5-1b
issue杂志封面广告

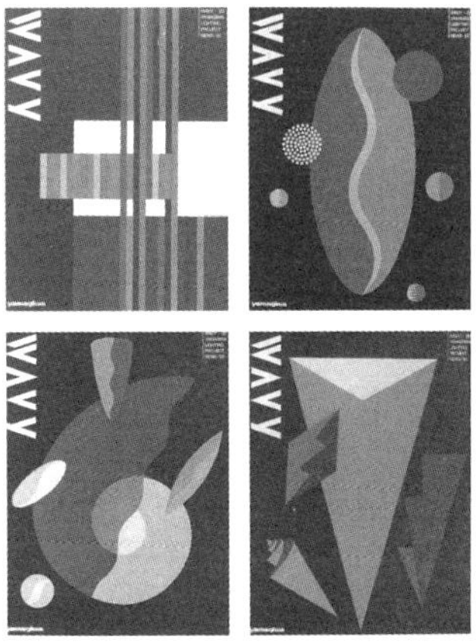
图5-1c
杂志封面系列1

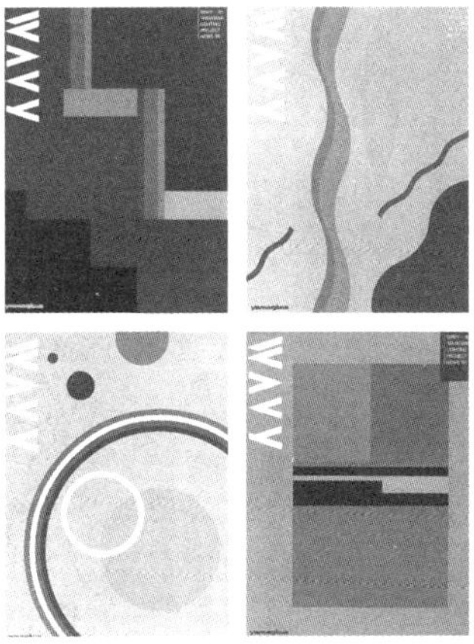
图5-1d
杂志封面系列2

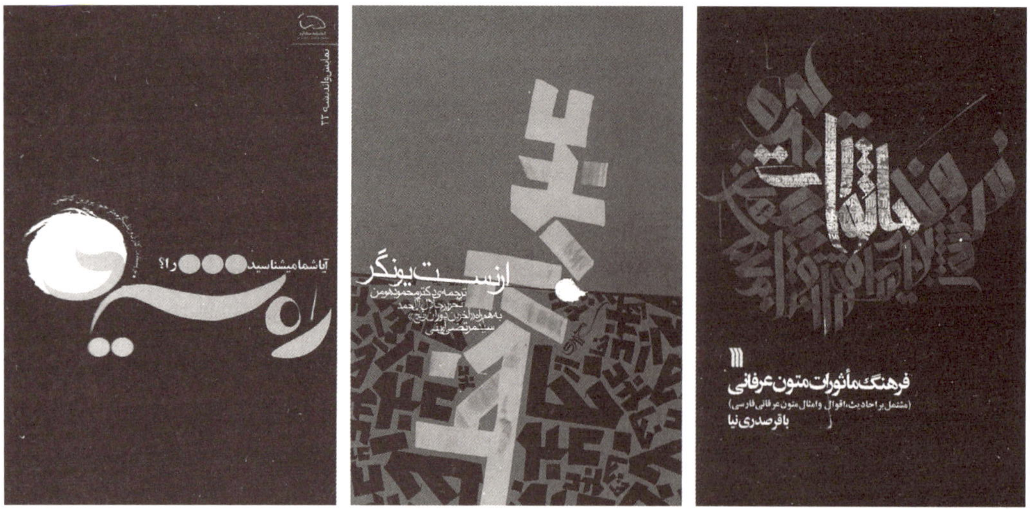

图5-2a

书籍封面设计

图5-2b

在阿尔比斯山中

图5-3

影视类广告-索易网

图5-4

冬季埃克斯-文化信息专刊

图5-5a

1999 Poster

图5-5b

插图风格

第6章

广告策划的执行与评价

一、广告策划的执行要素

（一）广告策划的执行准备

1. 做好三个方面的调研

（1）尽可能多地了解产品的性能、特点及制造过程。

（2）了解同类产品的广告设计有哪些成功之处，给自己做参考以取长补短。

（3）了解消费者对产品的看法、要求、希望以及消费心理，以寻求广告与消费者感情上的共鸣点。

2. 设计定位

（1）向消费者表明“我”是谁。

（2）说明“我”是什么产品。

（3）“我”的服务对象是谁，或者把产品卖给谁。

3. 弄清广告的诉求关系

所谓诉求关系是指你将要在广告中向消费者说些什么和怎样说的问题。在决定诉说之前必须先摸清宣传对象的需求，以便使宣传内容具有针对性，这种具有针对性的目标，就是一个正确的广告诉求。

（二）广告策划的基本流程

广告设计活动的基本流程可以大致分成：构思—提案—报价—制作会议—拍摄（或省略）—后期制作—送检。

1. 构思

构思是广告设计活动的第一步，也是最重要的一个环节。首先由创意总监安排文案与美术指导组成一个项目创意组，在接到客户部制定的工作简报后创意组开始构思，创意组构思完毕之后，便要在项目期限前与创意总监讨论。在创意总监给予指导、修改之后就要召开公司内部会议，创意人员将可行的点子与客户部进行商讨，如果发现有问题，创意组就要再修改或者重新构思。

2. 提案

提案是一个非常关键的技术环节，要求创意人员绝对自信地演绎自己的作品，努力说服客户接受自己的构思。提案的技巧很多，但万变不离其宗。首先，要做好铺设，把构思变得更有策略，更明白客户的需要；其次，要按照自己最擅长的方式演绎自己的作品，如像演戏般演绎，用大量视觉影像作为辅助材料，简明扼要、一目了然地阐述构思，要以让客户接受提案为最终目的。

3. 报价

提案成功并不代表大功告成，客户最关心的永远都是这个构思的点子是不是在预算之内，如果制作费过于昂贵而超出企业预算，再完美的广告创意也会胎死腹中。广告设计预算一般分为代理费和制作费两大项，代理费因人而异，高低不一，一般收取制作费的17.65%左右；制作费一般包括两大部分：拍摄费和后期制作费。平面广告的制作费也就在几万到几十万元之间，过百万元的就是凤毛麟角了。

4. 制作会议

广告在正式制作前应该召开数次制作会议。先是创作人员与导演交流意见，然后导演就广告片的处理手法、选角、服饰、道具、拍摄地点、灯光等与创作人员细谈。等客户认可之后，广告片才能开拍。制作会议不可能预计所有的问题，不能教条主义，具体问题可以在拍摄过程中具体解决。

5. 拍摄

拍摄一般分为内景与外景。内景拍摄对影棚的要求相对苛刻，如果要拍摄汽车，单单对影棚的面积就令很多制作公司却步，没有2000平方米无论如何也摆不开，还要分黑白两个无缝影棚，分别拍摄对比强烈的和光线柔和的两种画面效果。一些摄影师也会租用电影厂的影棚或自己投资建造专业影棚，这要根据自身的资金多少和客户情况而定。外景拍摄较内景拍摄要难控制，因为在拍摄过程中很多因素难以预料，比如天气的影响、场地的寻找及拍摄现场的秩序等。拍摄队伍也比较庞大，除导演外，还包括摄影师、摄影助理、灯光、道具、服装、发型、制作统筹、制作助理和模特等，增加了拍摄成本。

如果广告的设计表现采用插画或者其他非摄影手段，这个环节就可以省去。

6. 后期制作

广告设计的后期制作，主要是指广告创意的视觉表现，是广告执行的重要环节。在4A广告公司里通常是由美术指导负责设计完成，但很多大型广告公司是不做后期的，往往将后期制作直接外包给一些专门的设计公司或制作公司，这样可以节约广告公司的运营成本，同时为设计公司和制作公司的生存与发展提供了机会。因为计算机技术的广泛应用，导致广告设计非常依赖后期制作，所以这绝对是不可忽视的环节。

7. 送检

广告在发布之前的审查没有法律要求，各地工商部门的要求都不同，广告公司一般遵循行业自律原则，对照相关广告法规自行审核，但广告发布后要受工商部门监督，违法广告要承担法律责任。户外广告在发布前必须将设置送往规划部门和市容管理部门审批，再将广告内容送往工商部门登记。

下面我们以某汽车全新换款所做的推广操作流程为例，具体说明广告设计的基本流程在实际项目中应如何操作。

（1）市场调研，做出市场报告。

（2）依据市场报告和产品研发理念，分析产品定位，做出产品定位报告。

（3）得出产品的推广概念。

（4）以概念为中心，进行创意构想。

（5）平面，电视广告具体表现。

（6）创意稿通过，正稿制作阶段（包括寻找合作单位，进行汽车拍摄）。

（7）拍摄产品及外景。

（8）汽车后期表现。

（9）排版设计或剪辑，创作完成。

（10）相关媒体发布。

二、广告策划的执行预算

（一）广告预算的含义

广告预算是企业广告计划对广告活动费用的匡算，是企业投入广告活动资金费用的使用计划。它规定在广告计划期内从事广告活动所需的经费总额、使用范围和使用方法，它是企业广告活动得以顺利进行的保证。

编制广告预算，可以合理地解决广告费与企业利益的关系。对一个企业而言，广告费既不是越少越好，也不是多多益善。广告活动的规模和广告费用的大小，应与企业的生产和流通规模相适应，在发展中求节约。在正常的情况下，商品的销售量与广告的相对费用是成反比的。由于广告促进了商品销售，也就促使生产成本和销售成本降低，也包括单位广告成本的降低，因此广告宣传费用的投入是由其利益产生的。但是从经济学的角度来考察，任何现实投入都存在产出的问题。也就是说，广告的费用投入同样应该适度，过度的投入不但不会使投入产出比增加，相反会引起投入产出的降低，使产品的生产和流通成本增加。因此，广告宣传也必须掌握适度原则。

广告是一种推销产品或劳务，开展市场竞争的有利工具，但广告传播也必须支付一定的费用。现代社会的黄金法则就是用最小的代价去获得最大的利益。对于在市场经济条件下生存的企业来说，不投入广告费用而期望立足市场无异于天方夜谭，但过多的广告费投入也会给企业带来沉重的负担。因此，合理地进行广告预算和使用广告费是一个企业在广告活动过程中所必须重视和解决的问题。

广告预算虽然既有利于保证广告活动按计划进行，又有利于正确评价广告活动成果，但广告预算却不同于企业一般的财务预算。一般的财务预算包括收入与支出两个部分的内容。而广告预算只是广告费用支出的预算，不包括广告收益的预算。把广告费用的支出当作一种浪费，这是一种浅见；而只管做广告，不问其经济效益，盲目投入广告费，也是一种愚蠢的行为。因此，科学地制定广告预算，是实施有效的广告宣传所要求的。

（二）广告预算的性质

广告经费的性质历来是一个争论不休的问题。对广告费用性质的不同观点，主要来自于对广告作用的不同认识。

（1）在我国，由于长期以来的只有生产劳动才创造价值，流通本身不创造价值的传统观点支配了人们的认识，广告费用被列入企业销售成本之一。这种看法有一定道理，但却会使人轻视广告的作用，认为广告作用不大，广告费用是一种浪费。出自这种认识，企业在不景气或力图降低成本时就会轻易削减广告费用，乃至取消广告费用。

（2）由于市场上信息不对称的客观存在，随着经济的发展，广告的作用越来越大，广告费用也越来越高。越来越多的人倾向于把广告费用看作是一种投资，它与其他投资的不同之处在于它的投资报酬只能在长期营销活动中间接得以实现。

总之，轻视广告的作用是不对的，但过于迷信广告，无限度地投放广告也是不明智的。对于一个企业来说，特别是一种产品来说，广告费用是有一定限度的。广告费用太少作用甚微，广告费用超过一定限度也是浪费。

（三）广告预算的内容

所谓广告预算的内容也就是广告活动中所需的各项费用开支。要进行广告预算，首先应明确广告预算的范围，哪些范围应列入广告预算，哪些费用不应列入广告预算。一般说来，凡直接或间接地为推进企业的广告活动而进行的费用支出都列入广告预算的范围。

广告费的内容，主要包括广告活动中所需的各种费用，如市场调研费、广告设计费、广告制作费、广告媒介使用租金、广告机构办公费与人员工资等项目。依据其用途，可以把广告费划分为直接广告费和间接广告费、自营广告费与他营广告费、固定广告费和变动广告费等。

直接广告费是指直接用于广告活动的设计制作费用和媒介租金。

间接广告费是企业广告部门的行政费用。在管理上，应当尽量压缩间接广告费，增加直接广告费的比例。

自营广告费是指广告主本身所用的广告费，包括本企业的直接与间接广告费。他营广告费则是委托其他广告专业部门代理广告活动的一切费用。一般而言，他营广告费在财务上比自营广告费要节约，使用效益也更好。

固定广告费是自营广告人员的组织费用及其他管理费，这些费用开支在一定的时期内是相对固定的。

变动广告费是因广告实施量的大小而起变化的费用，如随着数量、距离、面积、时间等各种因素影响而变化的费用。变动广告费又因广告媒介不同，可分为递增变动和递减变动。比例广告费是随广告实施量的增加而递增，递减广告费则相反，是反比例变化的，广告费用随广告实施量的增加而递减。

（四）广告预算的方法

制定广告预算的方法目前为广告界采用的有数十种之多。常见的有七种：销售百分比法，利润百分比法，销售单位法，目标达成法，竞争对抗法，支出可能法和任意增减法。

1. 销售额百分比法

这种匡算方法是以一定期限内的销售额的一定比率计算出广告费总额。由于执行标准不一，又可细分为计划销售额百分比法、上年销售额百分比法和两者的综合折中——平均折中销售额百分比法，以及计划销售增加额百分比法四种。

销售额百分比计算法简单方便，但过于呆板，不能适应市场变化。比如销售额增加了，可以适当减少广告费；销售量少了，也可以增加广告费，加强广告宣传。

2. 利润百分率法

利润额根据计算方法不同，可分为实现利润和纯利润两种百分率计算法。这种方法在计算上较简便，同时，使广告费和利润直接挂钩，适合于不同产品间的广告费分配。但对新上市产品不适用，新产品上市要大量做广告，掀起广告攻势，广告开支比例自然就大。利润百分率法的计算和销售额百分率法相同，同样是一种计算方法。

3. 销售单位法

这是以每件产品的广告费摊分来计算广告预算方法。按计划销售数为基数计算，方法简便，特别适合于薄利多销商品。运用这一方法，可掌握各种商品的广告费开支及其变化规律。同时可方便地掌握广告效果，其公式为：

广告预算 =（上年广告费/上年产品销售件数）× 本年产品计划销售件数

4. 目标达成法

这种方法是根据企业的市场战略和销售目标，具体确立广告的目标，再根据广告目标要求所需要采取的广告战略，制定出广告计划，再进行广告预算。这一方法比较科学，尤其对新上市产品发动强力推销是很有益处的，可以灵活地适应市场营销的变化。根据广告阶段不同，广告攻势强弱不同，费用可自由调整。目标达成法是以广告计划来决定广告预算。广告目标明确也有利于检查广告效果，其公式为：

广告费 = 目标人数 × 平均每人每次广告到达费用 × 广告次数

5. 竞争对抗法

这一方法是根据广告产品的竞争对手的广告费开支来确定本企业的广告预算。在这里，广告主明确地把广告当成了进行市场竞争的工具。其具体的计算方法又有两种：一是市场占有率法；一是增减百分比法。

市场占有率法的计算公式如下：

广告预算 =（对手广告费用/对手市场占有率）× 本企业预期市场占有率

增减百分比法的计算公式如下：

广告预算 =（1 ± 竞争者广告费增减率）× 上年广告费（注：此法费用较大，采用时一定谨慎。）

6. 支出可能额法

这是根据企业的财政状况可能支出多少广告费来设定预算的方法，适应于一般财力的企业。但此法还要考虑到市场供求出现变化时的应变因素。

7. 任意增减法

以上年或前期广告费作为基数，根据财力和市场需要，对其进行增减，以匡算广告预算。此法无科学依据，多为一般小企业或临时性广告开支所采用。

此外，其他计算广告预算的方法还有很多。

（五）广告预算的分配

在框定广告预算之后，要针对广告计划中各项项目的要求，将广告预算总额摊分到各个广告活动项目里。这是通过广告预算对广告活动进行组织、协调和控制广告计划实施的手段。

1. 广告预算的分配范围

（1）**媒介间分配**。广告计划所选定的各种媒介间的广告费用分配，是根据广告的媒介策略来划块分配的，如报纸广告占多少，电视广告占多少等。

（2）**媒介内分配**。在媒介间分配中，同种媒介的划块分配结果在不同媒介单位间的再分配，如报纸项中各种报纸分配多少。

（3）**地域分配**。广告计划规定广告对象在不同区域，依据需要在各区域间摊分广告费，实行切块分配，如城乡间、国内外、南北方等。

（4）**时间分配**。长期的广告计划有年度广告费的分配，年度广告计划则有季度、月度广告费分配。此外，还应留有一部分，作为机动费用。

（5）**商品分配**。广告计划中，不同广告产品间的广告费用分配。此外，公共关系、企业形象广告和观念广告，也要分摊一部分费用。

（6）**广告对象分配**。按照广告计划中的不同广告对象，如团体用户和企业用户、最终消费者等分配广告费。团体和企业用户一般可少分，最终消费者应多分。

（7）**部门分配**。这是指企业内外的广告费分配，如自营广告费与他营广告费的分配。在自营广告费中，还需依据各广告业务部门的费用进行细分，如按创作部、管理部、制作部、媒介部等把费用分配到位。该多则多，该少则少，但一定要保证执行广告计划的需要。

2. 影响广告费分配的因素

广告费的分配，要受到许多因素的制约，如产品情况、利润率、销售情况、市场覆盖大小、市场竞争状况、经济发展状况和各部门的任务等。

（1）**产品生命周期**：产品间的广告费用分配，取决于产品处在生命周期的哪一个阶段。一般而言，处在引入期和成熟期的产品，其广告费应多于成长期、饱和期和衰退期的广告费。

（2）**利润率**：利润率高的产品，广告费投入一般较多，反之，低利润产品的广告费投入则较少。

（3）**销售量**：销售量大的产品，一般广告费投入多，反之则少。

（4）**市场覆盖大小**：全国性广告费最大，其次是区域性广告费，再次是地方性广告费。

（5）**市场竞争状况**：竞争激烈，广告费投入多，反之则少。

（6）**经济发展状况**：经济形势好，市场兴旺，商品畅销，供不应求，则广告费投入少；反之，则广告费投入多。

（7）**各部门任务**：各部门所负担的工作性质和工作量不一样，广告费的分配份额有所不同。具体比例视情况而调整，但购买媒体费占70%～90%的比例是无可非议的。

三、广告策划的评价

（一）广告策划的至效形态

广告创作要取得成效，特别要注意避免那种司空见惯的表现手段与形式。之所以要避免，因为大家都采用过的形式和手法，人们一旦熟悉了，就会对它失去兴趣，那么广告就失去其传达信息的意义。表现新颖，就会抓住人们无意的注意，并转化为有意的注意，使信息的认知率提高。基于这个原因，广告创作人员必须下苦功，在表现手段上要敢想别人所没想过的，敢于别出心裁。值得注意的是，在创作时，一些似乎不合情理的设计，有时却是广告成功之作。之所以成功是因为其紧紧抓住了广告产品特征，从形态上去唤起目标公众注意，有很高的注意度，同时能勾起观者的好奇心，以便有更多时间去注意、去思考。从而达到最大限度信息传达效果和广告记忆度。日本先锋音响的广告，把尼加拉大瀑布与摩天大楼构在一起，表面看来不合情理，然而却把音响几个优点的听觉感受视觉化，获得了非常好的市场传播效果。

创作中，有几个思考形态，可帮助我们使广告致效，常用有这么几个。

1. 从突破习惯观念、习惯印象、传统手法入手

广告创作中由于长期的习惯观念、习惯印象和传统手法、造成广告创作思维的局限性：使许多创作大同小异。这是一种恒常思维结果，要突破才有新意，突破时必须把握住不是在意料之外，诉求却在情理之中（图6-1a、图6-1b）。

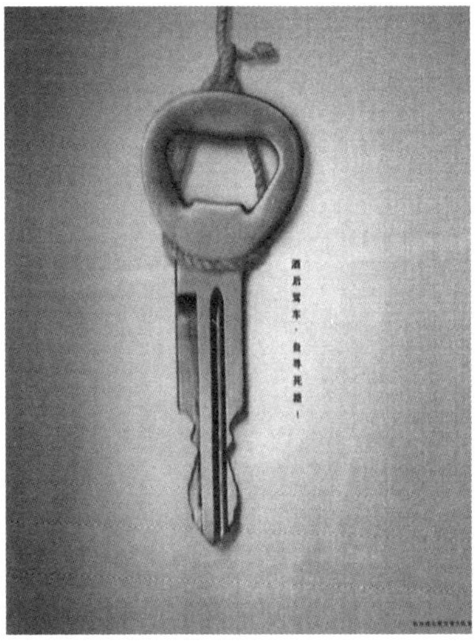

图6-1a
酒后驾车篇

图6-1b
现代舞招贴

图6-2
“小狗也玩幽默?”广告

2. 从人的各种心理因素入手

人们的消费都是各种心理活动的结果。抓住目标消费者在认识产品过程所出现的各种心理活动进行创作，会取得良好的效果。比如：

（1）**从人情味入手**。运用人的各种特定情感，如母子之爱、爱怜之心等设定特点进行诉求。这种方法容易打动人，产生情感上的共鸣，达到良好的广告效果。如国外一则“援助非洲难民”的广告，选用了非洲饥饿儿童的照片，标题用了易唤起人们情感的话：“救救这些孩子”，效果非常显著（图6-2）。

（2）**从好奇心理入手**。人都具一定的好奇心，越是奇特越要打听、探究，了解个究竟，如有时故意把照片倒置，观者就感到奇怪，以为排版差错，反复推测使记忆强化（图6-3a、图6-3b）。

（3）**从爱美心理入手**。爱美之心人之共有，但各人表现不尽相同，有时也特别复杂。正确地运用爱美心理，能启迪人们的欲望与兴趣。有一个生产美容产品的工厂，一向广告策略都是用漂亮的“大美人头”来说明美容产品的功能，实际效果并不理想。事实上，在客观世界中，长得很美与长得很丑都是极少数，而多数是中等的。广告上“大美人”因为太美了，观者观后会自卑先天条件之不足。后经调查发现了妇女因自卑心理作怪而不愿购买，厂方改变了广告策略，创作中选用一个非常普通的女性经过化妆后的头像作主体，同时附有其未化妆前的照片，不少妇女看后却感到自己比广告中的人漂亮，联想到化妆后会比其更漂亮。这样广告勾起她们爱美心理，使得该美容产品很快地在一大批女性中打开销路（图6-4）。

（4）**从恐惧心理入手**。选用经过实践证明了的，能危及人们安全的事与物，进行广告创作、激起人们去制止某一事物的发生。这是公益广告中常见的手法之一。如战争与和平、禁烟、交通安全、安全用电、安全使用煤气等（图6-5a～图6-5c）。

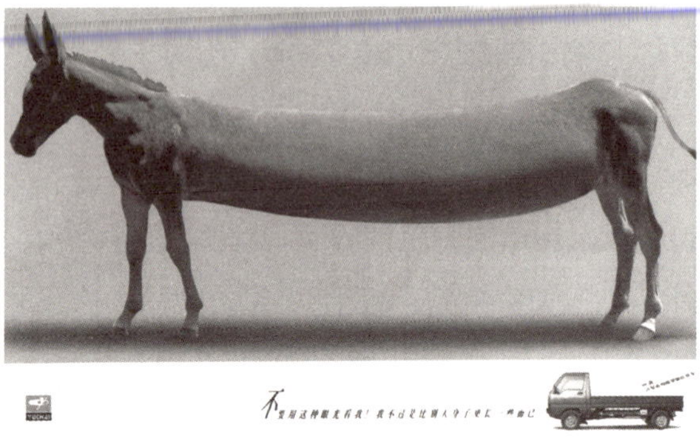

图6-3a
玉柴吉星系列加长微型货车

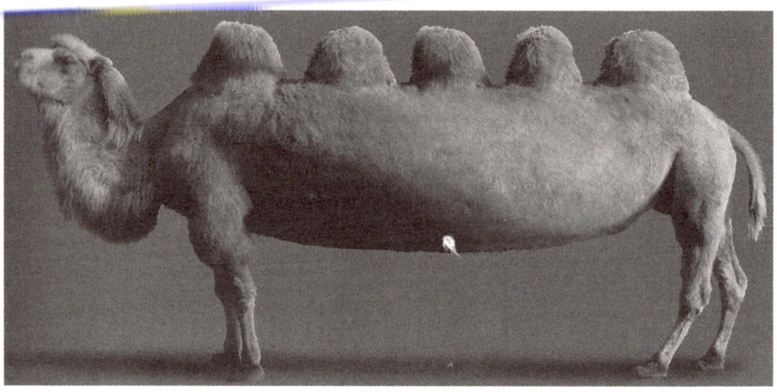

图6-3b
玉柴吉星系列三排座微型车

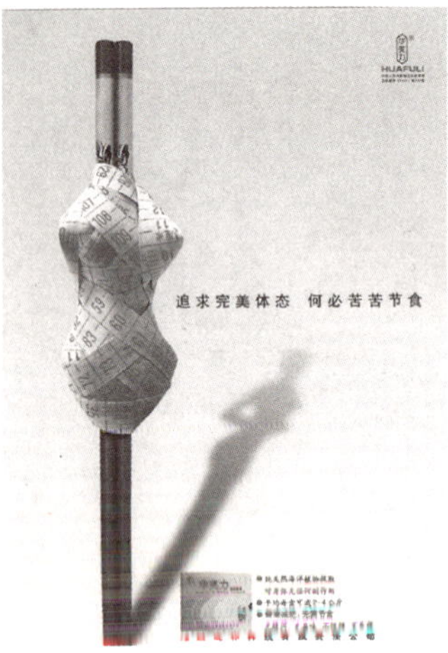

图6-4
追求完美体态

图6-5a
“拯救森林”招贴

图6-5b
“保护环境”公益广告招贴

图6-5c
世界反艾滋日12月1日公益招贴

3. 从赋予知识、指导使用入手

新产品进入市场都有一个问题，就是很多消费者对新产品不了解。为此，广告创作时应针对这些产品，给它一个介绍机会，把新产品知识形象准确介绍出来，让消费者了解。老的产品若也可给予新观念、赋予新知识，同样可以达到促销目的（图6-6a、图6-6b）。

4. 从消费者购物动机入手

消费者在购物时都有其购物动机。我们从消费者的购物动机入手进行广告创作，一般易于推动消费者的消费行动发生，取得较好效果。比如消费者购物过程中，有的是“求新”（新异）；有的是“求名”（名牌）；有的是“求贵”（贵重）；有的是“求廉”（价廉物美）；有的是“求质”（质量可靠）；有的是“求便”（方便性）等；紧紧抓住产品与消费者动机进行广告创作，广告效果是比较显著的（图6-7a～图6-7c）。

5. 从产品给消费者的利益入手

任何商品都必须给消费者带来一定的利益，没有利益的产品，市场是不承认的。在广告创作过程中要紧紧把握与消费者利益有关的主要点。比如说：“有的是实质利益（味道、色泽、品质）；有的是理性利益（方便、耐用、经济）；有的是情感利益（身份、信心、气质）。抓住其中一点进行视觉强化，广告也易于取得成功（图6-8a～图6-8c）。

6. 从产品的独特功能入手

一个产品在同类产品中，只要它具有个性或具有独特功能，创作人员就应抓住它进行视觉强化，以示与众不同。在表现上只要消费者能在广告中明确感知到，其在购买同类产品时就会对你所做的广告很快做出判断，做出反应。此类广告表现应清晰地展示产品的结构、功能、效果，以真实事实打消消费者的顾虑，增强消费者对产品的信赖感（图6-9）。

图6-6a
飘影洗发水-琵琶篇

图6-6b
ADSL运动

图6-7a
“丝般柔滑”产品广告

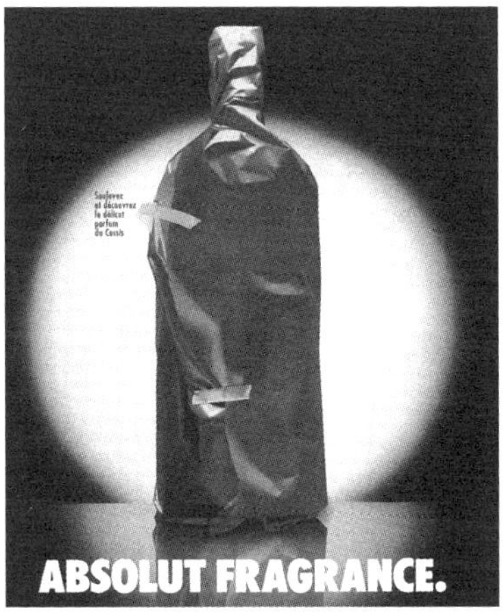

图6-7b
伏特加酒广告

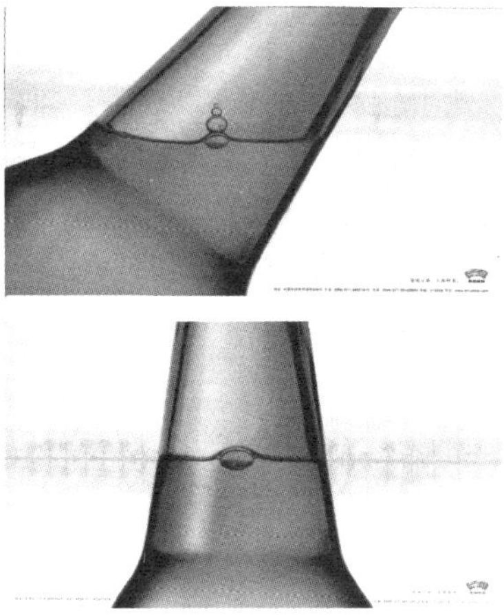

图6-7c
苏堤春晓-三潭印月

图6-8a
古手镣篇

图6-8b
牢狱篇

图6-8c
手镣篇

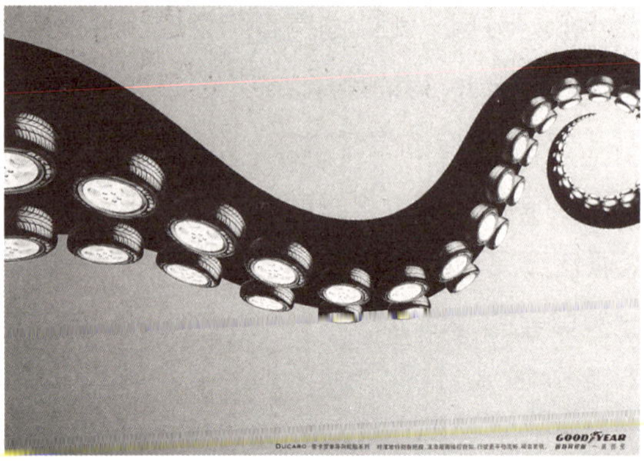

图6-9
章鱼篇

7. 从产品品牌入手

一个产品的品牌在消费者心目中位置如何，就决定了消费者的购买行为。对品牌知名度高的产品，一定要运用品牌效应、强化品牌形象、使消费者指牌购买。对新产品、品牌知名度不高的产品，在广告创作时，应使品牌强化，使消费者进一步认知，产生深刻印象，购物时也会产生认牌购买（图6-10）。

8. 从企业形象入手

一个企业的形象好坏，也直接影响到消费者对该企业的产品感受程度。一些不便于在大众传播媒介广告中直接表现的产品，如一些生产资料的产品，通过塑造富有个性的企业形象，以提高消费者对企业的认识和好感。有些产品处在成熟期，这时消费者对产品已十分熟知了，广告活动此时就要适当地进行企业形象的传播，把企业的理念、行为用可感知的视觉形象进行视觉上强化，以巩固产品的市场发展（图6-11a、图6-11b）。

（二）广告策划的作品评价

一提到广告作品的评估，自然许多人都会提出许多评价的看法来。因为广告是一种大众传播。那么广告作品与受众接触中必然每个人都会有自己的评价。但是要比较客观地评价广告作品也不是一件简单的事。这里先请大家就下列四种广告检查一下自己的看法。

（1）广告作品表现形式好，市场销售效果也好。

（2）广告作品表现形式并不怎么新颖，但市场销售效果比较好。

（3）广告作品表现新异，但市场销售效果并不好。

（4）广告作品表现形式较差，市场效果也差。

若问大家哪一种是好广告，那当然大家会异口同声认为第一种。不错，第一种广告是好广告，但实际上这种广告目前尚不多。若再问一下哪一种是最差的广告，根据测试多数人都认定是第四种。事实上属第四种广告的目前也不多，因为任何一个企业都会看得清清楚楚这是一种不好的广告，决不会为它浪费大量的刊播费。然而目前大量占领于大众传播媒介的广告多属第二种与第三种，这两种广告根据测试多数人认为又以第三种广告“并不是不好广告”。结果企业不知不觉地为其花费了大量的广告费，却没有取得与投入相对应的市场效果，既浪费钱财又贻误了市场时机。事实上这是一种最差的广告！然而人们并没有像第四种广告那种很快意识到这是最差广告，由于被其新异的表现形式——“包装”迷惑，把它当作艺术品来欣赏，导致广告功能错位、广告有效传达信息和促进销售的目的无法实现。

当前，由于市场竞争激烈，广告的刊播量大量增多，每一个消费者与广告的接触量已达几百次乃至上千次，哪些广告会引起他们的注意，留下记忆，激起购买意向，这已成为企业与广告从业人员一直在研究的重点之一。怎样才能算一个好广告，回答可以是很简单，即是这个广告必须能给消费者带来利益和给企业带来市场。但具体操作起来，评估一个好广告的确不是一个简单的事。许多广告创意、创作人员总是认

图6-10
小鸡费尔品牌快餐

图6-11a
实验室1

图6-11b
实验室2

为自己的点子、表现形态是出类拔萃的，至于好坏应以刊播后的效果再行评价。然而这种评价是有很大冒险性的，一旦耽误市场时机损失是很难挽回的，企业利益也会受到损害，故此评价应在刊播前。

一般刊播前评价工作有两种方法：一是委托调查机构对将要刊播的广告进行目标消费者群的测试调查，其内容包括注意度（引起注意能力）、好感度（亲和力）、可信度（说服力）、购买意向（利益与把握力）等方面调查，从调查结果判定广告好坏。二是在某些经济能力和条件尚无法进行委托测试调查的情况下，作为刊播前创意人员、创作人员、企业可按好广告所必须具备的“五个看”进行常规分析，这“五个看”具体如下：

一看广告是否对准目标消费者，是否符合营销策略与广告策略。

每一个产品都有其特定的目标消费者，广告是对目标消费者而做，而不是对社会所有人进行“广而告之”，因此广告有强烈的指向性。正如一个为成年人所用的药品广告就不能把儿童作为诉求对象；一个男用香水，也不能诉求“俊男倩女”都可使用。好的广告总是针对特定的目标消费者进行特定的诉求。同时，广告活动是按市场营销策略来制定广告策略，其创意与创作必须符合这一策略。一个产品处在市场导入期其广告策略是采用介绍与认知；成长期其广告策略，则是个性强化；成熟期其广告策略即是印象强化；衰退期其广告策略即是品牌强化。若把处于导入期的产品，用成熟期的印象强化表现手法来表现，显然许多目标消费者就不知该产品是什么产品；若把处于成熟期的产品用导入期也会使人厌烦而贻误广告时机。如目前大家都只知道洗衣机是干什么用，有什么好处，广告仍在不厌其烦地诉求“节省时间”“它工作你休息”这就明显与广告策略背离。

二看广告引起注意的能力。

一则广告如果不能引起目标消费的注意，那么这个广告就无法实现其传达信息的功能。因必须动用各种艺术手段围绕着广告主题进行广告诉求。这里独特的表现手段与形式是不可被忽视的，因为它是广告引起注意的重要手段之一。要做到使广告看一眼就把目标消费者牢牢吸引住，使它有兴致看下去、喜欢看，就要注意克服“重仿不重创”的广告创作现象。目前不少广告创作常常去模仿一些成功广告的表现手段与表现形式，其结果“近似效应”使目标消费者感到“似曾相识”而不愿去注意该广告，使广告传达中断。

三看广告的说服力。

好的广告必须能提供给目标消费利益或解决目标消费问题的信息。这些信息必须是可信的、有效的。利益是目标消费者关心点所在，这个产品能给他带来什么好处，能解决什么问题，这都能构成目标消费者购买意向的产生，是实现广告目的的关键所在。给目标消费的利益与解决的问题应是真实的，决不允许采用所谓“艺术夸张”给予任意的夸大、拔高，其结果会使目标消费者感到广告是吹的，而失去对广告的信任，导致广告达不到预期目的。同时对广告中所提供的利益也不能是“越多越好”，因为广告存在于有限的时间与空间里。

从广告信息传达的原理看，信息量过大目标消费者难以记住，创作最佳的是只提供最有效信息或是使消费者能留下深刻印象的信息。“越多越好”事实上是利益扩大化，最终使目标消费疑惑、继而产生对该广告真实性的怀疑，使广告说服力目标无法实现。如某药称“有病治病，无病防病”并列出能治数十种病，用意把利益的受益者范围扩大，其结果使人感到此药不可信。

四看广告在同类产品中的竞争力。

广告是在同类产品市场竞争中找寻一个缺口以求占领市场，因此广告不能在同类产品竞争中作与竞争对手同样的诉求。好的广告往往是在寻求与竞争对手不同的个性诉求，以使广告产品在目标消费认知中脱颖而出，这就必须紧紧抓住产品的超群品质，在与众不同的特点、独特的功能等方面进行诉求。当产品处在同质性无差异情况下，也应善于采用有意义的承诺，诸如服务、品质保证等，或针对目标消费者的生活与人的个性差异进行富有个性的情感诉求。只有这样，才能使目标消费者在与同类产品比较中选取所广告的产品。

五看完美表现力和媒体特征把握力。

消费者总是乐意观看一个制作精良的广告。粗制滥造的广告哪怕创意再好，也难以提高多少愉悦感，故制作过程一定要精益求精。同时不同的媒体，由于其媒体特征不同，应尽力做到扬媒体之长避媒体之短。如仅能作瞬时提醒的，那么就不能把报纸的文案搬到路牌上。电波类广告因其瞬间即逝无法再复看，就要适时强化信息与适当重复等。

总之，上述“五个看”若每一个“看”都能有效地把握到，一般来说这个广告作品在刊播中能达到预期广告效果，反之，则要认真调整其所不足的那一方面。

目前在广告界，社会上常常把广告作品分为“商品型广告”与“艺术型广告”，致使一些人认为“当前广告作品水准不高主要是艺术性不高”，甚至提出要以艺术广告取代商品广告。衡量广告作品好与坏不仅要以艺术性高与低来判定，实际上广告是商品经济产物其本体是一种商业行为，其功能是传达信息，其目的是促进销售，其手段是艺术。把手段变成目的必然使广告引向误区，导致功能异化。因此我们要清醒地认识到广告是用来促销的，只有具有促销力的广告才是好广告!

（三）广告策划作品的测评

1. 广告主题测评

广告主题是贯穿于广告作品中的主线，要求鲜明、突出，诉求有力、针对性强。测评广告主题，主要围绕广告主题是否明确、能否被认可，诉求重点是否突出，与目标消费者的关注点是否一致，能否引起注意，能否满足消费者的需求等问题来展开（图6-12a~图6-12d）。

2. 广告创意测评

广告创意测评主要是对表现广告主题的构思进行检测。看创意有无新意，能否准确、生动地表现、突出广告主题，是否引人入胜，感染力如何等。不同类型的广告测评也不一样，如电视广告可对其创意进行评价，平面广告则通过对其设计草图进行测试。对广告创意进行测评，便于充分了解目标受众的有关意见和建议，以能随时调整、修正已有的创意，选择最佳的创意方案，减少广告创作过程中的风险和成本（图6-13a~图6-13c）。

3. 广告完成稿测评

广告完成稿是指已经设计制作完成，但还未进入媒体投放阶段的广告样品。如电视广告样片、报纸杂志广告样稿等。测试广告完成稿，是对广告主题、创意、制作、表现手法等的进一步检测，有利于最后的修补和完善，以保证广告作品能够完美地与目标消费者接触。

思考与练习题：

试想电视广告较适合采用哪种广告评价方式?

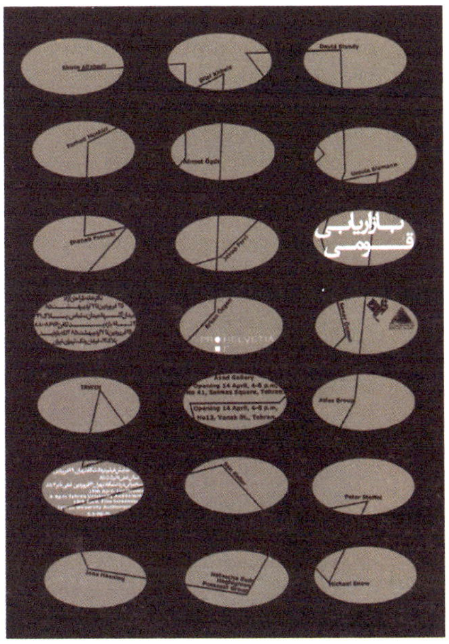

图6-12a
国际海报双年展招贴1

图6-12b
国际海报双年展招贴2

图6-12c
国际海报双年展招贴3

图6-12d
团结

图6-13a
服装广告

图6-13b
工具箱

图6-13c
邬拉原创音乐网站推广

CHAPTER

02

第二部分

广告创意及媒体设计

拓展学习

第 7 章

广告创意原点分析

一、广告创意概述

现今我们处在一个经济飞速发展的商业社会里，但是这个时代又兼容着多个性格鲜明的社会主题，例如与物质文明并存的精神文明，以及由此衍生出的诸多东西。广告这个“商业的艺术”正是由物质文明和精神文明共生而出的。说它是物质的，因为它的存在要以创造效益为己任；说它是精神的，缘于它又要讲求艺术性，不能低俗，不能市侩。所以，它被誉为“商业的艺术”。在现代社会，广告正作为一种商业行为发挥着越来越重要的作用，经济越发达的地方，广告业也相应地更发达。

目前广告充斥着每个角落，有的广告平庸无奇，有的却表现独特、新意怡人，从而给人们留下深刻印象。而产生如此差别的原因，除了设计、制作方面的因素外，广告创意的高低也是一个极其重要的因素。“创意”这个词汇在广告这个新兴的行业里被广泛运用。在广告业不断发展和竞争越来越激烈的今天，“创意”也几乎成了评判一则广告成功与失败的标准。实际上“创意”是与“美”紧密联系的，好的创意首先是具有美学含义和美感的。同样，“创意”和“美”都是平面设计的灵魂，更应是一则商业广告的精髓之所在（图7-1a~图7-1d）。

（一）广告创意的含义

1. 广告创意的内涵

美国广告专家格威克（Albert Szent Gyorgri）认为：“创意就是你发现了人们习以为常的事物中的新含义。”大卫·奥格威指出：“要吸引消费者的注意力，同时让他们来买你的产品，非要有很好的特点不可，除非你的广告有很好的点子，不然它就像很快被黑夜吞噬的船只。”奥格威所说的“点子”，就是创意的意思。美国最权威的广告杂志《广告时代》总结出：“广告创意是一种控制工作，广告创意是为别人陪嫁，而非自己出嫁。优秀的广告创意人员深知此道，他们在熟悉商品、市场销售计划等多种信息的基础上，发展并赢得广告运动，这就是广告创意的真正内涵。”

“创意”，从字面上理解，是“创造意象”之意，从这一层面进行挖掘，广告创意是介于广告策划与广告表现制作之间的艺术构思活动，即根据广告主题，经过精心思考和策划，运用艺术手段，把所掌握的材料进行创造性的组合，以塑造一个意象的过程。简而言之，广告创意即广告主题意念的意象化（图7-2a~图7-2c）。

图7-1a
伊朗当代油画家作品展招贴

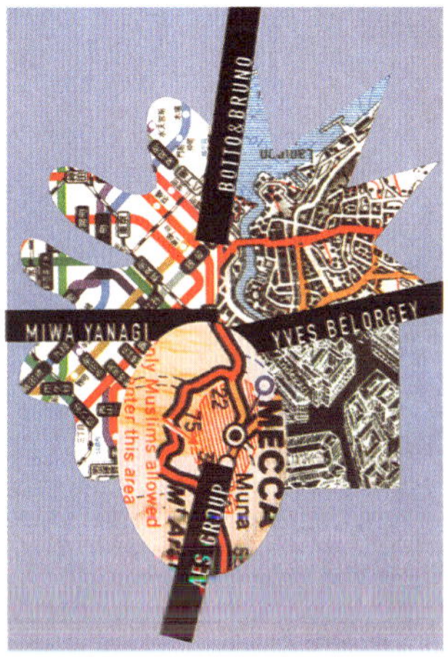

图7-1b
四位艺术家联展

图7-1c
蓬皮杜艺术中心音乐空间演出招贴

图7-1d
“伊朗GARFENS”招贴

2. 广告创意的前提

广告定位是广告创意的前提。广告定位先于广告创意，广告创意是广告定位的表现。广告定位所要解决的是“做什么”，广告创意所要解决的是“怎么做”，只有明确做什么，才可能发挥好怎么做。一旦广告定位确定下来，怎样表现广告内容和广告风格才能够随后确定。由此可见，广告定位是广告创意的开始，是广告创意活动的前提。

（二）广告创意的原则

创意是旧因素的新组合（图7-3a~图7-3d）。詹姆斯·韦伯·杨（James Webb Young）称此原则为“万花筒”，一个装了彩色玻璃碎片的筒，每转一下就会变成新的搭配。显出新的花样，而且有成千上万种搭配。广告灵感亦是新的花样。有创意的头脑就是花样制造机，将品牌信息与从大千世界中提炼的知识和经验相结合。创意是驾驭关联的能力。在有些人眼中，每件事都是独立的，而对于有创造力的人来说，只是知识链上边接的某一环。比如从小狗的温顺可联系到卫生纸的柔软；汉堡包的形状从某一角度看像嘴形等。因此，培养发现事物关联的能力并使之成为习惯非常重要。尽管广告创意是突破常规的创造，但在进行广告创意的过程中仍必须遵循一定的原则，具体说有。

图7-2a
第十八届FADJR国际音乐节招贴1

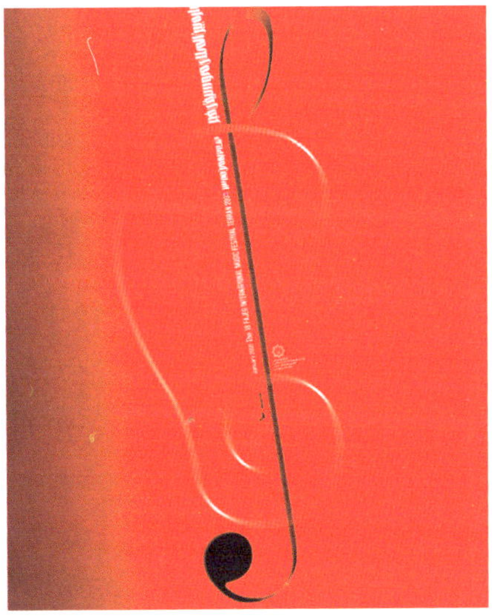

图7-2b
第十八届FADJR国际音乐节招贴2

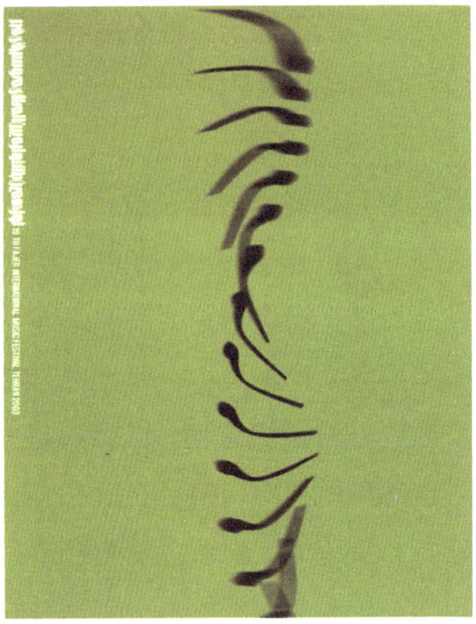

图7-2c
第十九届FADJR国际音乐节招贴

图7-3a
用字体设计出的广告

图7-3b
用字母设计出的招贴1

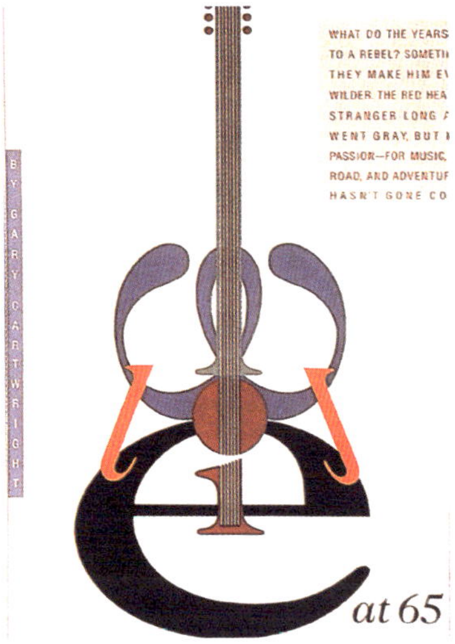

图7-3c
用字母设计出的招贴2

图7-3d
用字母设计出的招贴3

1. 独创性原则

依据国际惯例，广告创意属于知识产权的范畴，应该具有创造性。并且广告是一种充分运用想像力、直觉力、洞察力，以任何一种有效的方式，用全身心的智慧和思维来进行说服和说明的过程。因此，广告创意是广告诸要素中最有魅力的部分，作为一种原创性的劳动，广告创意最终的劳动成果应该具有独创性，或者是创意思想的独特（图7-4），或者是表现手法的独特（图7-5），或者是传播方式的独特，或者是销售主题的独特（图7-6）。总之，必须要有一个个性鲜明、与众不同的主题。广告界有句名言：“在广告业里，与众不同就是伟大的开端，随声附和就是失败的根源。”它揭示了广告创意最根本的一项素质。世界上著名的广告公司和广告人都无不将保持创新的活力放在首位，通过不断的创新来开掘灵感之源，启发创意的思维。

2. 促销原则

大卫·奥格威曾说过：“我们的目的是销售，否则就不用广告了。”我们说广告创意的目的或终极使命是促销，但广告并不等于销售。它只是一种旨在促成消费受众产生某种心理上的、感情上的或行动上的反应的一种说服过程，或者说是一种信息传达过程。广告创意是与广告的目的和主题相一致的，既需要想象力，又不能让想象力漫无目的。创意人利用他的想象力，挖掘他的想象力，使他的主题或他所要传达的信息更生动、更可信、更有说服力。

3. 印象原则

广告创意不仅要简洁明了，还要生动逼真，给媒体受众留下深刻印象。广告作品要能引起媒体受众的注意，进而激发他们的好奇心，产生购买欲望以达到促销的目的。广告创意的内容要以媒体受众能理解为限度。让媒体受众去理解晦涩难懂的广告，只会浪费广告主宝贵的资金（图7-7a、7-7b）。

4. 科学合理性法则

广告创作活动充满了不同事物之间、现实与虚幻、真理与荒诞、幽默与讽刺、具体与抽象之间的碰撞、交融、转化、结合，并且需要发挥策划人的想象力，用最大胆、最异想天开的方法去创造广告精品。但是，广告的本质是一种产品，而产品属性决定创意想象力和创造力不是无节制的、荒谬的，它还必须遵循一定的规律，掌握一定的分寸。

（三）广告创意的特征

广告创意要以新颖独特为生命，唯有在创意上新颖独特才会在众多的广告创意中鹤立鸡群，从而产生感召力和影响力。在广告“爆炸”的时代，没有特色、没有亮点的广告不会有任何感召力和影响力，起不到广而告之的作用。广告创意是原创性、相关性和震撼性的综合体。所谓原创性是指创意的不可替代性，它是旧元素的新组合。相关性是指广告产品与广告创意的内在联系，是既在意料之外，

图7-4

因爱电池而忽视插座-产品宣传招贴

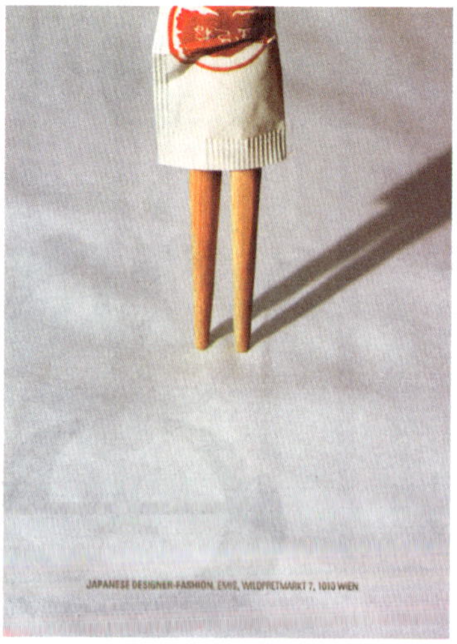

图7-5

日本时尚设计

图7-6

“平行街道”招贴

又在情理之中的。

广告创意的特征之一是要以情趣生动为手段。广告创意创造优美的意境，能将媒体受众带到一个妙趣横生、难以忘怀的艺术境界中去。

广告创意必须形象化，形象化是广告的另一特征（图7-8）。广告创意不同于绘画，不同于文学创作，广告创意是以真实为基础的艺术创造。

（四）广告创意的类型

广告是艺术和科学的融合体，广告创意表现类型主要有以下几种。

1. 情报型

情报型是最常用的广告创意类型。它以展示广告产品的客观情况为核心，表现产品的现实性本质，以达到突出产品优势的目的（图7-9）。

2. 比较型

这种类型的广告创意是以直接的方式，将自己的品牌产品与同类产品进行优劣的比较，从而引起消费者注意和认牌选购。在进行比较时，所比较的内容最好是消费者所关心的，而且是在相同的基础或条件下的比较。这样才能更容易地刺激消费者的注意并使之认同。在进行比较型广告创意时，可以是针对某一品牌进行比较，也可以是对普遍存在的各种同类产品进行比较。广告创意要遵从相关法律法规以及行业规章，要有一定的社会责任感和社会道德意识，避免给人以不正当竞争之嫌（图7-10）。

图7-7a
体育明星云集的早餐资金筹集活动广告1

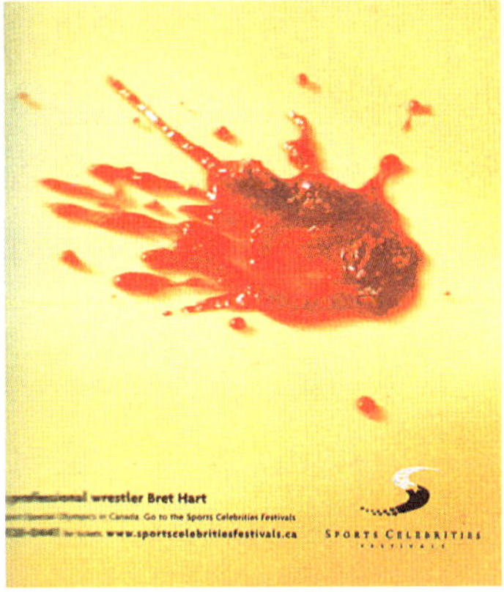

图7-7b
体育明星云集的早餐资金筹集活动广告2

图7-8
广告创意形象化案例

图7-9
西湖啤酒

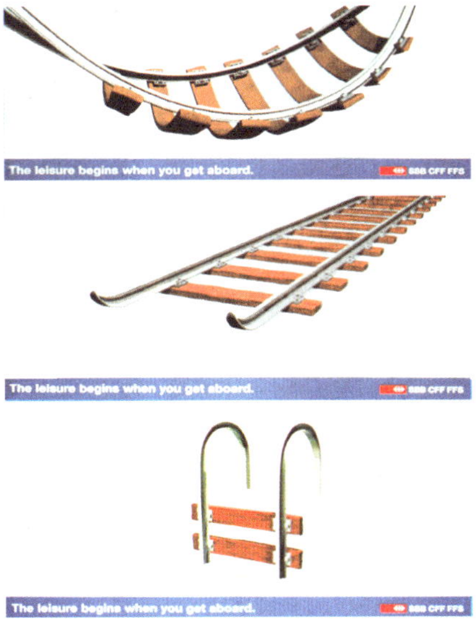

图7-10
“登陆之时，休闲之始”招贴

3. 戏剧型

这种广告创意类型既可以是通过戏剧表演形式来推出广告品牌产品，也可以在广告表现上戏剧化和情节化。在采用戏剧型广告创意时，一定要注意把握戏剧化程度，否则容易使人记住广告创意中的戏剧情节而忽略广告主题（图7-11a、图7-11b）。

4. 情节型

这种类型的广告创意是借助生活、传说、神话等故事内容的展开，在其中贯穿有关品牌产品的特征或信息，借以加深受众的印象。由于故事本身就具有自我说明的特性，易于让受众了解，使受众与广告内容发生连带关系（如图7-12所示）。

5. 证言型

这种广告创意有两层含义：一是援引有关专家、学者或名人、权威人士的证言来证明广告产品的特点、功能以及事实，以此来产生权威效应。在许多国家对于证言型广告都有严格限制，以防止虚假证言对消费者的误导。其一，权威人的证言必须真实，必须建立在严格的科学研究基础之上；其二，社会大众的证言，必须基于自己的客观实践和经验，不能想当然和妄加评价。

6. 拟人型

这种广告创意以一种形象表现广告产品，使其带有某些人格化特征，即以人物的某些特征来形象地说明产品。这种类型的广告创意，可以使产品生动、具体，给受众以鲜明、深刻的印象，同时也可以用浅显常见的事物对深奥的道理加以说明，以帮助受众深入理解（图7-13a、图7-13b）。

7. 类推型

这种类型的广告创意是以一种事物来类推另一种事物，以显示出广告产品的特点。采用这种创意，必须使所诉求的信息具有相应的类推性（图7-14a～图7-14c）。

8. 比喻型

以某种情趣为比喻产生亲切感。如牙膏广告语："每天两次，外加约会前一次。"比喻型的广告创意又分明喻、暗喻、借喻三种形式（图7-15）。

9. 夸张型

夸张型广告创意是基于客观真实的基础，对产品或劳务的特征加以合情合理的渲染，以达到突出产品或劳务本质特征的目的。采用夸张型的手法，不仅可以吸引受众的注意，还可以取得较好的艺术效果（图7-16）。

10. 幽默型

用诙谐、幽默的句子做广告使人们开心地接受产品。例如杀虫剂广告："真正的谋杀者。"采用幽默型广告创意，要注意语言应该是健康的、愉悦的、机智的和含蓄的，切忌使用粗俗的、令人生厌的、油滑的

图7-11a

第一届伊朗字体、海报设计双年展招贴1

图7-11b

第一届伊朗字体、海报设计双年展招贴2

图7-12

"字母T永恒的等待"－宣传剧本等待的招贴

图7-13a

拟人化创意1

图7-13b

拟人化创意2

图7-14a

家庭革新杂志招贴系列1

图7-14b

家庭革新杂志招贴系列2

图7-14c

家庭革新杂志招贴系列3

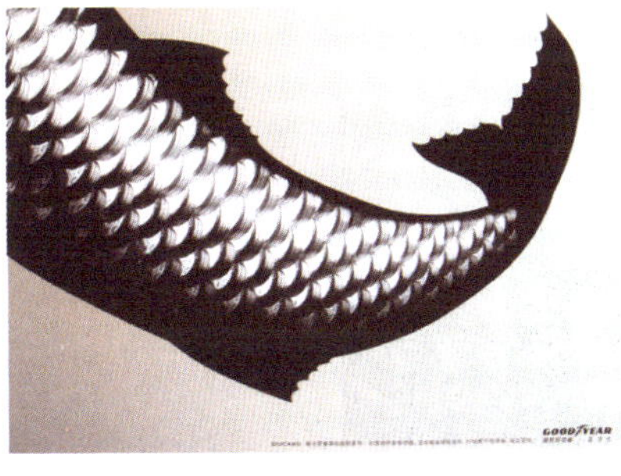

图7-15

鱼尾篇

图7-16

治疗腹泻药物广告

和尖酸的语言（图7-17a、图7-17b）。

11. 悬念式

悬念式广告是以悬疑的手法或猜谜的方式调动和刺激受众的心理活动的，使其产生疑惑、紧张、渴望、揣测、担忧、期待、欢乐等一系列心理，并持续和延伸，以达到为解释疑团而寻根究底的效果（图7-18a、图7-18b）。

12. 意象型

意象即意中之象。它是由一些主观的、理智的、带有一定意向的精神状态的凝结物和客观的、真实的、可见的、可感知的感性象征的融合，是一种渗透了主观情绪、意向和心意的感性形象。意象型广告创意是把人的心境与客观事物有机融合的产物。在意与象的关系上，两者具有内在的逻辑关系，但是在广告中并不详叙，给受众自己去品味“象”而明晓内在的“意”。可见，意象型实际采用的是超现实的手法去表现主题（图7-19）。

13. 联想型

联想是指客观事物的不同联系反映在人脑里而形成的心理现象的联系。它是由一事物的经验引起回忆，产生另一看似不相关联事物经验的过程。联想出现的途径多种多样，可以是在时间或空间上接近的事物之间产生联想；在性质上或特点上相反的事物之间产生联想；因形状或内容上相似的事物之间产生联想；在逻辑上有某种因果关系的事物之间产生联想（图7-20a～图7-20c）。

14. 抽象型

广告创意中采用抽象型的表现方法，是现代广告创造活动中的主要倾向之一。这种创意一旦展示在社会公众面前，从直观上难以使人理解，但一旦加

图7-17a
系列汽车广告1

图7-17b
系列汽车广告2

图7-18a
博物馆招贴1

图7-18b
博物馆招贴2

图7-19
大吼或是永生

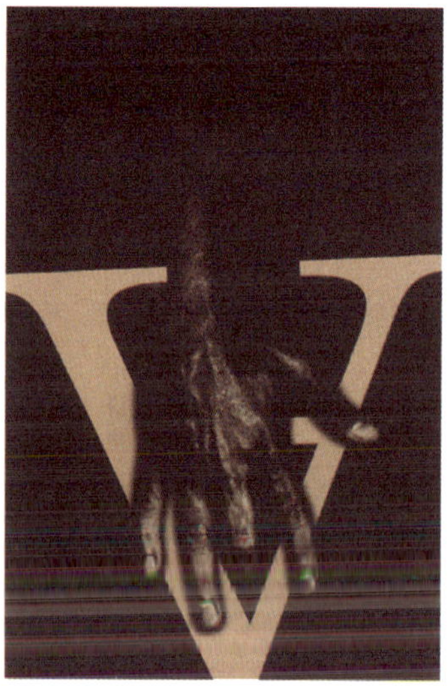

图7-20a
“情书”招贴

图7-20b
“印度尼西亚的希望之光”招贴

以思维整合之后，就会发现，广告创意的确不凡（图7-21a～图7-21f）。

总之，广告创意并不局限于以上所列的类型。还有解说型、宣言型、警示型、质问型、断定型、情感型、理智型、新闻型、写实型等，在进行广告创意的活动中，均可加以采用。

二、广告创意的程序

广告创意的结果是灵感的精髓，是主观意象对外界环境刺激的反应。但广告创意的最终形成需要表面上看起来很短，实际上是很悠长的酝酿，这就是创意的过程，这个过程往往因为太快而被忽略。广告创意不仅需要关注灵感的过程，还要掌握其思维方法。

（一）广告创意的要求

广告创意是整个广告活动中的一个组成环节，除了必须遵循广告的真实性、心理性、实效性、艺术性、合法性等基本原则外，还应符合以下五个基本要求。

1. 表现广告主题

广告主题是在广告目标和广告定位的基础上确立的，它是达到广告目标的最基本要素。广告创意必须以广告主题为核心，紧扣广告主题，要始终考虑到广告创意将引起什么效果，能达到什么目的，是否与广告目标吻合。

脱离广告目标和广告主题，盲目追求新奇怪异、花哨噱头，是广告创意的一个误区。从广告对象出发，最终又回到广告对象上来，促成广告目标的实现，是广告创意的根本任务。走入误区的广告创意，不仅会浪费大量的人力、物力、财力，有时还会有损受众的利益甚至给社会和公众带来不同程度的伤害。

2. 引人注目

引人注目是实现广告目标的第一步。一个好的广告作品首先应该在众多同类广告互相竞争的环境中引起受众的兴奋和注意，这是广告创意的首要任务。

广告信息的传播，首先需要引起人的注意，否则

图7-20c

“终点和起点”招贴

图7-21a

音乐家国际会议招贴

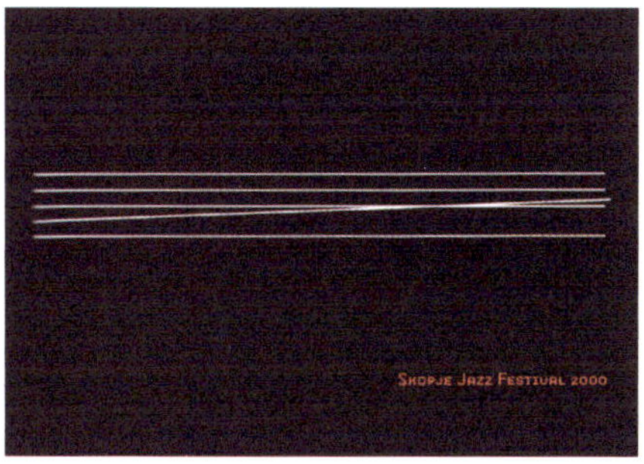

图7-21b

“爵士乐与其他音乐不同”-爵士乐音乐节招贴

图7-21c

VASA 展

7-21d

盲谈

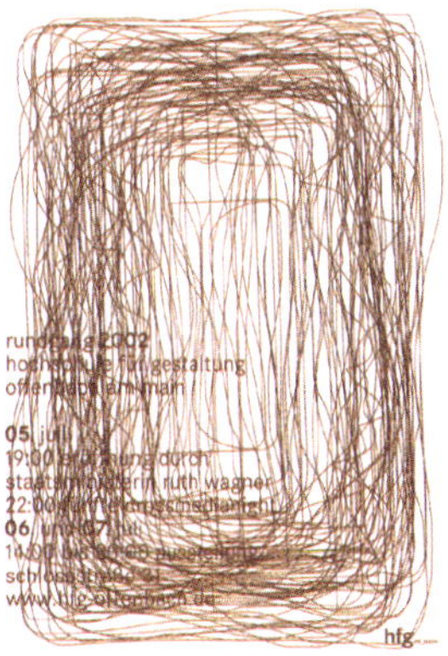

图7-21e

巡回

图7-21f

艺廊SPACE TRY

再好的广告也无意义。广告中的注意因素与兴趣因素密切相关，广告创意要积极利用吸引注意的技巧去引起受众注意。

要充分认识到广告作品仅仅表现广告主题而毫无创意，那么即使在形式上完美无缺，实际上也没有多大价值，因为它不能使受众产生足够的兴趣。还应当注意的是引人注目的意义因人而异，任何广告创意不可能让所有公众都引起注意并产生兴趣，所以在广告创意过程中，一定首先要关注你的目标受众。

3. 独特新颖

广告创意对独特新颖有相当高的要求，一是原则性，它不能模仿抄袭也不能雷同相似；二是恰如其分，它必须能被受众所接受。独特新颖是引人瞩目的一个重要条件，它符合人们求新求变、标新立异的审美心理，是广告创意所刻意追求的。同样的主题不同的创意将会产生截然不同的效果。

广告创意除了要区别于同类广告作品外，还要适应时代的要求，体现时代的特征。现代科学技术和现代艺术的发展，现代商品生产和商品市场的发展，现代生活水平、生活方式、消费观念和审美情趣的发展，都是广告创意构思不可忽略的要素。

4. 简明易懂

对于广大公众而言，接受广告信息通常处于被动状态。一般情况下，大部分人都会远离广告，如果你试图将大量的广告信息一下子塞给受众，那么将会引起受众的反感而最终受到排斥，因此仅仅引人注目还不够，紧接着应当让受众了解广告的信息内容。广告创意简单明了，切中主题，突出重点，易于认识，是迅速有效地传达广告信息的重要原则。“多则惑、惑则迷、迷则乱、乱则空”。这句话对于广告创意可谓是一言中的。

广告创意要求构思巧妙、出人意料，但不是挖空心思摆迷魂阵，让人捉摸不透难以理解。相反，好的广告创意让人一看就懂、回味无穷。如果你的创意需要受众花费大量的心思去解读，甚至难以苟同，那么作为受众只能是不屑一顾。

5. 传达感情

广告是艺术与科学的结合，广告创意要通过艺术构思和艺术形象的诱导来使人们对广告的传播产生愉悦感和乐趣。充满情感的广告创意具有强烈的生命力和感染力。

感情表现于情调与情趣之中。情调是一种同感觉、知觉等相联系的情绪体会；情趣是对于内容与形式本身所产生的乐趣。在广告信息内容的传达中注入浓浓的情感因素，可以打动受众，感动受众，从而使受众在强烈的感情共鸣中，达到非同一般的广告宣传效果。把情感传达作为广告创意中的一个构成要素，已是当今广告创作中的一个主要趋势。

（二）广告创意的过程

广告创意的过程先是战略，即消费者想要听些什么；再是执行，即广告应该表现出什么。这是两个不同的构成部分，都必须非常出众，而且缺一不可，它们是广告方案成功的基础。

詹姆斯·韦伯·杨是全世界公认的广告泰斗，1974年他被授予美国广告人的最高荣誉“美国广告杰出人物”。他在《产生创意的方法》一书中提出了产生创意的方法和过程，其思想在我国广告界影响深远。他认为创意产生的过程是。

1. 原始资料的收集阶段

原始资料包括特定资料和一般资料。所谓特定资料就是与产品有关的资料以及那些拟计划销售对象的资料。广告的构成，是在我们生活万花筒般的世界中所构成的新花样，因此有必要广泛浏览各学科中的所有资讯，而这些都是一般资料。收集特定资料是目前的工作，而一般资料的收集则是一个广告人终生的工作。

2. 资料品味、消化阶段

原始资料收集之后的下一步就是对这些资料加以处理，咀嚼、品味和消化。先对一件事反复地看，然后用不同的看法、见解来观察它。再把两件事实放在一起，看它们如何配合，寻求相互的关系，以使每件事物都能像是拼图玩具那样，综合后成为一个新的组合。

3. 加以深思熟虑的阶段（即孵化阶段）

詹姆斯·韦伯·杨的第三阶段是说“你要完全顺

乎自然，不做任何努力。你把题目全部放开，尽量不去想这个问题。”在这一时期，创意产生的速度明显放慢，因为产生创意的典型速度是在刚开始时最快，以后随着时间的推移而逐渐减慢。

4. 实现创意阶段

经过酝酿之后，创造性思路如“柳暗花明”似地豁然开朗。它常以突发式的醒悟，偶然性地获得，无中生有式的闪现或戏剧性的巧遇为其表现形式。在这一阶段，要对孵化阶段所获得的构想进行检验和求证，利用科学的分析和对比方法，检验构想的合理性和严密性，因为并非每一个构想都是完美无缺的。

创意的产生是要经过足够的前期积累，这种积累越丰富，思维碰撞产生的火花越多，创意产生的机会就越大，这种积累对个人来说是一项与时俱进的长期工作。

（三）广告创意的注意事项

1. 忌分工

文案写好标题再给设计配画面，或者设计好画面再给文案配标题，这些都是绝对的错误。工作伙伴之间要相互讨论，彼此分享对方的想法，使两条或者更多条的思路能够交叉衔接，才是创意人之间最有效的互动模式。

2. 忌自恋

很多做创意的人都有脆弱的神经，当想法遭受挑战、蒙受批评的时候，这根神经有时候就会发作，然后出现自我防卫的语言行为。其实每个创意人都有急于辩解以及回避批评的倾向。这是人的天性，并不是创意人的个性。但是身为广告人，一定要有把自己呕心沥血的作品摊出来让众人审视的勇气，在感性的思考过后，学习理性地看待自己的作品，也接受别人理性地核查。自恋的下场将难以逃脱溺死在虚拟幻景中的命运。

3. 忌客气

直接否定别人的想法非但失礼而且伤人，用比较间接委婉的措辞，再加上充足的理由，甚至积极的建议，会使创意得到提升。但不能因为客气就不忍批评，如果这样，可能最终会受到广告主更为激烈的批评甚至会丧失机会。

4. 忌认命

永远不要满足六十分的创意！除非你真的无法突破自己的创意障碍，安于你现在的待遇和位置，不想再有更大的发展前途，否则你何必看轻自己？也许是你的潜力尚未激发，也许是尚未开发。多看些国内外的优秀作品，多做些模拟练习，比别人多熬上两夜，即使做不出一百分的创意，起码也可以拼出七八十分的创意。

5. 忌搞怪

创意的手法是无穷的，尺度难以衡量，当你的想象装上翅膀尽情遨游的时候，记住要用大脑指挥方向，而不是让翅膀将想象带进诡秘奇幻的世界，弄得消费者看不明白。时刻审视创意是不是依照广告策略制定的，是不是消费者可以接受的。

（四）广告创意的思维方法

在国际广告市场上被人们认可的、常用的创意思维方法主要有。

1. 头脑风暴法

头脑风暴法（Brainstorming），又称为集体思考法，它是由美国奥斯本在20世纪70年代提出，是通过发挥大家的创造性，集思广益进行创意的一种方法。在韦氏国际大字典中，头脑风暴法的定义是：“一组人员运用开会的方式将所有与会人员对特殊问题的主意聚积起来，以解决问题。”目的是以集思广益的方式在一定时间内产生多种主意，主意越多，获得有价值创意的可能性就越大。

头脑风暴法具有五大特征。第一，集体创作；第二，思考的连锁反应；第三，禁止批评；第四，创意是多多益善；第五，不介意质量。其操作过程如下：

会议开始，由小组长叙述创意主题，要求小组成员贡献与该问题有关的主意。小组长可以先组织一些比较轻松的话题展开讨论，以创造轻松的气氛。若有人批评他人的意见，这时小组长要及时制止，引导会议顺利进行。

提倡轮流发言制。应用该法时，如果有人一时想不出主意，他可以放弃这一轮的机会，等下一轮再发言。如此循环，每个人都有机会贡献自己的主意。

当会议进行到每个小组成员都面临穷途短计时，小组长必须继续坚持轮流发言，务必使每个人都绞尽脑汁，奇思妙计往往在挖空心思的压力下产生。创意小组必须设立一名记录员，记录时要按照小组成员发言的先后顺序，用数字标明，以便查找。

2. 垂直和水平思考法

垂直和水平思考法是英国心理学家爱德华·戴勃诺博士所倡导的广告创意法。这种方法分为两种类型：一种是逻辑思考和分析法；另一种称为水平思考法。

逻辑思考和分析法是按照一定的思考线路，在固定范围内，自上而下进行垂直思考，故也被称为垂直思考法。此方法偏重于对已有的经验和知识，或对旧的经验和知识再运用，重新组合来产生创意，能够在社会公众既定心理基础上交出广告创意的诉求，但是在广告形式上难以有大的突破，结果比较雷同。

水平思考法是指在思考问题时摆脱已有知识和旧经验的约束，冲破常规，提出富有创造性的见解、构思点和方案。这种方法基于发散性思维，故又把这种方法称为发散式思维法。例如，在人们普遍考虑“人为什么会得天花”问题时，琴纳考虑的是“为什么在奶牛场劳动的女工不得天花?”正是采用这种发散式思维法，使他在医学上有了重大发现。

3. 转移经验法

广告创意的转移经验法是指把一种知识或经验转移到其他事物上的思维方法。在进行经验的转移时，既可以是同类、同质经验上的转移，也可以是异类、异质经验上的转移。

4. 李奥·贝纳的固有刺激法

李奥·贝纳认为，成功地创意广告的秘诀就在于找出产品本身固有的刺激。“固有的刺激”也称之为“与生俱来的戏剧性”。广告创意最重要的任务是把固有的刺激发掘出来并加以利用，也就是说要发现生产厂家生产这种产品的“原因”以及消费者购买这种产品的“原因”。一旦找到这个原因，广告创意的任务便是依据固有的刺激即通过产品与消费者的相互作用创作出吸引人的、令人信服的广告，而不是靠投机取巧、靠蒙骗或虚情假意来取胜。按照这种理念，在广告创作中李奥·贝纳认为，不论你要说什么，一般情况下根据产品和消费者情况，要做到恰当，只有一个能够表示它的字；只有一个动词能使它动；只有一个形容词去描述它。对于创意人员来说，一定要去寻找到这个字、这个动词及这个形容词。同时永远不要对“差不多”感到满足，永远不要依赖欺骗去逃避困难，也不要依赖闪烁的言辞去逃避困难。

李奥·贝纳运用固有刺激法最成功的一例广告是他为“青豆巨人”做的广告，为了向消费者传达广告主在收割和包装青豆的过程中表现出的精心细致以及消费者对“新鲜”的渴望，他在“青豆巨人”的广告中特别强调其“在月光下收割”。

罗瑟·瑞夫斯认为要想让广告活动获得成功，就必须依靠产品的独特销售建议（Unique Selling Proposition，简称USP）。他认为，独特的销售建议包含三部分内容：

（1）每则广告都必须告诉受众：“买这个产品吧，你将从中获益。”

（2）建议是竞争对手没有或无法提出的，无论在品牌方面还是在承诺方面都独具一格。

（3）建议要有足够的力量吸引新顾客购买你的产品。

罗瑟·瑞夫斯认为，一旦独到的销售建议确定下来，就该不断地在各个广告中提到这个建议，并贯穿于整个广告活动。

5. 奥格威的品牌形象法

产品个性是人们对产品所产生的全部印象，通常被叫作产品形象，它是人们在听到诸如IBM、宝洁公司、海尔集团等名字时心中产生的东西。大卫·奥格威认为，任何产品的品牌形象都可以依靠广告建立起来，品牌形象并不是产品固有的，而是消费者联系产品的质量、价格、历史等，在外在因素的诱导、辅助下生成的。

按照奥格威的说法推断，人们购买的是产品所能提供的物质利益或心理利益，而不是产品本身，广告活动应该以树立和保持品牌形象这种长期投资为基础，即使做出一些短期牺牲也值得。

6. 威廉·伯恩巴克的实施重心法

威廉·伯恩巴克认为，实施风格是在广告中起决定作用的特征，有效广告的秘诀就是先抓住问题，然后将其变成图像刺激而又诚实可信。按照伯恩巴克的观点，在创意的表现上，光是求新求异、与众不同并不够。杰出的广告创意不是夸大，也不是虚饰，而要竭尽创意人员的智慧使广告讯息单纯化、清晰化、戏剧化，使它在消费者脑海中留下深刻而难以磨灭的记忆。广告创作最难的事就是使广告信息排除众多纷杂的事物而被消费者认知接受。威廉·伯恩巴克的实施重心法原则是：第一，必须尊重受众；第二，手法必须干净、直接；第三，广告作品必须出众，必须具有自己的个性和风格；第四，重视幽默的作用，因为幽默可以有效地吸引人的注意力。

7. 艾尔·里斯和杰克·特劳特的定位法

美国著名的市场营销广告专家艾尔·里斯（Al Reis）和杰克·特劳特（Jack Trout）将定位法引入了信息战略。他们认为创作广告的目的应当是将处于竞争中的产品，树立一些便于记忆、新颖、别致的东西，从而在消费者心中站稳脚跟。定位法也是以应当怎么说为其根本，一旦确定下来，便广为宣传，消费者便会在需要这种利益或需要产品解决某种困难时回忆起来。定位法有时会和品牌形象法混淆起来，实际上定位法是一个更广泛的概念，定位法与明确竞争、相关属性、竞争对手以及市场有关系。定位法是形象分析的逻辑发展，因为它涉及运用所知的品牌形象、竞争、广告主准确接触的受众以及受众个人受刺激后如何做出反应。

8. 伍甘的FCB模式法

1979年，美国广告专家理查德·伍甘（Richard Vaughn）总结出一种叫做FCB模式的创意方法。这种模式是把产品类型与消费者联系起来，指出广告应如何处理，并提出创意、媒介和测定的含义。目的在于识别某一产品的信息、感情或行为水准，为广告活动创造一个适宜的模式，然后加以实施。

三、广告创意策略

（一）广告创意的技法

1. 目标要单一

大多数广告创意在策略上都犯有目标要求过多、过奢的毛病。表现在：

（1）目标对象过大：期望广告人人都接受、都欢喜，把广告变成对任何人做的。出现这种情况主要是策略上把广告范围扩大了，记住广告对象只能是可能使用该产品的人。

（2）产品目标过大：把产品说成任何情况下都能用的“最好”“唯一”“最合理”的产品。出现这种情况主要是策略上把广告定位扩大了，记住产品目标只能是有限的范围。

（3）行为目标过大：企图通过广告改变人们根深蒂固的生活习惯。事实上这是很难做到的。出现这种情况主要是策略上把广告作用扩大了，记住行为目标只能改变所使用的品牌，习惯是无法改变的，只能是局部、暂时地影响。

2. 广告创意要利于传达

根据广告活动的全方位、全媒介要求，广告创意要考虑到能在不同媒体的上形成一体化诉求。目前有些广告创意，仅从平面广告考虑，采用“文字游戏”形态诸如谐音、换字等，使该广告在视听媒体上无法准确传达，这是应予注意与避免的。在图形语言设计上也要避免模棱两可、含糊、抽象，不得要领的图形语言会浪费商业时期与大量金钱。在广告创意时也要把误导消除在创意的过程中，讲究有效地传达。

3. 广告诉求要单一

好的广告创意，其创作策略往往是很简单的，也就是传达最能使消费者留下深刻印象并为其所接受的信息。因此对一个广告来说首先要确定什么是最重要的，即主信息。因为对于企业说来似乎什么都重要，他们都期望着花一次广告费能把企业所有信息都传出去。但对消费者说来，他们所关心的是产品的特点。如果广告创意忽视了这一点，致使广告花去大量时间与精力诉求次要的特点或者为形式而创作，使消费者对主要特点失去应有重视，这将是创意策略上的失误，因为“喧宾夺主”，会使消费者对该产品失去关心点的共鸣，导致商业时机损失。

广告是有限的时间与空间，我们不能在有限的时空中传达无限多的信息，这就要求广告在广告诉求上讲究单一。我们的广告所要传达的产品特点不能是大家一眼就看出的或大家所已共识的（如：洗衣机能为家庭主妇节省时间；电风扇会给您带来凉爽；空调机能制冷使室内无暑气的炎热，一年四季如春……）如果一味在这些已有共识的共性特点上诉求，无异于白白浪费大量的钱财与精力。正确策略即是单一地诉求产品看起来不很显眼，恰恰又是重要的特点。把这些特点通过简洁、明确、感人的视觉表现使其强化，以达到有效地传达。

4．确定一个销售目标的创意策略

对企业的销售目标，广告创意人员往往考虑比较少，因此造成广告诉求销售目标不明确。我们所期望通过广告活动后能取得一定的销售效果，就要针对企业过去营销中的策略及市场变化情况、竞争对手情况，选定一个目标，通过广告创意来实现。销售目标有以下几个：

（1）**增加未曾使用过该产品的消费者**。在这个目标上广告创意策略往往采用：认知品牌、给予利益。

（2）**鼓励原有消费者的本身消费用量**。在这个目标上广告创意策略往往采用扩大产品可信的使用范围，引发其试用模仿。

（3）**争取其他牌子的消费者转向本牌子**。在这个目标上广告创意策略往往采用突出与众不同的特点，强化优势。

（4）**巩固本牌子的市场占有率，保持现有的消费者**。在这个目标上广告创意策略往往采用强化品牌的形象与气质。

总之，每次广告活动只能抓住其中一个目标，不能期望一个广告把上述目标全部达到，这是不现实也是做不到的。如果要实现上述多项目标，那就要把目标进行阶段化，即一个一个目标地进行。

5．广告要有承诺

要使广告有成效，广告所提供给消费者的利益必须是有意义的，实实在在的。广告进行承诺必须要有保证，应该使人能相信广告所做的承诺。言必行，行必果，这是广告承诺的灵魂。

目前有些广告喜欢使用空洞的、模棱两可的、花言巧语式承诺，诸如“新颖”“强力”“领先”“最低价”“舒畅”“带来好运气”“带来温馨快乐”等，在这些承诺上各企业均花费了巨资，总数也是惊人的，但消费者就是熟视无睹，因为这些承诺没有可监控操作的依据，不具有意见的形容词，消费者凭什么要相信这样的广告？

6．广告要有个性

广告创意是在市场中找寻一个空档，通过广告活动以求进入并占领。因此在广告创意中绝不能确定与竞争对手相同的形象，必须使广告个性化。与竞争对手在一个相同的范围内进行竞争，趋同性与形象近似会失去消费者对广告的应有注意，在某种程度上帮了竞争对手的忙。在这种情况下广告创意的策略是赋予品牌个性，给予区别，使品牌与众不同。品牌的个性是由气质、情感和企业形象等方方面面的因素分析后确立的，确立个性不能草率，因为广告一经播放就会在消费者认知上形成一个个性基调，以后就不易改变人们先入为主的认识，因此要持以慎重，个性一旦确立，就绝不能当作可有可无，应通过各种手段与表现使它强化。

广告要有个性，这个个性指的是产品、品牌企业的个性，绝不是广告策划者、创作者、广告经营单位的个性，任何把广告策划者、创作者、广告经营单位的个性强加于产品与企业的行为，都会给企业利益带来损害。在广告活动中也要善于舍弃与广告个性相冲突的广告，因为广告个性来之不易，不能因为企业的某些喜爱就心血来潮而牺牲它。

7．要执着领先

广告要注意先入为主，讲究占位。广告创意是创造一些即使竞争对手要模仿也需要花一定时间的主意。在市场中我们不能低估竞争对手，要执着领先就要认真审视竞争对手各个时期的广告推广工作，审视同类产品各种广告的创意与表现，根据产品特点、品牌个性、市场策略等方面的因素，从高起点、高水准、独创性地进入市场，以求消费者能很快产生认知与共鸣。

要执着领先，也要注意及时抓住可成为人们话题的健康、有益的广告内容，适时刊播、形成对产品的有益话题，达到再次传播的轰动效应。

8．要使人记住产品的名称与品牌

广告创意的最终目的就是促进销售，也就是人们通过广告产生购买意向。如果受众看了广告，记住故事、画面、图形、音乐等而记不住品牌，那是很糟的事。因为消费者无法在购物时很快唤起记忆，达到指牌购买。而我们一些广告创作人员也往往把品牌当作填补画面空白，放置在次要的位置上，或是在影视广告中最后一闪而过，或是在广播随口带出那么一句。由于品牌处于次要位置，又不肯在处理上予以强化，消费者为故事、画面所吸引，导致疏忽品牌。因此我们在广告创意时应把品牌的认知列入重要的位置，必须花工夫使产品名称、牌号强化，对于瞬间即逝的视听媒介的广告则应通过多样的方式强化，适时出现，适当重复，以求在受众脑子里留下印象与记忆。

9. 慎用名人推荐与赞许

利用知名人士进入广告产品的介绍与赞许，通常人们会为对名人注意而将产品的信息带出去。名人真切的表演与语言能使具有从众心理与崇尚名人心理的消费者注目，并相信其执荐的产品好。但名人光有名气和易被人记住是不够的，应当选用与产品有关的名人，并注意名人与产品的气质对位，以及注意消费者的崇拜点，这样才能有效地进行。

根据实践与测试证明，用一个世界著名的女演员进行广告宣传，能使人记住产品，但她却不一定能说服别人去购买。从这一点说，广告创意时应注意使用名人的策略，一般在产品市场导入期中认知品牌，或在品牌印象巩固时使用是有效的，作为促进销售策略上的说服是乏力的。目前国内广告中滥用名人的现象比较严重，不惜花费巨资聘请名人，但广告效果却与付出代价不等位。这是由于缺乏对广告策略与市场策略的把握，仅是崇尚名人。从众经验判断的结果证明广告创意时使用名人效应应慎重。

使用名人推荐、赞许时应注意到一个法律问题即推荐人必须是确实用过，并确实爱这个产品，所做的推荐应是有意义的，并负有法律责任，否则就构成欺骗消费者。使企业形象、名人形象均两败俱伤。

10. 要为以后广告提供机会

广告活动实际上是一个系统工程，广告创意是这个系统工程中重要的构成部分。一个广告在市场上延续期是比较长的，因此广告创意要注意“瞻前顾后”。在为实现一个目标所进行创意时要考虑到与下一个目标的衔接，不能单打一个目标，因此广告创意必须有一个主体思想作为创意的依据。这个主体思想应该能为以后的广告活动或在广告创作提供比较大的宽容量，以便以后的广告有进一步拓展的表现空间，构成广告活动的整体性和一体化。

在广告创意中要善于在共性之中建立个性特征，而这个性特征应是在主体思想下具有延展的个性特征，以便在以后的广告创作与表现上采用丰富的题材来表达同一个相对固定的主体思想。成功的广告都有一条重要经验就是：“同样的话，稍加改变，说了又说。”说的就是这个道理。我们审视许多国际名牌的产品广告，无不在这一点上牢牢把握（图7-22a～图7-22f）。

（二）广告创意的法则

在创意中明确“对谁说、说什么”之后，下一步

图7-22a
摆脱选举活动宣传招贴

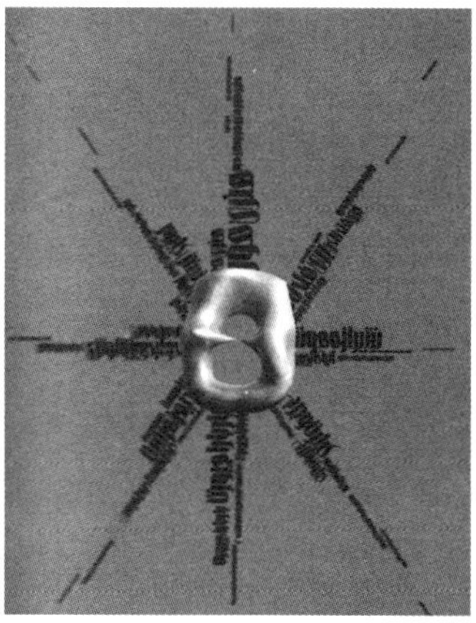

图7-22b
“20世纪英国雕刻家”招贴

图7-22c
滑雪板广告

图7-22d

克里斯蒂.多兰的新包

图7-22e

请包装我-巴黎科学城包装展

7-22f

再见，卡尔篇

就得思考“怎么说”。“怎么说”在广告活动中更多是集中于广告动作与表现上。因此广告创作与表现必须在广告的策略、广告主题与创意指定下进行，不能摆脱广告策略、广告主题与创意而自行其是。

1. 注意事项

广告主题与创意确立后，在广告创作过程中应注意如下几点：

（1）所创作的广告必须是引人注目的。无人注意的广告，不管其表现多么高明，都是没有意义的。

（2）必须清晰、准确地反映广告主题与创意，并能为目标对象所接受，做到易懂、易记、过目不忘。

（3）必须引发目标对象的行动，具有强有力的说服效果，表现产品实质必须是真实可信的。

（4）必须符合总体营销策略，如果与总策略有所冲突、应断然舍弃。创作中应极力避免创作者个人的强烈的个性与风格，要随时站在目标对象的角度思考问题。

目前，国际上关于广告创作都有诸多的所谓“法则”，其目的是让创作人员不要偏差轨道，导致广告运动失败。事实也是如此，作为创作人员即使创作出许多成功的广告，也可能有一两个广告失败，虽然不应苛求创作人员不能有失败，然而从广告主角度看，那是决不允许的，因为一次广告失败就意味着失去市场、利益损失。时机损失是无法挽回的，因此广告创作人员所肩负的责任重大，不能掉以轻心。

2. 创作法则

下面列出被常常提到的广告创作“法则”，供思考。

（1）五I法则。广告要产生效果就要有创意（Idea）、有冲击力（Impact），有趣味（Interest），有信息（Information），有冲动（Impulsion）。

（2）4 F法则。新奇（Fresh）、有趣（Fun）、诚实（Faith）、自由（Free）。

（3）叙述、允诺、推动三部曲。叙述商品及劳务的特点，允诺消费者能得到某种利益，推动其接受广告并采取购买行动。

思考与练习题：

简述广告创意的原则和基本方法有哪些？

第 8 章 广告文案创意

一、广告文案的概念与构成

（一）广告文案的概念定位

对于什么是广告文案历来有不同的解释。起初由于广告的载体大多为印刷媒介，广告主要由语言文字构成，因此广告文案被理解为广告作品的全部。之后随着广告形式的多样化，对广告文案的理解又被分成广义的和狭义的，广义地说，在广告活动中，凡是为广告而撰写的文字资料都可以称为文案，其中包括广告计划书、广告媒体计划书、广告策划书、广告预算书、广告总结报告和广告调查报告等，还有在广告策划过程中产生的书面文本。同时还包括广告业务部门在广告策划过程中产生的书面文本、广告刊例、广告订单等有关样本、表格等文字资料。狭义地说，广告文案是指以广告宣传为目的的文字作品。它是广告创意构思的物质表现，是广告作品设想与蓝图的具体陈述，是所有广告作品的书面展现。

简洁的广告文案定义即是在已经完成的广告作品中所展示出的全部语言文字部分。首先，广告文案是已经完成的广告作品，这与广告文案的广义概念相区分。它不是广告计划书，也不是策划方案，它不是一个思维过程，而是思维过程的集中展示，那些以广告策划创意有关但不属于已完成的个别作品的语言文字，都不是广告文案。其次，广告文案是语言文字，这与初期对广告文案的理解相区别，广告中的图片、画面、配乐等均不属于广告文案。最后，文案是广告作品中全部的语言文字部分，凡是广告正文、广告语等所有的广告作品中出现的语言文字都是广告文案，比如与厂家的联系方式、相关说明等。

（二）广告文案的构成分类

广告文案通常包括广告标题、广告正文、广告口号、广告随文四大基本部分。但并非所有的广告文案都具备上述四个部分，根据公告对象的不同、创意的不同，可以采取广告标题与广告口号合二为一，省略广告正文等变化形式。

广告标题是整个广告作品的题目，是广告主旨的体现，在广告中起着点明主题，引人注目，诱读正文，加深印象和促使受众响应的作用。因此，标题在广告中处于最醒目、最有效的位置，特别是在报刊等印刷媒介上标题的作用更为突出。

广告正文是指广告文案中处于主体地位的语言文字部分。这部分构成要素的主要功能是展开解释或说明广告主题，进一步介绍广告标题中引出的广告信息，对受众特别是目标消费者展开细致诉求，如果说广告标题是提出问题，那么广告正文就是回答问题。

广告口号也叫广告语，它是广告主为了强化组织（或产品）形象，传播组织理念，突出组织特点，使受众加强对组织的一贯印象，在一定时间区域内反复使用的，简明扼要的口号。一则贴切、生动、新颖、简单、深刻的广告口号，可以很快深入人心、脍炙人口，甚至影响人们的思维方式和语言习惯。

广告口号与广告标题在某些情况下可以合二为一，但两者还存在着区别。首先，功能不同。广告标题是一则广告的题目，其作用是概括广告内容，引起受众继续阅读。而广告口号是标语口号，是代表一个组织（或产品）的标志性语言，有时可以替代广告标题使用。其次，语言风格不同。广告标题是广告内容的概括，从某种程度上可视为广告正文的一部分，因此广告标题多为书面语。广告口号则要适于传诵、灵活独立、多为口语。最后，使用时限范围不同。广告口号是为了一则广告的具体内容、具体产品而撰写的，在小范围内短期使用。而广告口号是广告主向消费者传递组织文化、组织理念的渠道，相对稳定、长期使用。

广告随文也称广告附文，是广告正文后所附带的必要说明，包括企业名称、地址、电话，此外还包括一些特殊的解释或说明。比如，全球通广告在随文中表明“背景2008年奥运会，移动通信服务合作伙伴”。

根据公告发布媒介的不同，广告文案还可分为报刊广告文案、广播广告文案、电视广告文案、户外广告文案（路牌、招贴等）、展示广告文案（看板、展示牌等）、销售现场广告文案（橱窗、货柜等）、网络广告文案等。

（三）广告文案的写作原则

广告文案写作三大原则：真实性原则、原创性原则、有效传播原则。

1. 真实性原则

（1）**广告文案文本最直接地与受众产生联系**。在广告运动中，广告文案与广告作品中的其他要素一起作为广告活动的“代言人”，站出来和受众对话。人们通过它的介绍和推荐来认识企业、产品和服务，产生情绪对应，对是否接受某种服务形成选择意向。这个代言人所说的话真实与否，将在很大程度上决定着受众是否能得到真实、准确的信息，能否产生符合真实状态的对应情绪，能否产生正确的消费意向。因此，只有符合真实性原则的广告文案才是符合“以人为本”的广告理念的。广告文案人员诚实地表现真实的广告信息，是对受众最好的服务形式。

（2）**广告文案写作的最终目的是为了说服和诱导消费者产生消费行为**。这个目的是以广告文案等组成广告作品的发布为中介。广告者借助广告作品宣传产品的功能、特点，期望得到消费者的消费。这个目的使得广告文案的写作具有完全的功利性。而一旦广告者为了功利的目的放弃了对消费者的道德责任，不真实的广告文案便会充斥广告空间，为了一己的目的而让众多的消费者遭殃。这对于经济的真正发展、对繁荣广告市场、对满足消费者的身心需要，都是十分有害的。从这个意义上讲，真实性原则是对于广告特性可能带来负面效应的一个强有力的遏止。

（3）**广告文案由媒体得到广泛传播并能产生双重效应**。广告文案经由不同的媒体传播，传播范围具有相当的广泛性。这个广泛性与它作为一种文化产品所具有的双重效应一起，会产生广泛的、双重的影响。双重效应即经济效应和社会效应。有效广告可以引导或带动消费者产生物质与文化的双重消费。在产品特点、优点等真实基础上的消费当然是广告人梦寐以求的结果，也是对社会经济发展强有力的推动。但如果是基于虚假信息前提下的广告文案所造成的消费热潮，将会对消费者和社会经济环境的稳定产生不良后果，会造成对不良生活方式的盲目追求。

（4）**真实性是广告文案的生命力所在**。广告文案以代表企业、产品、服务宣传其特点、功能，说服和劝诱消费者产生对应性消费为己任。因此，真实性是它的生命所在、力量所在。如果违背了真实性原则，其广告文案会因为失真而丧失自己的可信度。丧失可信度的广告文案将毫无生命力，毫无价值。目前受众对广告的怀疑、不信任心态的存在和弥漫，就是许多虚假广告造成的恶果。广告活动如果失去了受众的信任，广告本身也就成了毫无意义的行为。

在广告文案写作中，坚持真实性原则问题，就是坚持广告科学的、真正地为社会服务的问题，坚持正向发展我国广告业的问题。因此，真实性原则应该是广告文案写作行为的首要原则。

2. 原创性原则

（1）**原创性的定义**。又称原创力、独创性。原创性是与众不同的首创，是广告人在广告运作过程中赋予广告运动和广告作品以独特的吸引力和生命力的与众不同的力量。广告人将原本存在的要素重新加以排列组合，用一种新颖而与众不同的方式来传达，发现人们习以为常的事物中的新含义。

广告如果没有关联性，就失去了目的；如果不够原创，就吸引不了注意力；如果不能造成震撼力，印象就不会持久。由于现代社会同类产品越来越多、同质化倾向越演越烈，信息社会的信息发布铺天盖地、一般的表现方式很难引起目标受众注意等状况的存在，因此，广告人都应该将原创性作为一个重要的原则来遵循。

（2）**原创性的表现内容**。原创性的首创、与众不同和突破常规、出人意料，不是从纯粹的形式角度来提出的。原创的意义并不仅仅在于形式上的“想人所未想，发人所未发”，而是包括了两方面的内容：

1）表现手法的独创。即形式上的独创。为了使广告文案能更吸引人，产生新奇感，在众多的广告文案中脱颖而出；为了使文案形式成为品牌的一种独特的标记，在众多的品牌中富于个性；为了使感性消费的受众因为喜爱文案中所体现的某种品牌情趣而发生购买行为，广告文案写作需要在形式上体现原创。这个原创，可以是创造新的表现形式；也可以是发掘前人创造的有意味的形式，而后运用现代的形式、现代的理解去重新组合起一种新的形式、赋予新的含义。

2）信息内容的独创。广告文案寻找到独特的信息内容进行表现，寻找到能让产品在同类中跳出来吸引人的新信息，这就是信息的独创。信息的独创，不仅表现在能表现别人产品无法替代的消费利益点、产品生产背景以及产品的附加价值；也表现在能诉求别人没有诉求的产品特点；更表现在能发现同一产品和服务中的不同特点和借助心理作用形成或创造出的不同价值。独特的信息传达，是原创的有效表现。

原创性的内涵有了规定性。即原创性原则不仅仅要求形式上的原创，它同时也要求所传达信息的原创；不仅仅要求是首创，更要求是在传递广告信息基础上的首创；形式和信息共同造就的原创，发掘形式中内在力量的原创才是真正的原创。

3. 有效传播原则

广告的有效传播指的是广告由表达、传播达到广告目的的过程。作为一种有目的、有责任、以说服和诱导目标消费者，产生消费行为的信息传播活动，广告以销售的获得作为自己的最终目的。

在有效传播问题上，广告界持有不同的观点，具代表性的是以下几种：

（1）**广告的有效在于改变目标消费者的态度**。

（2）**广告的最终作用是销售**。广告是否有效可从销售业绩看。

（3）**好的广告要能有助于创立持久的品牌**。要衡量广告的优劣，不仅重视其销售产品的能力，或是对产品过渡时期的协助，最重要的是取决于其能否树立一个持久的品牌，成为消费者生活的一部分，拥有他们的忠诚和信心。

（4）**有效传播，是通过沟通建立与目标消费者之间的独特关系**。给品牌一个生命和灵魂，能让消费者轻易地与竞争品牌区别开来。它能给消费者一种既熟悉又亲密的、朋友般的感觉。

二、广告文案写作

（一）标题写作

广告标题在广告文案甚至整个广告作品中的地位是非常重要的，它的存在和功能关系到一则广告文案是否能对受众产生真正的作用，是否能完成广告的任务。因此，每一个广告文案人员都应该将广告标题的写作作为文案写作中的重要问题来对待，需要花费更多的心血和创意性思维。

1. 体现广告主题

大多数的受众在无意识的阅读中，总是先看标题，然后再决定是否阅读正文。在这样的情况下，广告标题的写作就要有两手准备，尽量运用标题的魅力将广告受众的兴趣和视线抓住，同时也要考虑到由于各种不同因素造成不阅读正文的现象。因此，在广告标题的写作中，要尽量体现广告主题，使得广告读者能在标题中就对广告的信息主题有所了解，在匆匆一览中，能对广告的主要内容有所了解。

2. 吸引注意

标题是广告中最先吸引读者的部分，因为它一般总是被安排在显眼的位置，用醒目的字体，可以吸引读者有意或无意的注意，从而更全面的阅读广告。

3. 选择受众

通过在标题中突出广告的中心内容，来使目标受众对其产生注意，从而也达到了选择目标受众的目的。例如："美的空调，美的享受"，就可以使打算选购空调的目标受众产生注意。

4. 诱读正文

广告信息的主要内容是广告正文的部分，所以，标题的一个重要功能是要引诱目标受众阅读广告正文。例如《花花公子》杂志的广告，标题："什么样的男人喜欢看《花花公子》?"正文："他是一个追求好的生活……"

5. 表达概念

通过标题表现和传达目标受众接受的概念。例如："天上彩虹，人间长虹"（长虹牌电视机广告）、"威力洗衣机，献给母亲的爱"（威力洗衣机广告）、"人人求长寿，长寿505"（505神功元气袋广告）。

6. 承诺利益

通过标题传达产品能够给消费者利益和应用。例如："牙齿更干净，味道更清凉"（黑人牙膏广告）、"吃干面，喝鲜汤"（统一方便面广告）、"味道好极了"（雀巢咖啡广告）。

7. 提供新特性

通过标题把新产品或产品改良后的新特性，例如新的用途、新的功能、新的技术、新的原材料、新的包装等消息告诉目标受众。例如："从12月23日起，大西洋将缩短20%"，这是以色列航空公司的一则报纸广告标题，曾经被评为世界最优秀广告。其广告内容是说从12月23日开始，以色列航空公司飞越大西洋航线的飞机全部换用新式喷气客机，其速度比原来要快20%。

（二）正文写作

1. 广告正文的类型

（1）**描述性正文**。是以客观或正面地描述商品和服务特点为主的正文，尤其是生产资料商品广告较常用。

（2）**解释性正文**。是有针对性地提出问题，然后提出解决办法，即对问题进行解释的正文。

（3）**证书性正文**。是以权威性的证据和权威机构及权威人士证言为主的正文。需要注意的是作为团体、组织和个人在广告中推荐产品或服务，应该真实并要为自己的证言承担相应的责任。

（4）**对话性正文**。是以两人或多人对话的方式创作的正文。在广播、电视媒体上经常采用此类型广告正文。

（5）**故事体正文**。是以叙述故事的形式作为正文主体。

（6）**幽默体正文** 。以诙谐、幽默的口气创作出的正文。下面是菲律宾的一则旅游广告正文："十大危险！小心购物太多，因为这里的货物廉价；小心吃得过饱，因为这里的食品好吃不贵；这里的阳光充足，小心被晒黑；小心潜入海底太久，记住勤出水换气；因为名胜古迹太多，小心胶卷不够用；上山下山要小心，因为这里山光云影常使人不顾脚下；小心爱上友好的菲律宾人；小心坠入爱河，菲律宾的姑娘美丽热情；小心被亚洲最好的酒店餐馆宠坏；小心对菲律宾着了迷而舍不得离去。"这是以正话反说的形式，幽默地表现了菲律宾旅游的好处，实在是一个绝妙的广告正文。

（7）**诗歌体正文**。是以诗歌的形式创作正文。形式优美，感情丰沛，感染力强。

（8）**自述体正文**。是以自述语气撰写的正文。下面是绿卡牌中华鳖精广播广告文稿："绿卡鳖精是广东虎门金山健康食品厂以自产鲜活的中华鳖为主料，配以枸杞、银耳、桂圆等名贵食物制成。我以纯正的品质和消除疲劳的功能赢得了消费者的信赖。但是，假冒伪劣鳖精泛滥，使消费者真假难辨，对所有鳖精一概不信，给我造成巨大损失……"

2. 广告正文的结构

（1）**开头部分**。开头部分非常重要，因为它要承前启后，既要与广告标题有持续的关系，又必须尽快地将目标受众吸引住，使他们能够阅读正文。如果正文的开头部分不好，读者将会失去继续阅读的兴趣。

（2）**中心部分**。开头部分应把读者的注意力引到产品或服务上面，介绍产品或服务的特色和能够提供给消费者的功能、效用和利益等。

（3）**结尾部分**。结尾部分应该简明扼要，若有必要可对文中重点再次总结强调。广告正文的写作规则同其他文章写作一样，注重"虎头、猪肚、豹尾"，即：开头部分要有气势，要承上启下，做好转折；中心部分可以展开，包含不同的内容；结尾部分要干净利落，不能拖泥带水。

3. 广告正文的写作要求

（1）**重点突出，逻辑清楚**。由于广告传播的时间和空间有限，目标受众对信息的注意、理解和记忆等受到一定的限制，因此广告正文应多突出重点、逻辑清楚、方便理解和记忆。一般来说，在一则广告中，不宜放入过多的重点，否则是违背目标受众接受广告心理规律的。

（2）**直截了当，避免套话**。在不影响理解其意义的情况下广告正文可以省略句子中的某些成分，提高效率。直截了当，不代表说一些"品质上乘""工艺精湛""服务一流"之类的套话，据调查表明，这些套话很难让受众做出购买决定，甚至会引起反感。

（3）**生动有趣，引诱阅读**。生动有趣，一是内容要和目标受众心理需求相关，二是内容要新奇，写作手法要别致，使目标受众在阅读时有欲罢不能之感，直至读完全文。

（三）口号写作

1. 广告口号的写作原则

广告口号的特征是信息单一、内涵丰富、句式简短、朴素流畅、反复运用、印象深刻。如果要使我们写作的广告口号具有以上特征，我们就必须在写作时，坚持以下原则：

（1）**简短易记，口语风格**。这是广告口号写作最重要的规定。广告口号主要是要通过口头传播，来扩散广告主体形象和观念的影响力，并成为消费大众的日常生活流行语。要适合于口头传播，就要简短易记，就要充分拥有口语的表现风格。因此，广告口号不能用过于书面化的语言，不能用生僻的词句，不能毫无区分的运用方言、乡音。

（2）**用词朴素，合于音韵**。这是说广告口号所运用的词汇、词性平易而不是华丽、浮泛。合于音韵并不是要求广告口号必须押韵，而是要体现音韵之美、流畅之美。好的广告口号都能体现这一原则，例如："钻石恒久远，一颗永流传""不在乎天长地久，只在乎曾经拥有"（雷达表）、"晶晶亮，透心凉"（雪碧），这些都是用词汇朴素，富于音韵美的广告口号。

（3）**突出个性，观念前瞻**。在现代生活中，如此纷纭的传播环境里，没有个性的形式和内容难以引起受众的关注和记忆，只有具有个性的广告口号，才能在平凡中得到凸现。例如："我的眼里只有你"（娃哈哈纯净水）、"在乎你的感觉"（三源美乳霜）等，这些都是具有个性的广告口号，让受众过目难忘。

观念前瞻是为了使广告口号能适应长期运用的需要，在观念的表现和引导上不至于落伍，而被消费大潮淘汰。在广告口号中体现企业的前瞻观念，是体现一个企业的理念、位置定位、产品素质等问题。

（4）**情感亲和，渗透力强**。为了建立广告主与目标受众之间的牢固关系，广告口号就必须在情感亲和力上下功夫，将企业的理念、企业所做的努力、企业对消费者的关切用情感性较强的形式告诉消费者，使情感渗透形成某种内在的亲和力。例如"要做就做最好"（步步高VCD）、"我们一直努力"（爱多VCD）、"真诚到永远"（海尔电器）等广告口号都让受众体会到企业所做出的努力和服务的宗旨。

（5）**适应媒体，长期运用**。只有能适合每一种媒介特征表现的广告口号，才能被全方位地运用在广告的每个活动和作品中，只有长期运用的广告口号，才能使广告主体的一贯风格和观念得到一致的传达。

2. 广告口号的写作类型

广告人大都将广告口号分为企业广告口号和产品广告口号两种类型。企业广告口号是为建立企业形象而写作的。产品广告口号是为产品或服务的形象建立和为直接销售而写作的。根据对许多广告口号的分析和研究，我们还可以在内容和表现结构上给它们一个较为详细的分类。

（1）**内容类型**。

1）形象建树型。这个形象可以是企业形象、产品形象、品牌形象、服务形象，其目的是为了建立一个让公众和目标消费者信任、赞赏的形象，为广告主的长期销售活动做有效的铺垫。

2）观念表现型。通过对某种观念的提出和表达来表现广告主体中的企业、产品经销者、服务者的观念和看法，表现对一种消费方式和消费观念的创造和引导。例如："弹钢琴的孩子不会变坏"（山叶钢琴）、"好东西要和好朋友一起分享"（麦斯威尔咖啡）等，都是一种观念表达型的口号。

3）优势展示型。一般是展示商品（产品或服务）的优势，来展示广告主体的功能、特点，让消费者用最省俭的方式了解其优势，与其他产品进行对比，做出正确选择。例如："红桃K，补血最快""农夫山泉有点甜"（农夫山泉纯净水）等都是对其产品关键特点的优势展示。

4）号召行动型。这种广告口号，一般都是采用直接的方式运用祈使句式来进行的。如："一齐来生力"（生力啤酒）、"要想身体好，请喝健力宝"（健力宝），这些都是对受众的一种直接的消费口号。采用此类型的广告口号，一般其产品应该是感性的产品，低关心度的产品，有利于形成冲动型消费。

5）情感唤起型。是借助受众心目中的人性因素、情感因素，用情感向受众呼唤、宣泄、倾诉，以此赢得广告受众的共鸣，产生情感消费。

（2）**结构类型**。广告口号是否简练，是否适合口头传播，其使用的句式是要有一定制约作用的。这个分类可大致分为：

1）单句形式。是指广告口号采用简短的单句形式来表现。如：“合力培养下一代”（亨氏婴儿米粉广告）、“我们批发健康”（美国水果批发公司广告）等。

2）对句形式。指用两个短的单句组成的广告口号句式，这种句式读起来可以有一种互相映衬的音韵效果而被广泛采用。它分为对仗型和非对仗型。例如：“晶晶亮，透心凉”（雪碧）、“乘上三峰，一路顺风”（三峰汽车广告）。非对仗的广告口号如：“25年本色，不改其貌”等。

3）前缀句型。此句型一般都是在一个短句前，有一个产品或企业等广告主体的名称。前面表现了信息诉求的广告主体，后面则是对广告主体的评价或特征展现。如：“乐百氏纯净水，27层净化”“上海桑塔纳，汽车新潮流”。

4）后缀式句型。与前缀式的句型刚好相反，它是在前面表现对广告主体的评价和特征展现，在后面表现广告中的企业、产品或服务的名称。如：“高科技产品，江铃汽车”“丰胸不丰腰，三源美乳霜”等。

（3）**表现类型**。广告口号的表现内涵比广告标题和广告正文要凝练得多，但其表观形式的变化也简单得多。它大致可分为三种：

1）普通形式。指的是用普通的陈述性手法，而不采用描述性或借助联想和想象等文学笔法来进行的口号写作。例如：“雀巢咖啡，味道好极了！”普通型广告能使受众很容易明白其意。

2）联想形式。指的是采用联想、想象的形式对企业的观念、商品的特征进行表现。运用联想形式，可以使广告口号具有某种号召力、说服力和独立风格的创意。

3）幽默形式。指的是运用幽默的语言来进行广告口号的创作，体观一种独特的需求。例如：“除了钞票，承印一切”“牛肉在哪里？”等都是经典的幽默形式的广告语。

3. 广告口号的写作技巧

广告口号的写作技巧，离不开内容表现的选择，也离不开表现形式的选择以及写作中语言文字的运用和表达等方面的技巧。

广告口号内容选择的技巧主要体现在要选择广告主体最优特征来进行表现，并且选择能够体现广告主体的关键观念进行表现，以及选择在情感上能与受众产生共鸣的内容进行表现。

广告口号形式选择的技巧主要体现在选择前缀句式和后缀句式方面，它可以使广告主体得到广泛地反复地传播；选择单句形式，能使受众在最短的时间内明了其意；选择对句形式，可以利用音韵效果迅速流传；采用号召性的祈使句式，可以产生即时的消费冲动；另外还要避免命令形式，因为它可能会导致抗拒和反感。

广告口号具体写作过程中的技巧则是运用动词，增强诉求效果；字词联想，余味无穷；日常用语，恰到好处；时尚话题抓住视线；改造谚语，朗朗上口；口头禅语，迅速流传。

（四）随文写作

广告随文对广告正文起补充和辅助的作用，是广告附带的必要说明，它可以促进销售行为的实施，可产生固定性记忆和认知铺垫。

1. 随文的特征及构成

广告随文又称附文，是对广告内容作进一步的补充说明。具体而言，它是向受众说明、介绍广告主、商品及有关附属信息的文字部分。它是整个广告文案的有机组成部分，具有重要的推销作用。随文的写作旨在强化企业和商品的某些特征，提供联系方法或进一步促使受众购买产品。例如，假如正文介绍了某企业获得了各种荣誉，那么随文一般都会附上有关获奖证书、证件的复印资料，这样，可增加受众对产品的信赖感。通常广告随文由以下几部分内容组成：

（1）**企业标识内容**。它是广告所宣传的企业或机构等广告主方面的信息；如企业名称、企业专用字体、专用颜色、企业的标识等，特别是做企业形象广告时，这部分内容必不可少。

（2）**商品标识内容**。它是广告产品的附加信息，包括产品的商标和商品名称等。这些要素也都是广告产品的关键信息，直接关系到产品能不能常驻受众的心中。

（3）**联系方式**。向受众提供与广告主联系的方法，是随文常见的内容。它包括广告主的地址、电话、传真、网址、手机号、邮政编码、联系人及联系方式等。

（4）**权威机构的认证标识或获奖证明资料**。广告主过硬的获奖证明资料（如专利认可证、卫生许可证、国际ISO认证等）。其中有些内容或许正文已提及过，但随文中如有相关的复印材料，对受众就更有说服力了。

2. 广告随文的表现形式

广告随文根据其表现形式的不同，大致可分为常规式、表格式、附言式、条款式等几种形式。

（1）**常规式**。常规式广告随文是围绕广告战略目标和广告对象，有选择的把若干项内容一一列出。几乎所有的广告文案都离不开随文，因为随文关系到产品与受众能否实现进一步的交流。个别广告甚至为了节省费用，文案中只有广告标题和广告随文或只有广告语和广告随文，这种情况在电视广告中存在的较多。一般来说，随文内容涉及企业或商标名称以及联络方式（广告主的地址、电话等），而联系方式几乎可以说是必不可少的。

（2）**表格式**。有时为了使随文的内容表达得更为清楚，使受众一目了然，并使广告文案显得有所变化，随文的内容就以表格的形式出现。例如，一些单位的广告随文中经常出现“消费者意见表”等，这种随文比较醒目，有利于回收消费者的反馈意见。再如“碧生源”针对本产品能帮助患者排除体内垃圾的作用，从“人群”“中度表现”“重度表现”“重要原因”四方面，设计了一张“体内垃圾在肠道过夜的常见表现对照表”作为文案的一部分，受众对照表，一下子就可以检查自己是否有“不良表现”。显然，这张表对于促进受众根据自身情况，采取相应措施，即买“碧生源”起到了良好的作用。

（3）**附言式**。附言式广告随文往往以“特别提醒”“好消息”“惊喜”等词语领起，它向受众提供与广告内容相关的一些附属信息，例如，某保健品公司的“金箍棒L—乳酸钙”的广告随文中有一条“惊喜”就是：现在购买金箍棒L—乳酸钙一瓶，送育儿VCD一张，数量有限，欲购从速！它是通过介绍向受众附送另样产品来鼓励消费者积极采取购买行动。

写附言式广告随文尤其要把创意放在首位，否则，人云亦云的附言式广告随文既不能引起受众的兴趣，也不能起到促进受众购买产品的作用。同样是以“好消息”作为附言，某单位的广告随文就更胜一筹，即“隆重举行减肥优惠价及寻找一百名各种减肥失败者活动，并郑重承诺减肥反弹不收钱。”该附言式随文使人读后感到广告主的诚意并让人对产品产生一种信任感。

（4）**条签式**。条签式广告随文是在广告文案中设计一张简短的条签，以虚线或方格等形式表示，它可以是一张回邮单，也可以是其他内容。条签式广告随文的作用主要是进一步促进受众与广告主进行联系或对广告信息做出相关的反馈，一般以获得赠品或抽奖的形式来鼓励受众参与。

三、广告文案创作过程

尽管我们在理论上了解了广告文案写作的基本要领，但拿起笔着手写，可能还是不知道该从何下手，这是对广告文案的写作过程还是比较生疏的原因。本节将具体揭示广告文案的创作过程，作为文案创意写作的依据。

（一）准备阶段

广告文案创作不同于文学创作，创作人员必须在对广告、广告商品、广告创意和诉求对象充分了解的基础上才能进行构思写作，特别是如果文案创作人员没有参与改革创意过程，就更应该注重动笔前的准备工作。

1. 注重日常积累

如同改革创意的准备阶段一样，文案创作也应该注重平时的积累，多阅读各种文字材料，吸收各方面的知识，多思考，多动笔。这样不仅可以为文案创作提供构思角度，同时也锻炼自己驾驭文字的能力。

2. 熟悉广告战略与策略

对特定广告进行文案创作之前必须要从整体上把握广告主的广告策略，将企业背景，产品情况，服务项目等问题与广告战略相结合，熟悉广告主的长远战略目标。

在了解这些情况之后，就要着重对广告策略进行研究。首先，要明确各个互动环节和广告表现的目的，也就是要知道文案创作是去干什么的。比如是为了树立企业形象或是进行产品推荐，还是要降价搞促销活动等。其次，要理解广告活动和广告表现的主题，文案创作就是为主题服务的，要阐述主题、明确主题、深化主题。

再次，要熟悉广告活动和广告表现的诉求对象和诉求策略，要知道广告语向谁说，广告文案给谁看，只有这样才可能使广告文案在表现风格、语言特征，诉求角度、诉求方式等方面真正对应目标受众和目标消费群，使其接受。最后，要了解广告表现媒介，不同的媒介对广告的要求是不同的，报刊、电视、广播、网络各有各的传播特点，如果不顾及这些，就不能利用媒介优势收到广告效果。在了解媒介策略时，除了使用媒介的区别外，还要注意了解广告的发布时间、区域、版面等的不同，调整文案的长度、语言风格等。

3. 把握广告创意

广告文案就是对广告创意的语言文学表现，因此对广告创意精髓的把握十分重要。广告创意可以从研究各个创意点与广告诉求之间的关系、创意在表现产品或品牌定位时的创新点在哪、创意中是否有名人效应等一些需要特殊注意的地方入手，在文案表达时应注意对这些问题进行强化或回避。总之，广告文案要为广告创意服务，也可以说广告文案就是广告创意的一部分。

（二）创作阶段

经历了日常积累后已对广告的战略和策略熟悉，在把握广告创意之后，就要进入广告文案的创作阶段。与写文章一样，动笔前要对广告文案进行立意。也就是根据准备阶段所掌握的情况，对文案写作的主题与目的、表现内容与信息要素；表现方法与语言风格进行定位。

确定大方向后就可以对文案进行构思了。我们在头脑中对文案的结构大致形成了雏形，比如是标题、口号、正文一应俱全，还是忽略正文内容，仅强调标题和口号；是运用直接标题还是运用复合标题；是用长文还是短文；是讲故事还是直接介绍产品；是用幽默的语言风格还是感人的话语等。当然在创作的过程中可能由于更新更好的创意出现而推翻之前的想法，但是这个雏形毕竟是对广告策略进行细致研究基础上形成的，保证了广告文案与广告创意的一致性，只要这构思在总体上是不矛盾的，就不宜随意变动。在构思的过程中，仍然可以运用广告创意的思维方法，以帮助文案的产生。

（三）检测实施

广告文案的形成并不意味着广告文案写作的结束，在将广告推出使用前还要经过严格的检测。首先，要看广告文案的内容是否与广告创意目标相吻合，是否明确表达了广告诉求，是否有效地传达了信息，是否用信息的传递等；其次，要注意文案的结构是否完整，标题和正文之间的关系是否合理，广告口号是否具有代表性，是否能体现改革创意的精髓，内容是否为受众所接受，文案是否与画面、音响、音乐、篇幅相匹配等；最后，要检查语言是否得体，语言表达风格是否一致，是否出现了病句、语法错误、歧义，修辞运用是否恰当，是否符合用语规范等。检测的方法可以是文案写作人员自测，也可以由广告主、消费者对文案效果进行反馈。只有当文案获得大多数人的认可，达到较为完美的程度时，文案写作才算宣告结束。

思考与练习题：

简述广告文案的主要构成是什么？广告标题与广告口号有什么不同？

第 9 章 电视广告创意

一、电视广告概述

（一）电视广告的定义

电视广告是信息高度集中、高度浓缩的节目。电视广告兼有报纸、广播和电影的视听特色，以声、像、色兼备，听、视、读并举，生动活泼的特点成为最现代化，也最引人注目的广告形式。电视广告发展速度极快，并具有惊人的发展潜力。

（二）电视广告的优势

1. 传播功能全、穿透力强

电视是集声、光、色于一身且动态（演示）的媒介，吸引力强，观众对于电视广告是处于“强制性”传播，因此具有很强的穿透力。由于电视广告附于电视这个情感型媒介之中，电视的接触度带动电视广告的接触度。因此观众对电视广告接触度也高于其他媒介，达94%（其他媒介接触度为：报纸47%，杂志24%，广播23%）。

2. 演示生动，诉求力强

电视广告是连续活动的影像，它可以通过演示各种技巧，从视觉、听觉上完美表现广告主题和突出诉求重点。通过声像演示可以使观众身临其境，理解并接受广告。

3. 观众面广，深入每个家庭

随着电视机的普及，观看电视成为人们文化生活中的重要组成部分。电视广告也随之进入家庭，随时出现在节目中，广告影响大，效果明显。

4. 整合广告活动中的“龙头作用”

由于电视广告的优势，广告一经电视传播，易于带动其他媒介的广告认知，弥补其他媒介的不足。

（三）电视广告的表现形式

电视广告与广播媒体一样，也是瞬时媒体，受众对电视广告所持的是“爱理不理，可有可无”的态度，要使电视广告成为面对面的销售方式，就要在创意方面加倍努力，以独特的技巧和富有吸引力的手法传达广告讯息。

1. 故事式

用讲故事的形式来表达商品与受众的关系，使受众产生共鸣。

2. 时间式

用纪录片或叙事手法，向受众交代时代进展与商品的关系。

3. 印证式

用知名人士或普通人士来印证商品的用途及好处，以达到有口皆碑的效果，但广告的技巧必须高明，否则受众会怀疑被访者言辞的可信度及真实性。

4. 示范式

用比较或示范的手法，表现出商品的过人之处或独特的优点。

5. 比喻式

用浅显易懂，人所共知的比喻，引出广告商品的主题。

6. 幽默式

用幽默风趣的语言或手法，含蓄地宣传商品的特征，使受众在轻松愉快的气氛中领会与接受广告信息。

7. 悬念式

用悬念手法提高受众的注意力及好奇心，然后带出商品。

8. 解决问题式

将一个难题夸张，然后将商品介绍出来，提供解决难题的答案。

9. 名人推荐式

用知名人士来介绍推荐商品，利用他们的聚焦力和号召力，来影响目标受众的态度，刺激购买欲。

10. 特殊效果式

在音响、画面、镜头等方面加上特殊效果，营造气氛，使受众在视觉方面产生新刺激，留下难忘的印象。

二、电视广告的应用

（一）电视广告的特点

1. 特点

（1）视听兼备、普及率高。

（2）更直接、更具有强制性。

（3）再现商品。

（4）易与收视者建立亲密感情。

2. 优点

普及率高、深入家庭。

3. 不足

时间受限；制作烦琐；费用高；不能详细解释和保存。

（二）电视广告的程序

1. 创意

创意是广告内容的总体思路，它是靠艺术来传达广告信息的某种方式。优秀的创意具有原创性，同时又与宣传对象有关联性，它能引起观众的兴趣，产生视觉、听觉及心理的冲击，形成记忆，并最终促使消费行为发生。

2. 制作

一条电视广告，在创意通过后，就进入了执行阶段，也就是制作阶段。它是组织相关人员，使用相关技术设备，将创意加以实施并进行再创造，并最终形成符合标准的磁介质或其他介质的过程。

3. 发布

当电视广告制作完成后，客户就可以将母带交给发布单位进行最后发布了。发布单位可以是电视台、代理的广告公司、随片广告代理商或其他媒体出版发行单位。为了最大限度地发挥电视广告的宣传价值，需要根据产品的销售特点和目标消费群的收视取向，对发布的媒体单位、时段、持续时间、频率，发布方式等进行有针对性的选择。对于较大数量的发布业务，为对发布单位进行有效监督，可以委托专门的广告监播单位进行监播。为了了解电视广告的宣传效果，可委托专门的调查机构进行抽样调查。

（三）应用电视广告的事项

1. 把握观众注意力

对电视观众来说，能引起注意主要是靠看到的而不是听到的。观众对电视广告的兴趣取决于最初7秒，所以应不遗余力的把握最初的7秒。主信息应在5秒之前出现并力求提高信息强烈度，以留下深刻印象。

2. 内容简洁、目标单一

过多信息出现在一个广告里，会使观众兴趣骤减。应在广告中分清主、次信息，强化主信息，去除可有可无的信息。镜头语言要明确，表现时多用特写、人特写以加大视觉冲击力，强化认知。因为30秒广告可容下的信息很有限，一般将广告信息概括成一句话：“商品名称—个性特色（利益）—使用示范。”

3. 视、听有效配合

把握画面演示效果是首要的，声音作用仅是补充画面的不足，增强画面效果。广告歌宜短小、通俗、个性鲜明。声像节奏配合要同步，音乐设计要与画面效果、产品个性对位。

4. 牢记主角

电视广告出现都与商品相关，人物、故事情节、生活片断等能增加观众兴趣。但别忘了整个电视广告的主角是产品，其他角色都是为这个主角服务的，切勿喧宾夺主。

三、电视广告的发布

（一）电视广告的片型

电视广告结构的形式体现了广告的整体创意，在选择电视广告片型时，注意结构形式要符合广告创意的要求，符合广告产品的诉求点，以及广告的主题思想是否对产品的宣传有利，能否使观众接受。

1. 新闻报道型

这类型的广告片是运用新闻报道的形式，以纪实手法把有新闻价值的商品信息记录下来，通过电视进行广告宣传的一种方式。

2. 示范证明型

主要通过名人、专家和产品使用者去说明和验证广告产品的功能和优点，以及产品能给消费者带来什么好处。示范证明型分为引证式和名人推荐式。

3. 悬念问答型

是由一个疑问者提出问题，再由一个相信者回答问题的广告。

4. 生活片段情感型

把人们在日常生活中对某种商品谈论和评价的事实，通过电视技术把其中一部分加以艺术加工再现于电视屏幕中以实写照的一种广告制作手法。

5. 气氛型

是通过一个特定的场所、特定的事物来营造生活和人的情感氛围。

（二）电视广告的发布形式

发布形式是电视台为客户提供播放广告的一种宣传方式，亦是电视台广告经营项目和内容。它的目的是为了使客户更好地选择自己广告播出的时间，从而达到良好的广告效果。电视广告发布的主要形式有以下几种。

1. 特约播映广告

指电视台为广告客户提供的特定广告播出时间，客户通过订购这类广告时间，把自己产品广告在指定电视节目的前、后或节目中间播出的一种广告宣传方式。

2. 普通广告

指电视台在每天播出时间里划定的几个时间段，供客户播放广告的一种广告宣传方式。

3. 经济信息

是电视广告的一种宣传方式，是电视台专门为工商企业设置的广告时间段，是专门为客户宣传产品的推广、产品鉴定、产品质量咨询、产品联展联销活动，以及为企业和其他单位开业等方面做宣传服务的。

4. 直销广告

指电视台为客户专门设置的广告时间段。利用这个时间段专门为某一个厂家或企业，向广大观众介绍自己生产或销售的产品和商品。

5. 文字广告

只是在电视屏幕上打出文字并配上声音的一种最简单的广告播排方式。

6. 公益广告

是一种免费的广告，主要是由电视台根据各个时期的中心任务，制作播出一些具有宣扬社会公德、树立良好社会风尚的广告片。

（三）电视广告的局限性

1. 制作复杂、费用大

电视广告需要导演、演员、摄影、灯光、道具、服装、作曲、演奏、播音、音响等诸多方面配合，经摄制、剪辑、合成等技术处理，制作费用大、周期长，播放时还须支付较高的播放费，因此费用昂贵。

2. 瞬间即逝，不易记忆

电视是时间媒介，每条电视广告仅30秒，由于时间短，画面连续出现，瞬间即逝，不易记忆。

3. 独立性较差、传播干扰大

电视广告一般在节目前后集中播放，相互干扰大。电视频道多，选择性强，也影响电视广告收视率。同时由于接收的条件及电视覆盖面受电视天线、发射功率影响，广告覆盖面也受其影响。

4. 广告承载面相对狭窄

一些与一般大众消费无关的产品广告，如生产资料等，观众反映淡漠，效果较差。

四、电视广告的文案

电视广告文案的表现载体分口头言语和文字两种，它综合了平面广告和广播广告两大分支媒体的各自特征。在电视广告中，有一部分广告文案人物用口头言语形式进行表现，一般有人物独白、人物之间进行对话、旁白解说等几种，如果采用广告歌曲形式，就用它唱出广告文案。还有一部分广告文案是采用字幕的形式出现的。

（一）电视广告文案的特殊性

电视广告文案是广告文案在电视广告中的特殊形式，是以画面语言和声音为表现手段的广告传播形式。

电视广告主要由以下几部分要素构成：

视觉部分（包括屏幕画面和字幕）；听觉部分（包括有声语言、音乐和音响）。

电视广告的各种构成要素有：素材、主题、艺术形式、表现手段以及解说词等，这些都是广告创意的重要组成部分，这一切都必须首先通过电视广告脚本的写作体现出来，从而使电视广告文案显示出有别于其他广告文案的特殊性。电视广告文案的特点在于直观生动、感染力强，但它也存在着费用过高、不可存留、可选择性较差等缺点。

电视广告文案与报刊等平面广告文案的性质有明显的区别，它并不完全与受众见面，因为它不是广告作品的最后形式，只是形成电视广告作品的一个基础和前提。

电视广告文案的主要形式来源是文学写作，没有相当的文学修养和艺术素养，是很难进行电视广告文案创作的。电视广告文案从构思到创作不同于一般印刷广告文案写作和广播广告文案写作，电视广告文案本身是无法独立存在的，必须与其他表现手段相结合并相互配合使用，才能发挥电视广告传播的最大优势。如果过于强调电视广告文案的独立性，则会造成文案与画面脱离，从而会破坏广告效果，所以，电视广告文案的创作者应该充分认识到广告文案独立性的特点，写作时一定要围绕与画面等因素的融合来进行构思。

电视广告文案的非独立性决定了广告内容的非完整性。电视广告的传播性与广播广告文案大致相同，即通过声音传播，以口耳相传的方式进行交流，因此文案之间的区别无法在听的过程中清楚地辨别，往往会融为一体，而且电视广告的时间很短。目前，电视广告片的各种常规时段有5秒、10秒、15秒、30秒、60秒等。我们在选择电视广告文案的表现形式时，不仅要依据广告策略、广告信息内容、广告目标受众等情况，而且还要与时段的选择产生对应。

一般来说，电视广告文案每秒不能超过两个字。如果在这么短的时间里还要严格区分正文、随文，势必将文案分割得支离破碎、杂乱无章。现在的很多电视广告都没有标题，有些正文也很简单，有的干脆将标题、随文都舍弃了（在电视广告文案中，较少出现随文，即使需要出现随文，也往往以字幕的形式出现，而不做过多的解说）。单纯从文案上看，电视广告文案的表述是不完整的，但是，这也正是电视广告文案不同于其他广告文案的地方。它的主要特点就在于，文案始终服务于看和听，人们在观看电视广告的时候，不可能完全专注于屏幕上的文案，也不会像广播广告的听众那样将注意力集中在听觉上，观众往往是边看边听。所以，电视广告文案的作者一定要注意观众“边看边听”的特点，使文案创作适应电视画面的需要。

请看下面这则电视广告：

画面：（全景）一辆汽车在画面中急速奔驰，（背景音乐）有节奏的“嘀嗒嘀嗒”电子钟声。

广告词：我们的汽车在奔驰时，除了电子钟的声音，别的什么声音都听不到。

这是福特汽车的广告。单纯从画面中看，这种汽车的质量究竟怎么样，无法做出判断，而只有配合文案“别的什么声音都听不到”，只能听到电子钟有节奏的“嘀嗒嘀嗒”声，来让我们充分领会到这种汽车的平衡舒适和安全快速，仿佛我们自己正置身于这种汽车的行驶之中，这正是该广告的高明之处。

从上述例子我们可以清楚地知道，电视广告文案与一般的文案广告不同，不能单独靠文案去完成广告诉求的任务，只有与画面、音乐以及其他手段有机结合才能顺利完成广告诉求。

（二）电视广告文案的写作要求

电视广告所独具的蒙太奇思维和影视语言，决定了电视广告文案（脚本）的写作既要遵循广告文案写作的一般规律，又必须掌握电视广告脚本创作的特殊规律。具体要求是：

（1）电视广告文案的写作，必须首先分析研究相关资料，明确广告定位，确定广告主题。在主题的统帅下，构思广告形象，确定表现形式和技巧。

（2）按镜头段落为序，运用语言文案描绘出一个个广告画面，必须时时考虑时间的限制。因为电视广告是以秒为计算单位的，每个画面的叙述都要有时间概念。镜头不能太多，必须在有限的时间内，传播出所要传达的内容。

（3）电视广告是以视觉形象为主，通过视听结合来传播信息内容的，因此，电视广告文案的写作必须做到声音与画面的和谐，即广告解说词与电视画面的“声画对位”。

（4）电视广告文案的写作，应充分运用感性诉求方式，调动受众的参与意识，引导受众产生正面的“连带效应”。为达到此目的，脚本必须写得生动、形象，以情感人，具有艺术感染力。这是电视广告成功的基础和关键。

（5）写好电视广告解说语。它的构思与设计，将决定电视广告的成败。广告解说语的种类包括画外音解说、人物独白、人物之间的对话、歌曲和字幕等。

总之，每一则电视广告，可根据创意和主题的需要，只取其中一两类，不一定包罗万象，贪多求全。为了弥补画面的不足，可以用听觉来补充视觉不易表达的内容，揭示和深化主题，进一步强化品牌或信息内容。

图9-1a

影视类广告—麦当劳豪爽篇

图9-1b

影视类广告—麦当劳浪漫篇

图9-1c

影视类广告—麦当劳热心篇

图9-1d

影视类广告—麦当劳随和篇

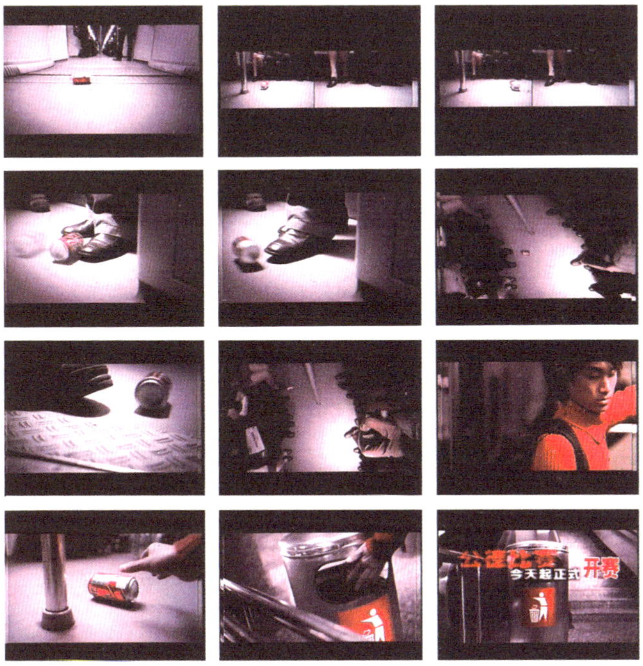

图9-1e

影视类广告—麦当劳调皮篇

图9-2

影视类广告—公德比赛地铁篇

电视广告赏析：

麦当劳篇（图9-1a~图9-1e）。

公德比赛地铁篇（图9-2）。

思考与练习题：

简述电视广告的特点和它的发布形式有哪些?

第 10 章

广播广告创意

一、广播广告概述

广播是以声响、语言、音乐来诉诸人们听觉的信息传递过程。广播媒体的发展是在20世纪初，在其后的多种广告媒体的竞争中，广播凭着其独特的功能而保有其竞争力，在广告市场中占有相当地位，发挥着较为重要的作用。

（一）广播广告的定义

广播广告是依附于广播媒体而“开花结果”的一种经营和宣传，其优势主要有：广播广告的交流感与意境性；广播广告的流动感与兼作性；广播广告覆盖的无限性与广播广告受众的全面性；广播广告的低投入与高回报。

报纸广告可以留存、传阅、品味，电视广播虽然一闪而过，但电视广告有直观的画面，既有声音，又有图像，是能够听得着、看得见的广告。那么，广播广告既不能留存，稍纵即逝；又不能看见，一听而过，广播广告是不是就一无是处了呢？其实不然，“尺有所短，寸有所长”，从传播的方式和效果来说，报纸、电视也不是完美无缺，没有短处；广播广告也不是一文不值，没有长处。广播广告不是没有自己的特点与优势，而是一方面没有被人们充分认识，其价值被严重低估；另一方面又缺乏应有的、系统的研究与宣传。

（二）广播广告的特点

1. 广播的信息传播迅速，时效性强

对广播、电视、报纸等三大媒体的传播速度进行比较，电视要录像，并对录像进行剪辑和配音，报纸需要经过写稿、排字、打印、制版、印刷和发行等工序，而广播不需要任何加工，即可直接播出，因而广播的传播速度最快，时效性最强。

2. 广播的信息受众广泛，覆盖面大

由于无线电广播的播送、接收设备都很简单，收音机几乎每家每人都可拥有一台，从而使无线电广播具有相当广泛的传播范围和覆盖率。尤其广播是通过对听觉功能的刺激来传递信息的。因此，对各个文化层次的人都有效，一般听众都能接受其信息传播。

3. 广播的信息传播方便灵活，声情并茂

无线电广播的传播声音都是很悦耳的，这可以充分地利用人类乐于聆听悦耳声音的天性，使人们产生娱乐情感。同时，由于广播的发送时间长（每天都有十几个小时的节目），因此，可供传播的信息容量大，选择余地大大增强。

4. 广播的制作简便，费用低廉

广播广告从写稿到播出也同样可谓制作简易，花费较少，在各种广告媒体中，广播广告收费最低，最为经济。

（三）广播广告的局限性

1. 只有声音没有形象

广播广告通过声音来传达信息，单靠听觉、难以直观认识商品外观、结构、功能等特征。

2. 注意度差

广播广告是在无意中传达，人们在收听广播时往往同时进行别的工作或活动，对信息的注意状态不如电视好。

3. 瞬间即逝。

广播广告，时间短促，持续性短，听后易于遗忘，又无法查考，广告记忆度差。

（四）应用广播广告的事项

1. 利用广播进行告示性广告

广播广告在商品形象认识上远不如其他媒体，但对应用时效性较强的商品展销、到货、开业等方面，以及品牌印象提醒等广告效果极好。

2. 广告文案要简短、通俗、口语化

做到一听就明白。追求富有个性的口语化语言，

防止使用共性语言。

3. 要有适当重复

广播广告瞬间即逝，不易记忆，因此广告设计时应对主信息、品牌进行强化，并适时重复。

4. 背景音乐选用要妥当

背景音乐要与广告内容配合和谐对位，尽量避免选用听众所熟悉、流行的音乐和歌曲。这些音乐与歌曲出现会使听众注意力转移而忽视广告主体信息。

二、广播广告的性质

（一）广播广告的交流感与意境性

从传播的方式上看，报纸的交流感是机械的，电视的意境是局限的，而广播的交流感却是跃动的，广播的意境性是深邃的，广播的交流感和意境性是统一的。

1996年，为了适应听众市场的需求，充分体现广播的社会化服务，山西人民广播电台《市场流行网》节目专门开设了为广大患者进行医疗、医药咨询的“健康专线”直播栏目，邀请医疗、医药专家为栏目嘉宾在直播室坐诊，患者或其亲人、好友通过电话直接向专家进行咨询。每到该栏目开播的时间，热线咨询电话的显示灯就不停地闪烁，一路路咨询电话接连不断地切入直播室，专家接待不迭。不难看出，还有多少听众或患者在有意或无意中接触着广播，接受着广播的信息，并“对号入座”地“诊治”着自己的疾病，更有多少听众或患者有意和无意地传递着这种信息，影响着他人。广播广告的交流感是跃动的、生动的，这种双向交流的功效是广播媒体独特的，广播媒体的意境性是丰富的、深邃的。有人说，看电视长述连播不如听广播小说连播有味道，原因是广播可以使人对感知的一切事物和事理出现反跳，并依此再造一个“世界”。而电视的图像是一种成型的并定格式的表现手段，因为它的直观性，丁是丁，卯是卯，必然使人的想象空间产生局限性，必然使人的想象力受到限制。广播却可以从播报的语言、气息、情感等声音的多种表现手段中，充分开启人的心扉，掀动人的感情，产生一种最为和谐与完美的想象。所以，如果把电视比作一幅色彩艳美，一目了然的油画，广播则是一幅水墨渲染，气韵生动的国画。

（二）广播广告的流动感与兼作性

很少有人在大街上和商场里，边走路边拿着报纸看；没有人在大街上和商场里，边走路边捧着电视瞧，但有人在大街上和商场里，边走路边听广播，这就是广播传媒的流动感与兼作性。

广播之所以有其特有的流动感与兼作性，是因为广播一方面携带方便。现在市场上有一种超微型收音机，这种收音机体积很小，可直接放入耳朵收听，外人难以察觉。另一方面因为广播是传送声音的媒体，是需要耳朵，而不需要眼睛和人体任何其他器官来接收信息的，也就是说，除了耳朵外，不会影响人体任何部位和器官的功能和运动。所以，人们就可以在各种状态下接收广播的信息，洗菜做饭可以听广播；刷牙、洗脚可以听广播；晨练运动可以听广播，上街逛商店可以听广播；坐着可以听广播；躺着可以听广播，田间地头可以听广播；坐在车里也可以听广播……人们可以在各种状态下收听广播，广播的这种特点和优势越是在经济发达的地区表现的越突出和明显。所以，有专家明确提出了广播应该充分占领传播的流动空间，因为，广播有着占领传播流动空间得天独厚的条件。市场经济的迅猛发展，势必带来人们生活节奏感的加快，能在动态中获取信息的媒体唯有广播。

（三）广播广告的无限性与全面性

广播覆盖按其功率来说，虽然有一定的范围和区域，但从实际的收听情况来看，广播的覆盖却无法划定明确的界限，加之地形、气候和磁场等方面的因素和作用，广播的覆盖以及延伸意义上的信息传送可以说是无限的。目前，广播技术的飞速发展，已经可以顺利地把广播信号直接传送到环绕地球的通信卫星上，而且在一些发达国家还开发和研制出了一种可以直接接收卫星信号的收音机，所以，即使在最偏僻的地方发生的最有价值的新闻或信息，通过广播也可以在最短的时间里迅速传播到地球上的任何一个地方，这也就是广播之所以作为重要的舆论阵地和政治工具的原因。

广播行业根据听众市场的不断变化和发展，虽然提出了广播要窄办，广播的媒体特色要鲜明的发展思路，一些综合类电台，也开始以市场为导向，走专业化的办台道路，即受众的对象比较明确。比如健康台的主要收听群是医生和患者；交通台的主要收听群是司机等，但由于广播信号的扩散性、开放性和灌输性，广播的听众群又往往是不确定的，司机既可以收听交通台，也可以收听健康台和其他台，而不是说司机就只能收听交通台，而不能收听健康台和其他台。医生也如此，不是说医生只能收听健康台，而不能收听交通台和其他台。另外，你可能路过商场，尽管你没有要收听广播的主观意识，但商场里广播的信息却可以硬性地塞进你的耳朵里，使你被动地接受着广播的信息。当你认为这种信息对你很重要或者恰好是你要了解的信息时，你还会驻足不前，听个详细和究竟，由被动的收听变为主动的收听。所以说，广播的受众是对象化和不对象化的统一，是全面性的。

（四）广播广告的低投入与高回报

在同等级别的媒体中，无论报纸还是电视的广告收费远比广播广告的收费高得多，广播广告的收费之所以比报纸和电视的广告收费低，并非是广告主对广播广告的投入低和投入少，而出现的贬值现象，主要是因为广播广告的成本远远低于报纸和电视广告的成本。但由于受市场扭曲了的消费观念影响，即价钱越贵说明东西越好。因此，一些消费者片面购买价钱高的商品，一些营销者便顺应消费者这种不正常的心态，将一些本来低廉的商品标以高价出售，反而打开了市场，追逐到了高额利润。这些消费者只考虑了“一分价钱一分货”的购物道理，而忽视了“物美也能价廉”的购物现象。一些广告主也受这种消费心态的影响，认为媒体的收费越高，说明宣传的效果越好；反之，媒体的收费越低，宣传的效果越差，并由此得出结论，认为广播广告的收费低，那么，广播广告的宣传效果就差，所以对广播广告的投入便产生一种消极心理。“投石问路”式的投入一点广告费，可是还没有真正试探出水的深浅时，便打了退堂鼓，并满有理由地认为广播广告的投入没有回报效益。这里我们要对广播广告的投入与产出原理客观地进行分析，一方面，从经济学的常识中我们不难理解，产品的市场竞争，实际上是一种质量和价格的竞争，而提高质量，降低价格的根本途径就是降低成本。所以说，产品的成本低、价格低并不能说明产品的质量差，事实上在激烈竞争的市场经济中，企业都在按照这样的经济规律进行着最经济的产品生产，同样树立着“以质量求生存”的发展观念，把产品价格低理解为产品质量差的道理是根本站不住脚的。广播广告也是这样，把广播广告的收费低理解为效果差同样是一种十分片面的看法。另一方面，广播广告的信息传递有它内在的客观规律，广播广告的投入只有密集度，才有产出率。从广播广告的经营实践看也是如此，以密集方式安排的广告，其收效和收益十分明显，以松散方式安排的广告，其收效和收益便不太明显，而星星点点安排的广告，其收效和收益则微乎其微。因此，一些对广播广告有研究的广告主，在广播广告的安排上，则采取“地毯式”展开的密集方式进行安排，从中尝到了甜头，也因此与广播广告结下了不解之缘，把广播广告作为开拓并占领市场的最佳媒体选择，特别是坐台咨询热线类服务专线广告，一些广告主长期盯住不放，即使在饱和状态下进行的竞价，广告主也宁愿增加广告费而不愿舍弃已有的资格和权利。

广告有一条重要的作用就是传送信息，从传送信息的角度分析，它的使命是最终将信息传送到消费者中，当消费者接收到了信息，广告便完成了它应有的传送任务，发挥了它的传送作用。从这个意义上讲，广播与报纸、电视等各类媒介的广告作用是相同的，消费者不会由于接收了报纸、电视的信息就必须产生强烈的购买欲，而接受了广播的信息就必然会产生折扣，关键是这种信息对消费者是否具有有用性，既然消费者从广播中接收到了有用的信息，也必然会产生强烈的购买欲。再从接收信息的角度分析，无论在报纸上、还是在电视上接收信息，也并不是没有它的局限性。报纸并不是人人都在订购着同样的一张报纸，并不是人人都可以看到同样一张报纸上的信息，而且还有读不懂报纸的文盲和不订购报纸的读者，以及订购不同类别报纸的读者，所以报纸的信息传送也并非可以传送到所有的人，特别是所有需要这种信息的人。暂且不论各种媒体信息传送的概率都有其特定的局限性，使读者或者观众看到了自己所需要的信息，其实和听众听到了自己所需要的信息，作用和效果是完全相同的，但是广告主的投入费用和比值在报纸、电视和广播中却是有着相当差别的，所以说，广播广告是一种低投入和高回报的最佳选择媒体。

三、广播广告文案

广播广告文案主要运用在有线广播和无线广播媒介，共同特征是听觉传达，是受众通过声音传递来接受广告的信息。

广播媒介因为听众广泛所以不受空间限制，但因为转瞬即逝所以受时间限制。根据广播媒介的特征，广播内容多的广告不易使人记清，广播广告文案应当注意简单、清晰、连贯、和谐、愉悦、可信等方面的要求，充分考虑为听觉而不是为视觉文字语言修辞，同时还要把播音的嗓音、节奏、配乐、音响等效果考虑进去。

广播广告文案通常都是采用口语语言，以与人交谈的谈话风格进行写作，特别注重语调和口气，更多地反映目标受众的说话习俗及风格、使之更容易贴近受众生活。

（一）广播广告文案的特殊性

广播广告是以广播为传播媒介的广告形式，它通过声音来传播，诉诸人的听觉，具有费用较低、传播迅速、不受时空限制等优点。但广播广告也存在着听众分散、可选择性差、直观性差、城市传播能力较强，乡村传播能力较弱等缺点。

广播广告主要以文案为主，语言文案是最重要的传播方式。同时，广播广告也综合利用音乐、模拟音响等辅助形式，来强化广播广告对人听觉的刺激，增强文案的表现力。广播广告是一种线形传播，听众无法回头思考、查询，要使听众一听就明白，一听就懂，就应该避免内容的空洞和抽象化、概念化，要善于运用口语或者生动具体的广告词语来进行表述。

1. 恰当应用广播广告中的有声语言

有声语言包括话语声、感叹声、笑声、哭声、吵嚷声、嘈杂声等。其中话语声是最主要的，也是构成要素中最重要的。有声语言在广播广告中是举足轻重、决定成败的关键性要素，它必须具备如下特点：

（1）**具体形象性**。能够唤起受众的想象和联想，在听众脑海中形成画面或图像。充分发挥广播媒体“固有的温暖特性和陪伴功能”，通过亲切的话语，与受众心心相通，使信息平添真实感。例如：

正文

孙子：“爷爷，怎么老喝茶。”读茶叶罐上名称“云南真红茶”。

爷爷：“真字加上三点水应读滇（dian）。”孙子：“云南滇红茶”。

这是上海金山广播电台制作的广播广告，1991年被评为上海市第三届优秀广播广告。这则广告针对广播广告有声音稍纵即逝，听着稍不留意就会遗漏要点和人们的听觉记忆普遍弱于视觉记忆等特点，巧妙地安排一个天真好学的孩童读错字，经他的爷爷纠正这样一个反复过程，来着重强调茶叶的商标。“滇”是云南的简称，不认识这个字的人很容易读成“真”字，这个广告运用爷孙俩的对话来做广告，饶有情趣，还显得合情合理，能够给人留下深刻的印象。

（2）**轻松愉悦**。让听众感到轻松愉快，能激起人们的欣赏兴趣。

（3）**悦耳有节奏**。每句话、每个字音都应悦耳动听，富于节奏感和音乐美。信息代言人应与信息密切相关，其声音应与广告目标吻合、一致。

2. 巧妙地运用音响

音响也是广播广告文案重要的构成要素，它指的是除了有声语言和音乐之外的各种声音，是为塑造广告形象、体现广告主题服务的又一辅助手段。它主要包括以下两种类型：

（1）模拟大自然中的各种声音，包括海浪的声音、下雨的声音以及动物的各种鸣叫声等。

（2）**各种自然物体运动摩擦发出的声音**。如火车的“轰隆”声，人的脚步声、鼓掌声等。

显然，音响在广播广告中并非可有可无，它的作用也是很重要的。可以烘托环境背景，增强逼真性；创造运动感，平添生活气息；叙述消费品性能特点，强化听众感受；渲染情绪气氛，表达思想情感；用作比喻象征，深化信息内容等。因此，广播广告文案对音响的处理也应予以重视，恰当运用。

3. 不能忽视音乐的作用

广播广告中，音乐是十分重要的构成要素，它是通过旋律和节奏来传情达意，为表现广告内容服务的辅助性手段。但它不具备独立确切的表意功能，不能单独传播广告信息，能间接地为广告信息的传播起辅助作用，广播广告中悦耳动听、与语言的节奏和谐一致的音乐，能够唤起听众的情感共鸣，消除与听众之间的心理距离。特别是广播广告中的歌曲或民谣，可以调动听众的参与意识，强化广告信息，增进记忆，促进哼唱与流传，延续广告的传播效果。因而音乐，特别是歌词的创作是广播广告文案不可忽视的重要因素。音乐在广播广告中起到增强广告的艺术感染力、沟通与听众感情的作用。在广播广告中配上音乐，能够引发听众的收听兴趣，并使之在不知不觉中记住广告的内容。资料显示，人在一定的音乐旋律的配合下，可以加深记忆力。某一个商品广告如果配上贴切、融洽的音乐，随着时间的推移，重复的音乐会在听众的脑海中留下深刻的印象，这就像电影、电视的主题曲一样，品牌化了。人们一听到熟悉的音乐就会十分自然地联想到是什么商品。需要说明的是，音乐本身并不具有推销的功能，只有与文案、音响配合在一起，才能真正说明问题。此外，在播放广播广告中的配乐时，还要注意控制音量，不能喧宾夺主，使人听不清楚宣传的内容。

（二）广播广告文案的写作

1. 广播广告文案的表现形式

广播广告文案的表现形式是由广告内容决定的，同时也受广播媒体特点的制约。由于广告内容的丰富多彩、广告创意的千变万化，有声语言的博大精深，广播广告文案的表现形式也就色彩纷呈、不拘一格。诸如直陈式、对话式、故事式、小品式、戏曲式、说唱式、快板式、相声式、诗歌式、歌曲式、新闻采访式、讨论式等，都可以用于广播广告文案写作。这些表现形式，均以有声语言为表现手段，而且声音是唯一的表现手段，从而形成了广播广告文案独有的表现形式。

（1）**直陈式**。又称直接式、直截了当式。即首先将广告文案写好，再由播音员在录音间直接播出的广告形式。这是电台广告中最常见的，也是最基本的表现形式。其优点是简便、快捷、时效性强，而且价格低廉。缺点是形式简单，内容枯燥。但可在文案写作上下功夫，充分发挥语言的感染力，和播音员的播音技巧，以及用音乐、音响的配合来弥补。这种形式可进行现场直播，所以又称“直播式”或“单人播送式”广告。

请看台湾统一企业公司在“父亲节”所做的广告正文：

爸爸的脚步

爸爸的脚步，永不停止。

曾经，我们携手走过千万步：

逛过庙会，赶过集会；

走过沙滩，涉过溪水。

爸爸的脚步、陪我走过好长的路……

一面走、一面数，

左脚是童话，右脚是盘古；

前脚是龟兔，后脚是苏武。

爸爸的脚步，是我的故事书，

一面走、一面数，

左脚一、三、五，右脚二、四、六；

前脚是加减，后脚是乘除。

爸爸的脚步，是我的算术；

爸爸的脚步，是我的前途。

为了孩子，为了家，

爸爸的脚步，永不停止……

今天，让我们陪爸爸走一段路！

赠送《健康养生特辑》。即使不能亲身随侍，也请打个电话，写封信，表达对爸爸深深的感恩之情。

这则广告正文是以极其生动细腻的描述，刻画了父亲在孩子心目中的崇高地位，从而激发起人们最淳朴的情感。文案读来恰似一篇散文，描绘真切感人，给读者留下十分鲜明深刻的印象。

（2）**对话式**。即通过两个或两个以上人物的相互交谈，将信息内容介绍出来的一种方式。这种形式比较生动活泼，富于生活气息，再加上音乐和音响的烘托，能够创造特定的情绪和氛围，吸引听众的注意力，激发其强烈的兴趣。

例如下面这则第九届中国广告节的广告：

作品名称：邻居关系（蜡烛篇）

参展公司：中央人民广播电台广告部

音效：警匪片，搜捕时的音乐、枪声，戛然而止。

女：真讨厌！正好看呢，就停电了。

男：刚搬新家就停电，真够倒霉的。

音效：咚咚敲门声。

男：来啦，来啦！

女：谁呀，停电还串门儿！

音效：凳子被拖动，倒下的声音。开门声。

孩子：阿姨，你们家有蜡烛吗？

女：没有！（没好气）

音效：哐的一声，门关上了。

女：刚搬来就让小孩来借东西，这往后还怎么相处啊？！

男：贪小便宜也没见过这样的。

女：好啦，好啦. 你快点找蜡烛吧，这黑灯瞎火的。

音效：敲门声，开门声。

女：怎么又是你？（音乐淡入）

孩子（怯生生的）：阿姨，妈妈让我给你送支蜡烛来。

（音乐渐强）“只要心中充满爱，就会被关怀。”

旁白：屋里亮了，心里也亮了。

这种对话形式比较容易吸引听众的注意力和收听兴趣，是一种较为普遍的广告形式。

（3）**故事式**。即通过精心构思且有头有尾的小故事或情节片断，来传播信息内容。故事式类似于小小说，通过播音员播讲出来。其特点是故事生动有趣，能够引人入胜，使听众通过娓娓动听的故事，接受广告内容，并对消费品产生好感，从而成为消费品的消费者或潜在消费者。比如广播公益广告——《身残志坚》——“听太阳”篇文案，这则广告文案是由武汉大学广告系创意、中央人民广播电台制作的公益广告，荣获1997年度全国公益广告大赛广播类金奖。

身残志坚

正文：（海浪声，舒缓的音乐起）

（女声旁白）凌晨，一个快要失明的少女来到海边，想要最后看一眼海上日出，一位伫立在礁石上的老人出现在她模糊的视线里。

（少女声）老爷爷，你也是来看日出吗？

（老年男声、温和地）我是来听日出的。

（少女声）听日出？

（老年男声）我的眼睛三十年前就看不见了。

（少女声）可日出您也能听得见吗？

（老年男声，充满激情地）你听。（音乐转为激昂）太阳出来时，大海对他欢呼着，我虽然看不见，但我心里却感觉到了。

（乐声渐强，随着男声结束，达到高潮）

（少女声，兴奋地）老爷爷，我听见了，我听见了，太阳走过来了！

（男声旁白）只要我的心中拥有太阳，生活就永远充满希望！

该广告通过一位即将失明的少女与一位盲人的对话展开故事情节，巧妙地借“听海”引出了寓意深刻的故事。伴随着舒缓的音乐声，出现了两位盲人：一位小姑娘，一位老伯。盲人老伯用耳朵来“听”日出。在好奇心的引导下，小姑娘发现这个所谓的“听”只是一种象征的说法，这看似离奇却十分真实的故事，突出了盲人老伯身残志坚，热爱大自然的思想感情。在老伯精神的感召下，小姑娘也和他一起“听”日出，学会了战胜困难、欣赏自然，去创造生命的辉煌。在人们看来，一般情况下，日出是只能用眼睛看的，而这则广告以独特的视角和与众不同的创意，用“逆向思维”来创造“看海”意境，表现残疾人自强不息的精神。

（4）**戏剧式**。戏剧式指的是将一定的故事情节或者冲突的生活情景编成戏剧，通过演员演播将广告内容表述出来。其特点是文艺性强，曲调多为听众所熟悉，容易为听众接受，从而可以拓展出广阔的销售市场。如：

《时代》周刊

正文：

——对不起，先生，半夜三更您在这儿干什么？

——看见你太高兴了，警官先生。

——我问您在这儿干什么？

——我住得不远，那边，第四栋楼……门口正在修路。

——先生，别废话了，请回答我您在这儿干什么？

——哎，别提了。我本来已经上床睡觉了，可是突然想起白天忘了买张《时代》看看。

——您穿的这是什么？

——衣服。睡衣呀，走的时候太慌张了。是我老婆的睡衣，很可笑吧。

——上车吧，我送你回去。

——不行，没有《时代》周刊我睡不着觉，躺在床上得看看“电影评论”“现代生活掠影”这些栏目……

——好了好了！快点吧，先生！

——我试着看过其他杂志，都不合胃口，你知道《时代》发行情况在上升吗？

——不知道，我只知道罪案发生的情况。

——像我这样的《时代》读者多得很，比如温斯顿·丘吉尔，你呢？快快，不好了，快停车，你总不能让我因为穿着老婆的睡衣去酒吧就把我送到警察局吧？

——您到家了！下车吧。

主持人：《时代》周刊，轶闻趣谈。买一本，度过良宵；看一遍，安然入眠。

这是《时代》周刊创作的一则幽默性广播广告剧。巡夜的警官先生碰到一位因走得慌张而误穿了太太睡衣的男士，并误把他当成醉鬼。在这场误会性的对话中，广告设计者不失时机地通过“假醉鬼”的嘴巴，将《时代》周刊的内容（“电影评论”，“现代生活掠影”）、信誉（没有《时代》周刊我睡不着觉）、发行量（《时代》周刊发行情况一直在上升嘛！）和读者群（像我这样的读者很多，比如温斯顿·丘吉尔）等，做了秘而不露的宣传和鼓吹。内容充实，举例具有代表性，使听众在领略到夸张性戏剧效果的同时，对《时代》周刊产生了信任。

（5）**快板式**。即以快板这种为听众所喜欢的艺术形式，来传播广告信息。快板，又称“顺口溜”“练嘴皮子”“数来宝”等。这种形式的广告文案需要将广告内容写成快板词，一般以7字句为基础，可根据需要增删，要押韵，间插说白。分单口、双口和三人以上群口三种形式。形式灵活，气氛热烈，听众可在娱乐中接受信息，消除听广告的抵触心理。比如蓝天六必治的牙膏广告，演员边走边说“牙好，胃口就好，吃嘛嘛香，身体倍棒……”广告语言生动、形象，朗朗上口，成了大江南北最为受众喜爱的广告语之一。

（6）**相声式**。

即以相声这种为广大群众喜闻乐见的曲艺形式来传播广告信息。它以说、学、逗、唱为艺术手段，以风趣、诙谐，引人发笑为艺术特色，长于讽刺幽默，也善于歌颂新生事物。这种形式的广告文案需要写成相声小段，再请演员演播，使听众于笑声中接受信息传播。形式有单口相声、双口相声和三人以上群口相声三种，其中二人对口相声更为普遍。

比如这则“XXX电吹风”广播广告文案：

正文

甲：问您个问题。

乙：你问吧。

甲：你喜欢吹吗？

乙：你才喜欢吹呢！

甲：你算说对了，我的年纪就是吹出来的。

乙：是呀！

甲：我会横着吹，竖着吹，正着吹，反着吹，能把直的吹成弯的，能把尖的吹成凹的，能把老头吹成小伙儿，能把老太太吹成大姑娘啊！

乙：嗬，都吹玄了！

甲：我从家乡广东开吹，吹过了大江南北，吹遍了长城内外。我不但在国内吹，我还要吹出亚洲，吹向世界！

乙：你这么吹，人们烦不烦哪？

甲：不但不烦，还特别地喜欢我，尤其是那大姑娘、小媳妇，抓住我就不撒手哇！

乙：还是个大众情人！请问您尊姓大名啊？

甲：我呀，×××牌电吹风。

乙：咳！绝了！

这则广播广告，采用双口相声的形式，把看来枯燥乏味的信息内容表演得妙趣横生、幽默轻松，使听众打消了收听广告的抵触心理，百听不厌，于欢笑中强化了对广告内容的记忆。

2. 广播广告文案的写作要点

（1）语言表现节奏明快、音韵和谐，使受众能自觉地沉浸在其中，被它所感染，自然地接受广告信息。

（2）体现口语特征，避免口语弱点，避免受众误听误记。

例如：获得我国第五届全国优秀广告作品奖的天津助听器广播广告文案，巧用口语特征，使广告达到了奇妙的效果。

售货员：大爷，您买啥？／大爷：啥，减肥茶？不减，我这么瘦再减就没了。／售货员：……大爷，买什么您自己挑！／大爷：咋的，还得上秤约？／售货员：大爷，您老耳背，我给您介绍一个新老伴儿。／大爷：啊？要给我介绍个老伴儿，不行啊，家里有一个啦。／售货员：大爷，我给您介绍这个，保证您满意。／大爷：啥，助听器？对，我就来买助听器的。／旁白：天津牌助听器，让聋人不再打岔。

（3）针对声音稍纵即逝特征，有意识，有节制的进行广告主体信息的有机重复。

（4）营造特定情景。营造一个立体化的情景，突出整体氛围。可以适当运用修辞方法，语气的不同处理，把人声、音乐和音效三者结合来营造特定情景。

（5）注意时间控制。文案文本形成之后，要以文案实际表现时所需要节奏的快慢来掌握，与音乐和音效的组合来最后实际地确定文案的长短和字数。

思考与练习题：

以一广播广告为例，说明广播广告的性质和文案的特点。

第11章 网络广告创意

一、网络广告概述

（一）网络广告的定义

1. 网络广告的定义

迄今为止，还没有人对网络广告下过明确的定义，不过顾名思义，大家一般将在互联网上发布、传播的广告称为网络广告。

网络广告是互联网问世以来，广告业务在计算机领域的新拓展。随着互联网的飞速发展，我们每个人与网络接触的机会越来越多，互联网已经成为继电视、广播、报纸、杂志四大传统媒体之后的第五大媒体。它的覆盖面是如此的广阔，以至于我们可以说在互联网中打广告意味着充满无穷无尽的商业机会。

网络广告既然有着如此大的魅力，我们就更应当设法了解它、掌握它，从而利用它来为我们创造更多的财富（图11-1）。

2. 网络广告的相关概念

作为广告主和最终的广告客户，可能会对一些网络广告术语感到困惑，下面对与网络广告相关的名词进行一下解释。

（1）Ad Views（**广告收看**）。网上广告所在页面被用户浏览的次数，一般以时间为单位计算。

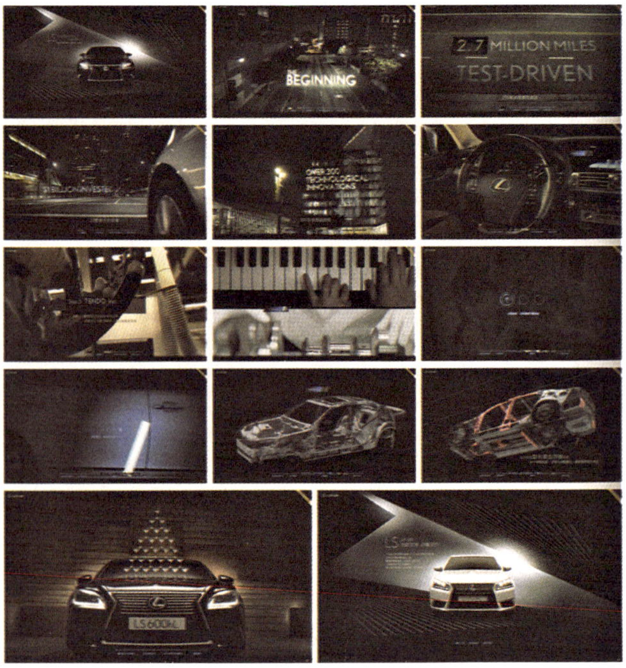

图11-1
网络宣传系列广告

（2）Banner（**旗帜广告**）。横幅图像广告，通常位于页面醒目处。色彩艳丽，常伴有动画效果，易给人留下深刻的印象。

（3）Click Throughs（**点击次数**）。网上广告被访问者点击浏览的次数。

（4）Click--through Rate（**点进率**）。网上广告被点进的次数与被下载的次数之比。

（点进率 = 点进次数 / 广告浏览次数）

（5）CostPer Action（**每行动成本**）。广告主为规避广告费用风险，只有在广告引起销售行为后，才按销售笔数付给广告站点（比一般广告价格更高的费用）。

（6）HIt（**点击**）。从一个网页提取信息点的数量。网页上的每十个图标，链接点都产生HZT，所以一篇网页的一次被访问由于所含图标数量、浏览器设置的不同，可以产生多次Hits。因此，一段时间内有多少Hits来比较网站访问（点击）流量是不准确的。

（7）Impression（**印象**）。同于Page View，指用户要求的网页的每一次更新显示，就是一次印象。

（8）Log File（**访问流量统计文件**）。由服务器产生的记录所有用户访问信息的文件。

（9）Unique Users（**单独用户**）。指在单位时间内访问某一站点的所有不同用户的数量。一般由访问的客户机确认，因此，通过一个服务器来的不同访问者都被认为是一个单独用户。

（10）UserSessions（**访问量**）。一个单独用户访问一个站点的全过程，即称为一个User Session；在一定时间内所有的User Session的总和称为访客量。

（11）Visit（**访问**）。用户点击进入一个网站，然后进行的一系列点击。由于网络数据以“数据包”的方式传送，而不是持续链接。当用户在超过系统规定的时间没有再次点击，则下一次点击将被认为是另一次访问。

（二）网络广告的背景

广告从它诞生的那天起，因其强调传播力的特性，就注定要把自己的命运与新科学技术连接起来。互联网在美国问世之后，理所当然地引起嗅觉敏锐的广告人的注意，网络广告追本溯源是著名的IT媒体Hot-Wired，中文称为热连线。1994年，这个媒体开始在自己的网站上放置了第一个网络广告，这个站点的拥有者就是广为人知的《数字化生存》一书的作者尼葛洛庞蒂。至今这家公司仍然在广告信息页面上自豪地宣称“是的，是我们发明了网络广告。”

作为一种新媒体的发明，Hot-Wired并没有领先太久。随后，以YAHOO为首的一系列搜索引擎和以ZDNET为代表的工厂企业信息集团进军网络广告市场。目前，西方发达国家的网络广告业已经初具规模，并且创造了一系列商业传奇故事。

目前，网络广告越来越多，也越来越精彩。如IBM电子商务系列广告、摩托罗拉Digital、DNA系列广告、索尼视听产品广告、广联中国分类广告站的广告、Philips的电子产品广告。这些广告都已经达到了国际上的Banner设计制作水平，并相当富有中国特色。

1998年11月Adknowledge发布的市场调查结果表明广告网站的增长已经超过了广告主预算的增长而使得网络广告的千人成本价格开始下降。网络广告媒体的成长速度远远超过了其余四大传统媒体。

（三）网络广告的特点

1. 网络广告的要素

网络广告是广告的一种，也蕴涵了广告的五大要素：

（1）广告主：发布网络广告的企业、单位或个人。任何人都可以在广告法规法律许可的范围内，自行上网或通过他人在网上发布各类广告。

（2）广告费用：上网发布广告所需的资金投入。

（3）广告媒体：网络广告的媒体，就是网络，这既指互联网（Internet），又指万维网（World Wide Web）。World Wide Web是一个利用Internet方便高效地进行数据交换的系统，由Web服务器和Web浏览器构成，为Internet用户提供彩色的多媒体界面。商业单位利用Web站点，可以在全世界范围内提供24小时在线服务。网络广告多是在World Wide Web上发布，一个又一个的Web页面，就是网络广告的载体，这就是为什么网络广告在美国又被称为Web AD的原因。

（4）广告受众：它是网络广告指向的广告对象，或称网络广告的接受者。所有在网上活动的人，就是网络广告的广告对象，在世界范围内，网民人数迅猛增长，迄今全球网民已达6亿人，并以每月10%以上的速度递增。即以目前状况论，网络广告的受众已经是相当大的一个群体了。在这个意义上，网络完全称得上是大众传媒。有人已将其列在电视、报纸、电台、杂志后面，路牌前面，称为第五大媒体。

（5）广告信息：指网络广告的具体内容，即网络广告所传达的具体的产品或劳务信息。它可能是很多文字，也可能只是一句话或一个网幅（banner）、一个图标（button）。

上述五大要素，是网络广告的必备条件。网络广告是一种崭新的广告形式，有其鲜明的自身特点，也有其无限的利用价值。随着现代通信技术和计算机网络技术的发展，网络广告媒体成为媒体业一颗冉冉升起的新星（图11-2a～图11-2d）。

图11-2a

Merchtt创意互联网服务公司品牌设计1

图11-2b

Merchtt创意互联网服务公司品牌设计2

图11-2c

Merchtt创意互联网服务公司品牌设计3

图11-2d

Merchtt创意互联网服务公司品牌设计4

2. 网络广告的特点

在互联网得到广泛应用之前，人们普遍接触的是电视、广播、报纸、杂志这四大媒体，这四大传统媒体的不足之处在于只能单向交流，强制性地发布广告信息，受众不能及时、准确地得到或反馈信息，只能被动接受。与此相反，网络广告因含有更多的技术成分，其特点如下：

（1）**传播范围最广**。网络广告的传播不受时间和空间的限制，它通过国际互联网把广告信息24小时不间断地传播到世界各地。只要具备上网条件，任何人，在任何地点都可以阅读。这种效果是传统媒体无法达到的。

（2）**交互性强**。交互性是互联网络媒体最大的优势，它不同于传统媒体的信息单向传播，而是信息互动传播，用户可以获取他们认为有用的信息，厂商也可以随时得到宝贵的用户反馈信息。

（3）**针对性强**。根据分析结果显示，网络广告的受众是年轻、有活力、受教育程度高、购买力强的群体，网络广告可以帮您直接命中最有可能的潜在用户。

（4）**受众数量可准确统计**。利用传统媒体做广告，很难准确地知道有多少人能接收到广告信息，而在Internet上可通过权威公正的访客流量统计系统，精确统计出每个广告被多少个用户看过，以及这些用户查阅的时间分布和地域分布，而从有助于客商正确评估广告效果，审定广告投放策略，使您在激烈的商战中把握先机。

（5）**实时、灵活、成本低**。在传统媒体上做广告发布后很难更改，即使可改动往往也须付出很大的经济代价。而在Internet上做广告能按照需要及时变更广告内容。这样，经营决策的变化也能及时实施和推广。

（6）**强烈的感官性**。网络广告的载体基本上是多媒体、超文本格式文件，图、文、声、像并茂。可以使受众对某一感兴趣的产品了解更为详细，使消费者能亲身体验产品、服务与品牌。这种以图、文、声、像的形式，传送多感官的信息，让顾客如身临其境般感受商品或服务，并能在网上预订、交易与结算，将大大增强网络广告的实效。

网络广告的核心优势在于“互动”和“散播力”，较之传统媒体而言，网络媒体的特点在于其全能性及在打造品牌和行销方面的力量。同时，作为一种及时互动的广告媒体，它的营销效果也是可以测试的，宝洁公司就宣布不为其放置在搜索引擎、电子杂志等上面的标牌广告的无效顾客（即只看一眼而没有反应的冲浪者）付费，只为那些真正对公司感兴趣，并通过链接进入到宝洁公司网站上的顾客付费。作为信息社会的产物，与传统的电台、电视、报纸、路牌等广告形式相比，网络广告的优势表现见下表。

网络广告与常规媒体对比表

媒体类型	时效性	成本	互动性	更新速度	传播范围	选择性
网络	无时差	低	高	随时	全世界	自主
平面媒体	延迟	中	低	延迟	区域	被动
广播	无时差	中	中	延迟	区域	被动
电视	无时差	高	中	延迟	区域	被动

网络广告媒体具备先进的多媒体技术，拥有灵活多样的广告投放形式。目前全球网络广告的形式主要是以横幅式广告（Banner）出现。横幅式广告也叫“旗帜广告”，最常用的广告尺寸是486×60（或80）像素（Pixels），以GIF、JPG等格式建立图像文件，定位在网页中，大多用来表现广告内容，同时还可使用Java等语言使其产生交互性，用Shockwave等插件工具来增强其表现力。

除此以外，还有按钮式广告（Button），定位在网页中，尺寸较小，表现手法较简单；邮件列表广告（Direct Marketing）——又名“直邮广告”，利用网站电子刊物服务中的电子邮件列表，将广告加在每天读者所订阅的刊物中发放给相应的邮箱所属人。墙纸式广告（Wallpaper）——把广告主所要表现的广告内容体现在墙纸上，并安排放在具有墙纸内容的网站上，以供感兴趣的人进行下载。赞助式广告（Sponsorship）形式多样，广告主可对自己所感兴趣的网站内容或网站节目进行赞助，例如澳门回归网站、CISICO世界杯网站等。电子邮件式广告（E—

Mail）——广告形式以Banner为主，广告体现在拥有免费电子邮件服务的网站上，广告会出现在个人邮箱的主页上。插页式广告（Interstitial Ads）——又名“弹跳广告”，广告主选择自己喜欢的网站或栏目，在该网站或栏目出现之前插入一个新窗口显示广告。互动游戏式广告（Interactive Games）——在一段页面游戏开始、中间、结束的时候，广告都可随时出现，并且可以根据广告主的产品要求为之量身定做一个属于自己产品的互动游戏广告。

二、网络广告的运行

（一）网络广告的收费模式和收入情况

1. 网络广告的收费模式

目前国际通用的广告收费模式是CPM（千人印象成本费）和CPC（千次成本计算单位）。

（1）CPM（Cost Per Thousand Impressions）。以广告图形被播映1000次为基准的网络广告收费模式。例如广告主购买20个CPM，意味着所投放的广告可以被播映20000次。媒体提供商比较偏爱这种计费模式。国内的网络媒体提供商中CHINABYIE、SOHOO等采用了CPM的收费模式。

（2）CPC（Cost Per Click Through）。也是千次成本计算单位，它以广告图形被点击并链接到相关网址或详细内容页面1000次为基准的网络广告收费模式，如广告主购买10个CPC，意味着投放的广告可被点击10000次。虽然CPC的费用比CPM的费用高得多，但是广告主往往更倾向选择CPC这种付费方式，因为这种模式能更好地反映受众是否真正对广告内容有兴趣。

采用这种方式的广告主需要大量的金钱，但无疑广告效果也是网络广告最好的。也有一些网络媒体提供商采用包月收费或以点击次数作为收费标准。采用后者收费的原因主要是因为目前的网络广告市场是买方市场，媒体提供商为获得客户，只好采取客户容易认可的收费模式；再者还有个别情况是广告主对网络广告了解较少，媒体提供商为获得更多的利润而对广告主有一些误导。

2. 网络广告收入情况

根据《2016年全球网络广告收入报告》，2017年05月22日 (中国电子商务研究中心讯)移动广告正在快速增长，而IAB的新报告则显示了过去五年移动广告增长得有多快。五年前，移动广告仅占网络广告的5%；目前，份额已经增长了十倍。

按格式区分，搜索占移动广告支出的47%，横幅广告占移动广告的38%，视频广告占移动广告支出的11%。

2016年移动搜索广告支出17.2亿美元，与PC搜索广告支出（17.8亿美元）基本持平。2016年移动视频广告支出4.2亿美元，PC视频广告支出4.9亿美元。展示广告方面，移动（18.1亿美元）远超过PC（13.6亿美元）。

IAB还追踪了数字音频广告（1.1亿美元），其中，移动渠道贡献81%。越来越多的广告商和企业转向移动渠道，2016年网络广告支出增长了12.9亿美元，几乎都投入到移动渠道。移动广告支出增长了15.9亿美元，而PC广告支出则下降了3亿美元。

2016年全球网络广告支出同比增长21.8%；零售（21%）、金融服务（13%）和汽车（12%）是广告支出增长最快的行业；虽然网络广告支出持续攀升，但仍由少数几家公司掌控，截至2016年第四季度，排名前十的广告商占网络广告支出的近3/4(73%)，尤其是Facebook和Google；社交广告支出同比增长49%，达到16.3亿美元；基于CPM定价的网络广告从2015年的33%上升到35%，是2009年以来的最高份额。

普华永道发布《2017-2021年全球娱乐及媒体行业展望》预测，未来5年中国娱乐及媒体行业的年均复合增长率（CAGR）将达到8.3%。报告表示，面对消费者思维方式以及消费习惯的转变，企业在未来要更多借助科技的力量，提升产品素质和客户体验。在中国市场，移动互联网广告收入将在2019年赶超有线互联网广告，从2016年的154亿美元增至2021年的387亿美元。同时，中国互联网广告总收入将以12.6%的年均复合增长率，在2021年达到680亿美元。

（二）网络广告的广告方式

目前来说，网上广告的发布方式有多种，但是比较广泛应用的有以下几种。

1. 在别人的WWW网站发布广告

这是目前最有效、最重要的网络广告方式。如果你访问Sohu、Yahoo、China-Byte、Cool China等站点，一定会发现上面有很多醒目、生动的Banner图形或文字广告，这是广告主借助这些知名网站投放的广告。这些媒体的特点是网站的访问率很高，日访问量一般在几万到几十万之间。这正是广告主所看好的。

广告主在别人的网站上发布广告有以下几种方式：

（1）Banner：Banner图形广告是非常有效的网络广告手段。由于媒体提供商的版位有限，收费又是按照收视率而定，所以通常由几家买主的Banner轮换播映。当然有些广告买主不愿意同别人共享版位，可以进行版位买断，但是这样的花费自然会增加。

（2）Button（按键图标）：有点类似Banner，但所占幅面及位置都不及Banner。

（3）合办或协办站点：通常是由两家或两家以上公司合作，共同设置站点。

（4）栏目赞助：是由商家对网站的某些栏目提供赞助，网站为其做广告。

（5）TEXT：文字链接，通常是出现在分类栏目中。

（6）Micro站点：又称Mini站点，广告主为突出广告效果，在投放广告的站点上设计的微型站点，通常只有几个页面。

2. 建立自己的WWW网站

建立自己的网站也是一种常见的网络产生方式。现在全球网站总计已经超过1亿个。如果一些知名度较低的小公司希望通过这种广告方式生存下去，它也很可能会被限制在某一企业形象网面的领域。因为根据目前的网络媒体运作实践来看，如果一种媒体只能提供广告而不能提供其他正常信息的话，恐怕不会有太多的访问者。即便是企业的形象网页，也要求网站上能提供一些非广告信息，比如Sohu的主页上有许多时事新闻，Microsoft的网站上有很多免费软件可供下载。总之，网页广告的载体必须能给访问者带来其他利益。

建立企业形象网页主要有三种方法：

图11-3a
网络系统1

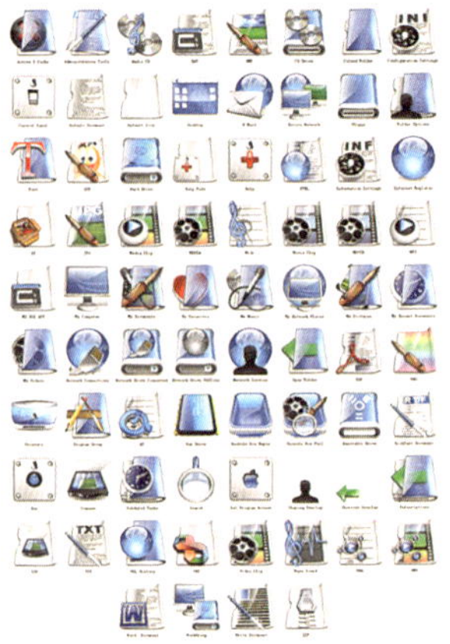

图11-3b
网络系统2

一种是公司自己建立Web服务器，申请自己的独立域名，建立自己的网站。这种方式，初期投入大，需要专门的技术人员进行维护和更新，适用于规模比较大的公司政府机构。

另一种是付一定费用给虚拟主机提供商，租用网络公司硬盘空间，将信息做成网页存入该硬盘空间。网络公司对此空间进行相应设置，这样其他用户只需键入该用户的独立网址，即可看到相应信息。该独立网址从外部看与有独立服务器的用户无任何差别，因此叫虚拟主机。采用这种方法，可以为广大中小型企业或初次建立网站的企业节省大量人力、物力及一系列烦琐的工作，是企业上网发布信息的最佳方式。还有一种方法是服务器托管。即租用Internet服务商机架位置，建立企业Web 服务系统。将您的主机放置在Internet服务商的通讯机房内，由Internet服务商为您分配IP地位，提供必要的维护工作。此方式特别适用于有大量数据需要通过Internet进行传递以及大量信息需要的发布单位。具体选用何种方法，则取决于企业的规模和承受能力（图11-3a、图11-3b）。

3. 电子邮件广告

广告主可以建立自己的客户电子邮件列表或者购买别人的邮件组广告，向这个邮件群组定期发送广告信息。采用此种方式做广告，切忌不要引起受众的反感，以免起相反的作用。

4. 使用新闻组

Usenet由很多的在线讨论组组成，自成一个体系。其中一个一个的组称作新闻组或讨论组。目前中文网址也有一些讨论组，但其中商业讨论组比较少，大部分讨论组还是以娱乐信息内容为主题。

对于能够较熟练使用新闻组的，目标客户是英语国家的广告主来说，这种方式是很有效又很经济的，但是不同的新闻有不同的主题，发布新闻时一定要选对主题，而且要讲究发布广告的技巧，以免引起其他成员的不满。

5. 网上调查

（1）专项调查：如网上有很多网上调查、有奖问答等。

（2）合作方式：由广告主和媒体合作，调查题目也各出一半。例如零点调查公司与Sohu合作对很多社会问题进行在线调查。

6. 使用BBS电子公告板

用户通过Telnet或Web方式在电子公告栏发布消息。BBS上的信息量虽然小，但针对性很强，适合行业性很强的企业。

（三）网络广告的发布

虽然现在网络广告的收入增长很快，但是目前全球只有100个左右的站点广告获得成功并有了盈利，而大部分的站点只有眼热的份儿。在国外，那些大的广告公司压根儿就看不上站点的访问量少于每个月10万的站点。目前，想用广告收入维持站点或发财的前提是站点的访问量，解决了这一问题，发财将不再是梦想了。互联网上竞争激烈，而访问量就意味着一切。在网络上，你还可以一分钱不花而大做特做广告。

下面介绍一些广告发布技巧。

1. 在各搜索引擎登记

除了传统的Yahoo，Infoseek，Excite等著名的搜索引擎外，现在国内外的中文搜索引擎与分类导航站点已有数十家，均可免费在其上登记。如Sohu、网易等。这些搜索引擎均可在上面免费登记，各企业何乐而不为呢?

2. 积极利用互换链接和页眉广告的机会

你放一个广告在他的站点上，他放一个广告在你的站点上，大家两全其美，这样既符合中国礼尚往来的传统美德，也符合市场经济的公平交易、互利互惠的原则。但是需要注意的是，要确保对方站点的访问者会对你的站点内容感兴趣，并尽量选择那些访问人数比你的站点多的网址作为链接交换的对象。

3. 加入广告交换网

想有更多的人来访问你的网页，加入一些好的广告交换网也是十分重要的途径之一。就是拥有自己主页的用户，都可以加入某个交换网络，你向该交换网的管理员申请一个号，提交一幅介绍你自己主页的图片，该交换网给你一段超文本语言代码，你把该段代码加入到你的主页中，这样每当有人访问你的主页时，在你的主页上就会显示一个别人的广告图片，同时你得到0.5分或1分，根据该交换网的显示交换比率，你的广告图片就会在该交换网的另一用户的主页上显示1次或0.5次。当然，如果你的广告图片做得很好，吸引访问者的注意力，引起对你主页内容的兴趣，他就可以通过点击广告图片访问你的主页。

由于网络速度的限制，一般的广告交换网都会规定广告图片的大小的，所以在它规定的文件大小的字节数内制作好你的广告图片是很重要的。而一般来说，你的击中率有10%以上就不错了，不必抱太大的希望。当然，通过这种方式，你的网页还是可以提高一定的访问量的。

4. 利用Banner来宣传你的网站

Banner是充分利用网页制作中超文本链接功能而形成的，由于标志广告本身就含有经过浓缩的广告语句，同时又配以精美的图形，很能吸引人，所以只要受众看它一眼，哪怕是短短的几秒钟，就已经产生广告作用了，而点击它则是广告行为得以成功完成的标志。

此外，一些基本的方法也不要丢，例如，在你的电子邮件签名、公司信纸、信封、名片等处印上网址等。当然，如果你的站点还没有正常运转时，最好不要大张旗鼓地宣传，访问者一看这个站点那么糟，可能以后就不再光顾了（图11-4a、图11-4b）。

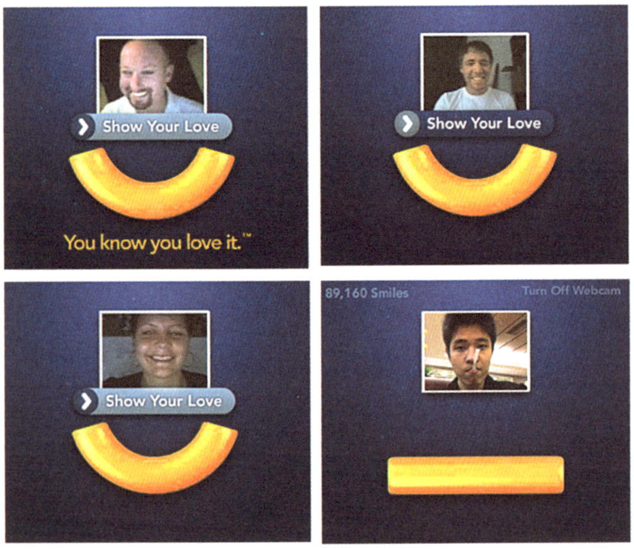

图11-4a
宣传1

图11-4b
宣传2

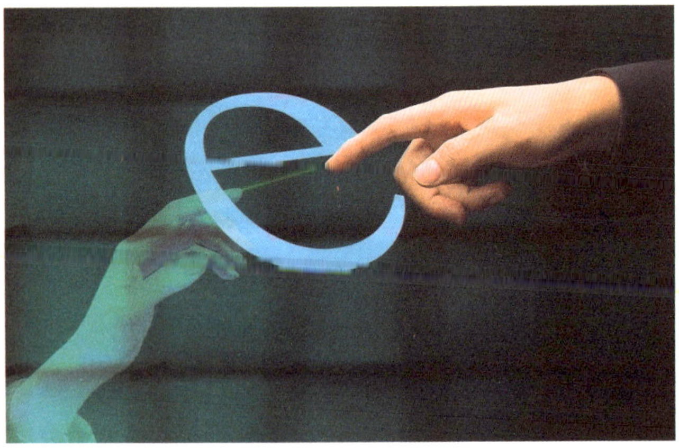

图11-5a
效果1

图11-5b
效果2

图11-5c
效果3

（四）网络广告的效果检验

广告在网站上进行投放后，并不意味着就可以万事大吉了，还要对广告的效果进行监测，根据监测结果来判断是否达到了预期效果，以便寻找未来的改进方向。

广告主可以通过以下三种方式检测广告效果：

（1）通过服务器的访问统计软件随时进行监测，目前有一些软件专门用于广告分析，可以生成详细的报表。广告主可以随时了解在什么时间，有多少人访问过载有广告的页面，有多少人通过广告直接进入到广告主自己的网址等。

（2）通过查看客户反馈量。如查看Form的提交量和E-mail在广告投放后是否有大量增加来测知广告效果。

（3）通过广告评估机构。监测网络广告效果还是一个全新的领域，目前美国IAB和一些Web评级机构希望能够充当权威检测人的角色。我国迄今为止，还没有专门的广告评估机构。网络广告监测机构正处于雏形发展阶段，民间很快会相继出现一些组织或机构（图11-5a～图11-5c）。

（五）网络广告发展中存在的问题

目前，靠广告支持互联网站点是互联网经营的模式之一，然而缺乏对广告效果的衡量标准，却阻碍了Web广告的发展。

据W3CJoumal报道，目前标准的缺乏体现在下面四个方面：

（1）靠广告赢利的商业互联网站点，还没有测量访问量的准则。

（2）消费者对广告的反应也没有标准的衡量方法。

（3）没有最佳的媒体计费模式。

（4）互联网作为媒体的复杂性，也阻止了标准化的进程。

对于提供空间作业者刊登广告的网站而言，其主要功能是将信息传递给消费者，符合“媒体”的特性，因此也适用于消费者保护法中关于不实广告的规定，对于网络广告中一些法律问题我们也应予以重视。

当前，网络还处于初级阶段，在成长中有些问题需要改进和完善是在所难免的。无论如何，网络是一个很有潜力的广告媒体，它所具有的交互性、经济性等特性对其他媒体造成的冲击是有目共睹的，它所创造的增长奇迹也是有据可查的，经营网络广告业务不仅有挑战性的工作，风险与机遇共存，它的回报也将会是高额的。

三、网络广告文案写作

（一）网络广告文案写作的发展

随着互联网时代的到来，互联网广告自然而然地应运而生。互联网广告具有传统媒介无法达到的许多特点，例如，广告已经发布就可以传播到世界各地，网民可以一天24小时随意浏览，同时还可以链接到其他相关网页上，以提供更多的信息等。

互联网广告基本上通过视觉传达，在文案写作上印刷广告文案相类似。但它又具有影视广告视觉传达的连续性、实践性、动画性等特征，以及自身通过点击、链接来实现的交互性、灵活性、实时性等特点。当然互联网广告业有一定的局限性，例如形式缺乏美感、画面单调、面积较小、可供选择的广告位置不多，从而难以表现复杂、生动的广告内容，广告的艺术效果不佳，不易产生视觉的冲击力和感染力等。因此广告文案也有相应的写作要求。

互联网广告信息有两个特殊的传达形式。一是语言文字在视觉传达过程中是可变动的，不仅大小形体、上下位置可变，而且在时间快慢和字体种类上也可以进行变化，这对文案写作提供了充分发挥的天地，也提出了更高的要求；二是广告信息的传达需层层递进，每一层面相互联系成为一个整体，如何吸引网民不断点击，层层深入，是文案写作时的一个难点。

网络中的网民大多为知识层次较高，从事信息活动的人群，其生活方式、价值观、消费观及其需求具有一致性；现有的Wed技术使得特定的网络图标广告可以按网民的居住地点、行业；操作系统类型等来进行选择性投放，所以网络广告具有定向性选择。交互性是网络广告媒体超越传统广告媒体的特征，使得网络广告具有双向交流的可能。

我们可以采用访问的广告标题来增加点击率，可以采用诱导性、号召性语言、形式，使访问者产生兴趣并令他们产生互动行为。

（二）网络广告文案的写作要求

（1）简洁精练的语言构成。因为大多数的站点都限制广告的长度，目前网上可供选择的广告位有限，再者受众的在线阅读很难保持长时间的耐性。

（2）针对不同的广告站点选择不同的语言和表现形式。广告站点有国际性的与地方性的区别。不同国籍的访问者对广告文案的表现形式也有不同文化背景下的各自偏好。

（3）加强文案与图形之间的密切配合。由于动画技术的介入，许多网络广告都采用了动画形式。如果广告文案中要表现产品的特殊特征，可用突出的字体、语言配音以及动态的图像。

（4）利用网络热点进行信息诉求。网络热点使网民的访问率上升，并成为他们的特殊话题，从而达到广而告之的效果（图11-6a、图11-6b）。

图11-6a
移动应用程序图标的马赛克肖像

图11-6b
加入文案-打电话给我！

思考与练习题：

列举一例网络广告，谈谈它的文案写作特点。

第 12 章

手机广告创意

一、手机广告概述

（一）手机广告的发展

目前，随着我国手机用户普及率的逐渐提高，手机作为一种新型媒体的应用价值也日益凸现。手机媒体拥有其他媒体无法比拟的优势，例如覆盖人群最广、传播成本比较低廉、可以最方便地把人们的零碎时间利用起来，并且能够极为快捷地传播信息（图12-1）。

（二）手机广告的未来

目前的手机广告主要是点告（主要是 SMS/MMS）和直告（ WAP网站的图片和文字链接广告）两种。

1. SMS/MMS（短信息）广告

SMS/MMS广告在用户到达率上太过强大，对这种高侵入性（intrusive）的广告形式过度使用必然惹人生厌，我就常常听到做手机营销产业的同事自己也抱怨收到太多的垃圾短信。要解决这个问题，最重要的就是要让广告内容和用户相关起来。首先，是许可营销（opt in），即不向用户发送未经许可的广告信息；其次，是精确定位，即要获得手机用户的个人资料和偏好，以发送用户感兴趣的信息。但是如何在保护用户隐私和精确定位之间取得平衡会是个难题。拥有细分和接受许可营销的手机用户数据库，将是短信或彩信广告领域内最珍贵的资源。最后，移动互联网的特色在移动，即能够根据用户的手机IP地址识别用户所在的地区，并显示相应的广告，提高针对性。而定位到最后一公里的小区短信广告可谓更加精准，但在操作手法上尤其需要小心。许多的商超百货类客户对此类推广尤其感兴趣，例如，盛思新媒服务的Parkson百盛集团和fulllink丰联广场等，也包括找到我们问讯的国际大厂牌如 Tiffany & Co.蒂芙尼。

此外，如何获得第一批接受opt-in 许可的互动用户也是一个绕不开的话题。盛思的战略合作伙伴上海聚君在这方面做得非常好，与上海联通运营商建立长期良好的合作关系，他们开展的CFR 赛车推广取得了非常好的互动反馈率。

2. 无线互联网（Mobile Web）

如果只是局限于把传统互联网的广告模式搬到手机

图12-1
手机广告

互联网上，那将大大限制我们的想象力。与坐在椅子上用电脑上网不同的是，手机上网时往往是处在时间间隙和移动的状态中，用户比使用传统的桌面网络时更加缺乏耐心。而因为使用键盘的不便，也更迫切的需要便捷地找到信息。手机网络广告即应该针对用户的使用习惯做设计。比如 Yahoo！ 令人耳目一新的 One Search 手机搜索模式，即是把网页搜索变为内容搜索，以此放入更多的、切合用户需要的信息。也就是说对手机用户提供了多种类，但是每种类少量的内容推送。

对于WAP广告，或别的形式的手机网站广告来说，一个大问题是手机屏幕太小，广告位过于稀缺，像传统互联网一样大卖广告是不可能的。要解决这个问题，手机网站广告应该是发展动态广告位，即在页面的下方加入类似于某些新闻网站的滚动新闻模式（跑马灯）的广告，以此来放入多条广告信息。而究竟是对什么用户显示哪条广告，则需要在广告管理后台做出定位匹配（图12-2a～图12-2c）。

图12-2a
广告图标1

图12-2b
广告图标2

图12-2c
广告图标3

由于手机号这个ID与用户身份的几乎唯一对应性，（互联网多半使用独立ip定位，但类似我这样的移动笔记本四处游荡的则难以定义，至于 cookies在流氓软件当道的今日许多清理软件都会抹掉用户不自觉留下的脚印）通过诸如该手机号用户过往的浏览点击记录，不同的时间段等属性即可做出相对精准的匹配。这在实操上则对无论是服务器，系统资源管理以及数据挖掘的系统性与营销逻辑设计的方法论都提出了更高的要求。

谈到手机视频和手机程序目前在中国尚未普及，但是两者的营销功能可望在4G时代取得迅速应用。

（1）手机视频（Mobile Video）。随着4G时代（甚至广播模式的手机电视）的到来，未来手机视频广告的带宽瓶颈肯定不再是问题，唯一要担心的就是用户对手机视频广告的忍受度有多高。也就是说，手机视频广告必须在商业化和用户体验中取得平衡。目前普遍接受的观念是互联网视频长度大多在几分钟左右，很明显传统的30秒TVC对于一两分钟的手机视频来说是过长了，限制在15秒以内比较合适。而且手机短视频广告只能是采用片前广告的形式，因为片后广告毫无疑问会有高比率的用户停止播放。对于可以插播多段广告的手机电视节目来说，到底多长时间的广告、内容比是用户能够接受的还是个未知数。

如日本的One-Seg手机电视的互动模式，虽然手机电视是免费的，但用户可以在看手机电视的同时参与回答问题，运营商以此获得数据业务的收入。这种互动模式完全可以移植到广告上来。即在播放视频的时候屏幕下方显示广告链接，用户可以随时可以点击。在运营手机视频/电视的成本依然高昂的现状下，则需要考虑营销收入与运营投入的平衡比关系。

（2）手机程序（Mobile Application）。随着智能手机的兴起，手机程序，主要包括手机游戏和软件的广告潜力也开始显现出来。这一块可以采取广告支持的免费游戏/软件供使用者下载的模式。游戏不必多说，一直是杀手级应用。而软件典型的有手机版的城市生活指南软件，比如Vindigo开发的Vindigo City Guide软件，提供了美食，电影，音乐，展览，休闲，血拼（Shopping）等各类信息，是人们出行的好帮手，此前他们也和凯迪拉克有过营销方面的合作。

同样，切入手机程序广告市场的方式也有两类，一类是提供开放或半开放的平台，如第三方广告智能投放管理与监测平台，类似互联网的Doubleclick之类。此类平台服务商一端联系着各类手机程序，包括手机网游客户端，手机RSS订阅客户端，手机阅读客户端等，可展现的空间则包括启动程序的画面，任何联网load的延迟等，另一端则联系着广告主或媒介购买商。这个平台必然要提供一套业界基本认可的广告评测标准来平衡两头的冲突。另外一类更倾向于单独发展一款无论从占有率还是用户黏度都足够强的产品，如IM。更进一步则可为广告客户量身定做营销软件，如开发广告小游戏，这只是最初级的阶段。例如整合了RFID，QR Code等技术，更深地进入的整个供应链关系，切入深度营销。总体来说，前者更近似媒介代表，后者更近似媒体。

（三）手机广告市场分析

随着移动通信技术的发展，4G服务模式的不断明朗化，移动衍生出的服务模式进入推陈出新的更迭阶段。借助被称为“第5媒体”的手机，“手机广告”一词开始频繁曝光。据美国市场研究公司Visiongain的市场报告表示，在3年后，美国和欧洲手机广告市场将达到10亿美元左右。2006年年初，中国移动等运营商也已在尝试开展手机互动营销，开始试点手机广告业务。

1. 庞大受众群

截止到2016年年底，中国手机网民近7亿。

2. 定向、精准、定点、高效

唯一与受众24小时亲密接触的媒体平台。手机不离身，信息不共享。在合适的时间，将合适的、有价值的广告信息传输给合适的人。每个手机广告的受众，都可以被清晰准确的锁定。

二、手机广告的特殊性

作为新兴的广告传播媒介，手机短信广告也有着自己的特殊性。

（1）同网络信息一样，手机短信广告的接受者是被动的，作为接受的一方，无法确定信息的内容是否有效，而手机几乎都是私人的通信工具，在交流的信息里包含了大量私人之间的信息。

（2）手机持有者在收到信息后，如果不阅读是无法区分私人信息和商业信息的，这也给一些恶意的短信发布者提供了可乘之机。手机持有者也很无奈，只能关闭信息功能。目前，手机短信的内容90%以上都是文案信息，其他诸如彩信、声音等短信形式虽然存在，但主要的信息传达和收取还是通过文案信息来传递的。由于受手机型号、功能的影响，不同手机间，无法完全实现图文并茂的信息模式，只有依靠纯文本才能沟通彼此。

三、手机广告的运营

（一）手机广告的形式

（1）**短信营销**：短信群发广告、短信抽奖、短信促销等，在国内应用已经非常普遍。

（2）WAP站点。

（3）**本地化广告**：本地化网站服务（城市门户、地图等）的发展，是一个应用契机。

（4）**手机视频广告**：仍受移动网络速度、手机多媒体表现能力、移动的数据业务费率制约。

（5）**游戏广告**：手机游戏插广告。

（6）**折扣券**：需跟折扣信息网站结合。

（7）**间隙广告**：指在下载手机电影、游戏时插播的广告。

（二）手机广告的运营模式

据悉，从运营模式来看，现阶段手机广告整体上分为两大类：

一类是由运营商发布的广告，企业向运营商购买广告发布的渠道，如中国移动的“企信通”业务，就属于这种类型；另一类是由SP的互动平台来发布，一般的运作模式是由投入广告的企业与SP一起向运营商申请审批，获批后，广告由SP在其互动平台发布，运营商会随时监控。

与WAP门户广告和内置广告相比，PUSH类广告（推送式广告）是手机广告的主流。根据日本和韩国的经验，手机广告的确需要在一个比较严格的许可机制框架下来运营，即通过用户确认订阅广告的形式达成许可。

目前，飞拓无限和联通新时迅这两家有着运营商背景的手机广告商实际上采取的是以大站点为依托的经营方式，比如飞拓无限实际上就代理着移动梦网首页和各频道首页的广告。

定制式也是一种比较容易理解的模式，手机用户成为某SP的会员后，会收到这个SP发送的各类手机广告，这类做定制式手机广告的SP还有一个重要业务，就是替其他的SP、CP提供合法化发布内容的通道。

除此之外，有些手机广告商选择了与手机厂商合作，在手机里预先放置一些附带信息，然后再与手机厂商分成。据了解，饮料、食品、体育用品、旅游景点、航空等大众化的消费品广告比较适合这类形式。

与内置在手机中的大众消费类产品广告相比，“小区短信”的手机广告模式更能针对特定区域、特定时间的特定用户群发送特定短信，目前这类手机广告开始风行。通过一系列的定位及数据分析，小区短信将信息有针对性地发送给与广告相关的用户，比如，在机场候机的乘客会经常收到打折的机票信息。据悉，目前，商旅服务、展会、酒店、商场、汽车、快速消费品、银行、房地产等行业都开始通过小区短信平台投放手机广告。

可以说手机广告的下一步是移动营销。但手机广告目前面临的主要问题是缺乏很多专业标准，比如，手机广告效果的监测标准，报价系统的标准，广告达到千人用户成本的标准等。

四、手机广告文案

（一）手机广告文案的兴起

手机短信广告的出现是随着手机的不断普及而出现的。数据显示，中国的移动电话用户已经达到2亿，其巨大的市场潜力十分诱人。目前，我国的移动电话用户已居世界首位，并且每年还以超过500万人的速度增长。随着短信在年轻人中的流行，手机广告成为一种新的广告形式，短信成为一种新的广告信息载体，这在发达国家已经屡见不鲜。

短信就如同市场营销中的现代舞，自由、奔放。它的流行，能够衍生出多种营销途径。短信更适合作为一种活动信息的预告，配合其他媒体，吸引受众参与，或者作为参与活动、电视广播节目等的简单途径。比如新加坡亚太酒业公司就利用短信向顾客发出邀请，吸引他们获得一个序列号，到指定地点进行免费的啤酒品尝。通过短信参与网络游戏并与其他线下活动相结合，是维系品牌与消费者长久关系的绝招。消费者不仅能在游戏中加深对品牌和产品的了解及体验，而且可以在互不相识的目标消费者内部建立互动，从而形成强大的消费者群，这就使信息传播有可能从大众、小众传播延伸到虚拟空间的人际传播，形成强大的传播网络和营销网络，并使这个网络保持动态运转。随着手机的普及，手机短信广告也应运而生。与传统的广告媒体相比，手机短信广告有着显者的优越性。根据英国The Mobile Channel对1000名接受测试服务的英国移动电话使用者进行的调查数据表明，这些手机用户平均每天会接到3条短信广告，参加这些广告所进行的促销活动后，可换得慈善捐献的相关信息、购物或电话账单折扣等。而在国内，私人之间的短信仍然占据主要地位，通过短信进行市场营销正在悄然兴起。

（二）手机广告文案创作的优越性

1. 成本低廉

手机短信广告实际上还是建立在网络的基础上，利用专用的网络平台可以一次性向成千上万的手机用户发送短信广告。与传统的广告媒体一次十几万，甚至几十万的广告投入相比较，手机短信广告的一次广告投入只需要几千元钱，巨大的成本差价让商家不能不动心。

2. 速度快

手机短信广告的最大优势就是传播速度快，通过发送平台，一瞬间就传送到千万人的手机中。

3. 目标准确

手机短信广告是标准的“一对一”的营销模式，能够精确锁定消费者，一般可以达到100%的阅读率。

4. 形式灵活

手机短信广告发布灵活，只要手机持有者处于开机状态，白天晚上都可以发送，无须预定。

（三）手机广告文案创作的要点

1. 信息的简短性

手机一次可以接受的短信字数就在几十个字之内，在这么简短的空间里更需要提炼语言，将最重要的名称、时间或者联系方式表达出来，犹如发电报一样，尽量将重要的信息有的放矢地表达出来。

2. 信息的有效性

手机短信广告不可能像一般印刷广告那样有完整的标题、广告语、正文、随文等结构，所以在创作短信广告的时候只要把重要的广告信息发送出去即可，不必过多注重形式。

思考与练习题：

将几个手机广告进行对比，说出它们的优缺点。

第13章 印刷广告媒体创意

在21世纪的今天，印刷媒体已经高度普及，书籍、报纸、杂志等出版物作为人们获取信息、知识、娱乐的基本渠道之一，在社会生活的各个领域都发挥着重大的影响。20世纪80年代以来，随着电子信息技术的飞速发展，激光排版、电脑编辑、网络传输等新的传播技术在印刷出版领域也得到了广泛的应用。

一、报纸广告

报刊的变革首先体现在技术变革上，首先，数字化编辑与远程印刷大大提高了报纸的生产速度、生产量和覆盖范围，彩色印刷和图文传递增加了报纸版面的可视性。其次，变革还体现在报纸种类的多样化上，日报、晚报、晨报、周报、副刊、国际性报纸、全国性报纸、区域性报纸、各种专业性报纸（如经济类、体育类）等，发展到今天可谓花样繁多。再次，多数国家，报纸的发行量都在经历下降的趋势，其特点是销量减少，广告市场份额降低，年轻读者减少，而且与广播电视和电脑相比，报刊的影响普遍下降（图13-1）。

（一）报纸广告的特点

世界上最早的报纸是中国汉代的“邸报”。报纸是几十年、上百年以来始终高就所有广告媒体首位的

图13-1 报纸广告

广告媒体。报纸本身也有全国性、区域性和地方性之分。报纸广告属于平面媒体，平面媒体经由印刷工艺实施，印刷制作图文并茂，表现丰富，形象直观，有利于产品外观及功能的展示；并可以根据传阅内容的需要设置版面大小，信息容量弹性大，有利于详细诉求；平面媒体信息还可以保存，具有传阅价值。另外，许多平面媒体还具有定向传播特征，可针对特定目标对象和既定的表现策略，实行有效的信息传达。由于有比较完善的排版印刷和推广发行系统，平面媒体的速效性和入户率都较高，这对吸引广告客户、传递广告信息是有利的。相对其他媒体而言，报纸作为平面媒体具有如下竞争优势。

1. 发行量大，传播及时

报纸可以相互传阅，读者量一般为媒体发行量的4倍以上，影响面广。每份报纸都有自己的发行网和发行对象，报纸印出之后能够迅速地通过邮电部门投递到读者手中。它的影响面也宽，使广告能充分地发挥作用。在编辑方面，报纸的版面大，篇幅多，可供广告主充分地进行选择和利用。凡是要向消费者作详细介绍的广告，利用报纸做广告是极为有利的。由于报纸具有相当强的解释能力，因此，近年来在新产品上市或进行企业形象宣传时，使用全页整版广告的事例增多。

2. 可信度高，读者信赖程度高

报纸由于具有特殊的新闻性，从而使广告在无形之中增加可信度。新闻与广告的混排可以增加广告的阅读力，对广告功效的发挥有直接的影响。报纸的信誉，对报纸广告来说是至关重要的。一般而言，严肃而公证的报纸可信度高，广告效率也好；而不严肃的和有失公允的报纸，因为其在公众中的可信度极差，而致使读者对其广告也附带产生不信任情绪，使广告的效益降低。

3. 传播可控性强，可以根据客户要求设计

报纸由于编排灵活，对广告改稿或换稿都比较方便。一般在报社开机印报前或在制版前赶到报社，即可对发现有错的广告进行更改或撤换。报纸截稿期较晚，一般广告稿在开印前几个小时送达，即可保证准时印出。

4. 传播信息量大，选择余地大

报纸传播的信息量比较大，特别是需要向大众传递详细信息的解释广告和分类服务广告，尤其适合。此外，阅读便利，选择余地大，读者阅读不受场地、时间限制，可根据各人的喜好任意选择、了解、阅读自己所需要的信息；具有特殊的版面空间，广告表达方式自由灵活，版面语言独特；收费起点低，客户投入成本低廉、风险小；信息可长期保存，分类剪贴，随时反复查找；读者群体广泛、稳定。

5. 具有保存价值，内容不受阅读时间的限制

对报纸而言，读者可以快速阅读，一翻而过；也可以细细品味，甚至加以剪存。在印刷方面，印刷精细的广告可以把产品和服务的特点逼真地反映出来，尤其是彩印报纸，更能增强广告效果。清晰、整洁的印刷画面对读者具有情感上的影响力。同时，由于画面逼真，因而能对消费者产生强烈的劝诱力，刺激其购买欲望。此外，报纸具有永久保存的价值，其广告宣传可作为人们查找翻阅的凭证。

对于广告宣传，报纸也有其局限性。在发行方面，由于报纸出报频繁，使每张报纸发挥的时效性很短，很多读者在翻阅一遍之后即顺手弃置一边。而且由于顺时接替，前一天的报纸在当天即成历史，再发挥广告效果的机会不多。在编辑方面，由于受版面限制，经常造成同一版面的广告拥挤，影响读者的阅读。在内容方面，一是要求读者具有一定的文化水平；二是由于现代社会的人生活节奏快，无法详细阅读报纸。针对有些缺点可采取适当的办法补偿。如在内容方面，可以通过简洁的广告文字、增加广告画面面积、增强平面创意设计的吸引力来增加读者对广告的阅读率。在印刷方面，可以采用套色印刷或彩色印刷工艺。据欧美广告界的研究证明，套色印刷广告可比黑白广告增加50%的注意率，而彩色广告又可增加30%的注意率。

（二）报纸广告的局限性

1. 生命力短暂

报纸有时效性，隔日新闻吸引力就降低，报纸广告也就失去其注意的价值。

2. 注意力不集中

报纸信息内容庞杂，读者以阅读新闻与信息为动机，因此报纸广告容易被忽视，甚至读者的视线有意“绕道跳过”，同时众多广告刊登在一起也容易互相干扰。

3. 形态单一

报纸一般为黑白印刷，印刷工艺简单，表现形态单调。形象表达力不如杂志广告有细腻精致的真实感，也没有电视广告的空间动感。

4. 广告目标对象选择性差

报纸因读者面广层次多，而导致报纸广告难以细分选择广告的目标对象，具有一定的局限性。

（三）选用报纸广告的注意事项

1. 高注目率

版面大、注意度高，但投入广告费用也巨大。可量力而行，充分发挥平面设计手段，以提高广告的注意度。

2. 图文并茂

精美、富有创意的平面图形配有魅力的广告文案设计，能抓住读者视线，提高读者阅读广告的兴趣。注意采用一张图片要比用两张视觉效果更好，更要记住把目标消费者关心的主要信息设计在标题上，更醒目。

3. 诉求单纯

尽量将版面内容设计得单纯明了、通俗易懂、标题数字不宜过多，而且还要注意提高信息力度，这样可使读者在较短时间里就接受你的广告。

4. 选择有利位置

选择报纸信息与广告信息内容相近的位置，这样易于产生关连效应，版位应尽量设置在读者视觉流程的最佳位置上。

5. 防止相邻广告信息干扰

设计时使用图形与文字相对集中并留出一定的空白，必要时适当地加上边框，与相邻广告产生一定的间隔，能减少其干扰。

（四）报纸广告版面的优化处理

目前大多数报刊对广告尺寸都有划分，高度以10厘米、20厘米，宽度以2栏、4栏、6栏、8栏的频次为最普遍。因而10厘米高×8栏宽、20厘米高×4栏宽等类似尺寸，似乎已成了报纸广告版面的“标准件”。从审美的要求看这样的设计显得过于单调，这类广告尺寸的比例也都远离黄金分割率，以致出现广告内容与形式的不和谐或内容服从形式。形成目前报纸广告版面这一定势，在于报纸编排中广告与新闻（广告以外的所有报纸内容）编排的协调组合不够，或者是报纸广告工作人员对广告编排的客观规律认识不清，墨守成规。新闻和广告作为报纸的版面元素具有不同特性，在报纸编排中具有互补性。目前大多数报纸把广告与新闻在版面上的面积和尺寸事先固定化，版面面积及尺寸固定以后对新闻编排不会有任何不方便或妨碍，但对于广告编排则有很大制约。广告尺寸的灵活运用，是提高广告设计编排水平、美化、丰富广告表现力的重要条件。以化妆品的报纸广告为例，由于广告内容决定了广告的形状需要“苗条”一些，这样使广告的内容与形式趋向一致，能美化报纸版面，提高广告效果，否则就像选择了一位有肥胖症的女士来推荐减肥霜一样，与广告的主旨或目标南辕北辙了。一旦化妆品广告形状发生变化意味着相邻广告形状也相应变化，当这种变化对相邻的广告主及报社自身划分出售广告版位都有利时，才有可能被接受。如果在已经固定好的矩形范围中，这种对大家都有利的变化比率又是极低的情况下，这就在很大程度上对设计水平形成了制约因素。

广告作为市场营销活动，每个广告客户对广告投入和广告策略都有不同的市场目标，这样对传播报纸广告版面的“规格型号”的需求是不同的，也是多样的。因此报纸广告版面细分的程度越高越能适合广告客户的市场目标及报纸自身的经济利益。如果“规格型号”太少，必然出现有的广告客户广告想作小点也小不了，有的想适当大点反而小了，有的想“竖起来”却“躺”下了，有的想“胖”却“瘦”了，甚至做不了等。这样报纸版面不但显得过于单调，而且容易形成市场营销活动中的不合理耗费，对报纸及广告合理有效地发挥形成功能性障碍。

报纸的版面是一个整体，需要从整个版面全局的

图13-2a

华尔街日报中信息安全的文章一个看门狗的马赛克图

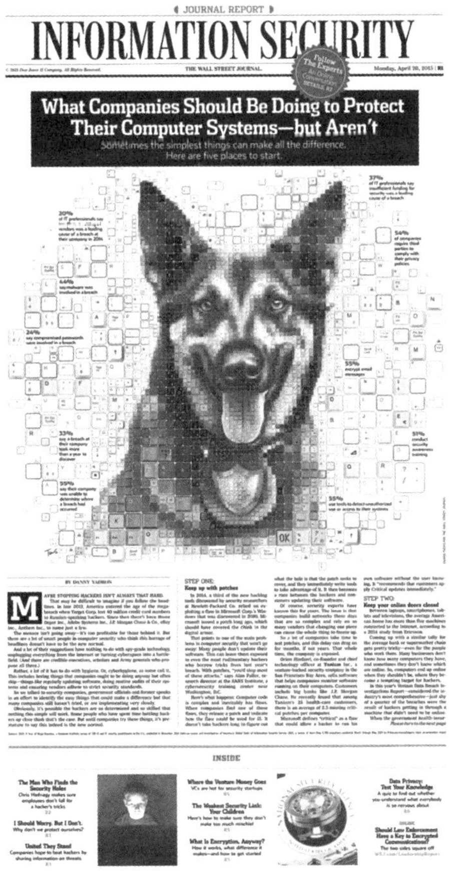

JOURNAL REPORT

INFORMATION SECURITY

THE WALL STREET JOURNAL.

What Companies Should Be Doing to Protect Their Computer Systems—but Aren't

Sometimes the simplest things can make all the difference. Here are five places to start.

图13-2b

华尔街日报：我是你的看门狗！

角度审视版面元素的优化组合。报纸的版面有限，新闻与广告宣传要统筹考虑，不可偏废。根据实际需要规定新闻与广告在版面中的面积比便是必要的，但不能把广告与新闻的尺寸也同时固定。因此新闻与广告作为版面元素具有的互补特性决定了二者的协调组合在技术上是可行的。一般情况下，在确定好的面积比例范围中，先由广告人员尽可能根据广告客户的要求，兼顾有利于新闻编排的需要，提前确定好广告的尺寸及布局。先根据广告留出的适当位置，再进行新闻编排程序。这种情况是由广告与新闻编排的不同特点决定的，符合客观规律。

新闻与广告版面的优化组合，需要报刊的新闻编辑与广告编辑积极配合和支持，更新以往的认识和观念，广告设计者要富于进取和创新精神。这项工作做好了对于提高报刊广告的质量，充分发挥报刊媒介的作用意义深远（图13-2a、图13-2b）。

（五）报纸类文案创作的表现形式

按常规报纸广告的版面大致可分为以下几类：跨版、整版、半版、双通栏、单通栏、半通栏、报眼、报花等。究竟选择哪种版面做宣传，要根据企业的经济实力、产品生命周期和设计情况而定。一般来说，首次刊登的、新闻式、告知式的宜选用较大版面，以引起读者注意；而后续刊登的、提醒式、日常式的可逐渐缩小版面，以强化消费者记忆。

1. 报花广告类

因为报花版面很小，容量也小，所以它的文案表现应采用重点式。如果不体现文案结构的全部，一般采用陈述性的表述。

2. 报眼广告类

报眼，即横排在报纸报头一侧的版面。版面面积不大，但位置十分显著、重要、引人注目。如果是刊登在新闻版，多用简短而重要的消息或内容提要，比其他版面广告注意值要高，并会自然地体现出权威性、新闻性、时效性与可信度。

由于报眼广告版面面积小，容不下更多的图片，所以广告文案写作应占有着核心地位，它具有举足轻重的作用。特别应予以注意的是：

（1）要选择具有新闻性的信息内容，或在创意及表现手段方面赋予其新闻性。

（2）标题要醒目，最好采用新闻式、承诺式或实证式标题类型。

（3）正文的写作可采用新闻笔法。

（4）文案的语言要相对体现理性的、科学的、严谨的风格。

（5）文案需简短凝练，忌用长文案，尤其不能用散文体、故事体、诗歌体等假定性强的艺术形式，以免冲淡报眼位置自身所具有的说服力与可信性。

3. 半通栏广告类

在我国目前的报纸类型中，半通栏一般分为大小两类：约65mm乘以120mm或约100mm乘以170mm。在广告版面运用中，这是相对较小的一种制式，能否从众多广告中脱颖而出是一个关键问题。半通栏广告文案写作时应注意：

（1）制作醒目的广告标题。

（2）用短文案，绝不能用长文案将版面塞得满满的。可以运用书面语，用典雅凝炼、简洁严密的语言表现达到小版面多内涵的表现意图。

（3）广告文案的写作要注意与画面编排有机组合。半通栏由于版面先天不足，只有在编排上体现独特性，才能扩展版面的内在容量。

4. 单通栏广告类

单通栏广告是报纸中最常见的一种版面形式，版面自身有一定的说服力，符合人们的正常视觉。从版面面积看，单通栏是半通栏的两倍，体现在广告文案中应是：

（1）广告标题的制作既可以运用短标题形式，也可以采用长标题形式。为了与画面的编排相和谐，最好用单标题而不用复合标题。

（2）文案中可以进行较为细致的信息介绍、多方位的信息交代和信息表现，但正文字数不宜多于500个汉字，以免造成版面拥挤，影响编排效果。

（3）文案的结构可以有充分的运用自由度，可以体现文案最完整的结构类型。例如，贝克啤酒的一则单通栏报纸广告文案：

禁酒令

正文：查生啤之新鲜，乃我酒民头等大事，新上市之贝克生啤，为确保酒民利益，严禁各经销商销售超过七日之贝克生啤，违者严惩，重罚十万元人民币。

此报纸广告文案借用了公文中“令”的写作形式和语言风格特点，将广告信息用规范的公文形式表现出来，产生了一种独特的说服力。整个广告文案句子结构简要，语言表达严正，使人感受到贝克生啤制造商对推出这一营销新举措的严肃、认真和深究的态度。同时运用如此严正的形式来表达，令受众领悟到创意者所提供的幽默玄机，在会心一笑间，留下深刻印象。

5. 双通栏广告类

在版面面积上，它是单通栏的一倍。这样的版面设计，给广告文案写作提供了较大的驰骋空间和创意空间，使表现的空间也豁然开朗。只要符合报纸广告表现的语言风格、表现形式和表现结构都可以进行，而且还可以诉求广告主体的立体和综合的信息，广告标题也可以采用多句形式和复合形式。如果是感性产品或处于成熟期的产品宣传，可以更着重于广告主体的品牌体现和一贯观念的体现。

6. 半版广告类

根据报纸的规格大小，半版广告可分为250mm×350mm和170mm×235mm两种类型。半版与整版以及跨版广告，均被称之为大版面广告，是广告主雄厚经济实力的体现。他给广告文案的写作提供了广阔的表现空间。

半版类广告文案在创作时应特别注意：

（1）运用画面表现的“大音稀声，大象无形”的美学原理，努力拓宽画面的视觉效果。“以白计黑，以虚显实”的形式，充分调动受众的想像力。

（2）文案写作，既可以采用感性诉求，也可以进行理性诉求。运用适于报纸广告的各种表现形式和手段，辅助画面、营造气势、烘托气氛、强化视觉冲击力。

（3）采用大标题，少正文文字，重点突出主题，以体现主体品牌形象的气势和形式吸引力。

7. 整版广告类

整版广告类是目前我国单个广告版面运用中的最大的报纸版面形式，其宏大的气势给人以一种内在的震慑力，广告主体的实力和气魄也能得到很好的展现。

从我国的报纸整版版面的运用情况来看，有三种用法：

图13-3
杂志广告1

（1）基本的用法就是在整版的版面上运用介绍性的文体来对产品或企业的各个方面作介绍。

（2）以创意性大气魄的大画面、大标题、大小文字结合来进行感情诉求。

（3）运用报纸的新闻性和权威性，采用报告文学的形式来提升企业的形象。

8. 跨版广告类

跨版就是一个广告作品，刊登在两个或两个以上的报纸广告版面上。跨版广告类一般有全页跨版、半页跨版、大四分之一跨版等几种形式。它能体现出广告主的大气魄，一般财力雄厚的企业乐于采用此种形式。

二、杂志广告

（一）杂志广告的特点

杂志是平面媒体中比较重要的视觉媒体。杂志可以按其内容分为综合性杂志、专业性杂志和生活杂志；按其出版周期则可分为周刊、半月刊、月刊、双月刊、季刊及年度报告等；而按其发行范围又可分为国际性杂志、全国性杂志、地区性杂志等。杂志的功能特点同报纸一样，作为印刷广告媒体在现代媒体中具有相当的竞争优势（图13-3）。

1. 对象明确，针对性较强

杂志一般是针对某一专业、某一读者群进行宣传、出版，其内容不同于报纸、电视、广播那样包罗万象。专业性杂志由于具有固定的读者层面，可以使平面广告宣传深入某一专业行业。目前，杂志的专业化倾向也发展得很快，如医学杂志、科普杂志、各种技术杂志等，其发行对象是特定的社会阶层或群体。因此对特定消费阶层的商品而言，在专业杂志上做广告具有突出的针对性，适于广告对象的理解力，能产生深入的宣传效果，而很少有浪费。

2. 编辑精细，印刷精美，图文并茂

杂志广告的编辑很少不规则地去划分版面，而总是力求版面整齐统一，为了可以争取读者的阅读，提高其阅读兴趣。由于杂志应用优良的印刷技术进行印刷，而且用纸讲究，因此杂志广告也具有精良、高级的特色。精美的印刷品可以使读者在阅读时感到一种高雅的艺术享受，它还具有采用较好的形象表现手段来表现商品的色彩、质感等特性。

3. 有效使用期较长，保存期久

杂志具有比报纸优越得多的可保存性，有效时间长，没有阅读时间的限制。这样杂志广告的时效性也就很长。同时杂志的传阅率也比报纸高。

4. 读者比较固定，易接受杂志宣传

杂志具有明确的、稳定的读者群体。一般来说，其读者文化层次较高，对于杂志有比较持久的兴趣。

5. 发行量大，发行面广

许多杂志具有全国性影响力，有的甚至有世界性影响力，经常能够在大范围内发行和销售。运用这一优势，对全国性的产品或服务的平面广告宣传，杂志广告无疑占有很大优势。

6. 可利用的篇幅多，没有限制，可供广告主选择，并施展广告设计技巧

封页、内页及插页都可做广告用，对广告的位置可机动安排，可以突出广告内容从而激发读者的阅读

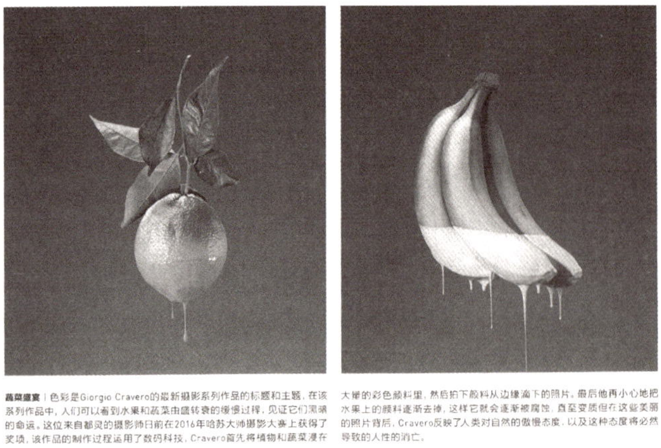

图13-4a

杂志广告2

图13-4b

杂志广告3

兴趣。对广告内容的安排可做多种技巧性变化，如折页、插页、连页、变形等，去吸引读者的注意（图13-4a、图13-4b）。

（二）杂志广告的局限性

杂志具有可同报纸广告相比的优越性，但在实际中杂志广告的刊发量远远地小于报纸，主要是因为杂志存在许多缺陷。

1. 时效性不强

因为其出版周期长，少则七八天，多则半年，因此不能刊载具有时间性要求的广告。同时，杂志在编辑方面具有截稿日期早的特点，这也使杂志难以接受有时间性要求的广告。大多数杂志的截稿日期大约要提前一个月，即使是周刊，截稿日期也要提前一两个星期，因此，杂志不能像报纸那样争取到有时间性要求的广告。

2. 费用相对大

杂志广告是彩色精印，制版、印刷、纸张费用较贵，同时发行量与报纸比较相对少，而且读者按人均比率计算相对的费用高。

3. 易造成广告浪费

现代商业服务越来越地方化和区域化，产品的地方分片销售机会远比全国性销售机会多。尤其对于不发达地区，商业消费相对集中，这在一定程度上限制了杂志广告的发展。因为在这种情况下，杂志广告的全国性发行会造成广告浪费。而且确实具有全国性销售力的产品很少。

4. 竞争力相对薄弱

不少综合性杂志由于缺少专业化特色，又缺乏广泛的影响力，因而为广告主所忽视。由于具有广泛影响力的杂志为数过少，而一般水平杂志偏多，因此，广告宣传的效果不是很突出。在与其他平面媒介进行竞争时，缺乏竞争力，难以拉到广告客户。

5. 专业杂志限制性强

专业杂志专业性强，读者会受一定限制，广告刊登选择面小。就像食品广告登在机械杂志上，效果一定不会好。

（三）选用杂志广告的注意事项

1. 图片要精，清晰度好

由于杂志制版、印刷技术要求高，广告选用的照片或反转片要求曝光准确、色还原好、清晰度高，这样才能使广告视觉效果完美展示，给读者留下良好的商品第一印象。

2. 精简内容，诉求单一

杂志广告应用中可适当对广告内容作些渲染，但切忌使广告文稿冗长，图版杂乱。不要低估了读者的文化素养，广告语言应生动自然，版面编排井然有序，广告诉求单一明确，方能引人入胜。

3. 情理结合，增强说服力

利用杂志广告传达环境好，重读机会多的特点，抓产品个性特征，动之以情，晓之以理，才能求得良好的广告效果。

4. 形式多样，设计精良

现代印刷技术为杂志广告创造了大量的技术条件，应充分利用现代印刷技术，使广告“鹤立鸡群”，以达到更高的注意度和愉悦度（图13-5）。

（四）杂志广告的创作

同报纸广告一样，杂志广告的制作要求能够充分地利用杂志媒介的优势，而避免其缺陷。因此，在广告创作方面也相应地有一定的技巧。

1. 使用占优势的广告因素

如尽量制作整版广告，在必要时不妨制作跨页广告。另外，杂志中最引人注意的地方是封底，其次是封二、封三，再次是中心插页，其他页码的引人注意程度，随着页码向中间的过渡，其注目程度减弱。但是若在中心插页做跨页广告，则是相当引人注目的。因此要讲求科学利用版面和版位，设计形式才能多样化。

2. 运用精美的设计

由于杂志具有印刷精美、编排细致整齐的特点，因此必须切实注意广告构图和设计的精良。最好能使用质感细腻的照片，这样图文并茂、色彩鲜明逼真的商品形象容易引人注目，激发购买兴趣。

3. 运用专业化设计技术

由于杂志具有专业性或阶层性的读者群，具有相对稳定的知识结果和欣赏习惯，因此，应用专业化的设计可以使之产生亲切感，使人更容易接受，并产生深刻印象。

4. 使用突出而醒目的广告主题

这样可以使广告具有鲜明的针对性和非凡的吸引力。

5. 应用艺术化的形象语言说明产品或劳务的利益特点

杂志同报纸广告一样具有可保存性和可重复阅读的特点、具有充足的版面，可对广告产品或劳务作详细的说明、可照顾到广告信息内容的完备性。同时，广告的文字必须浅白易懂，用艺术化的语言形象地宣传广告产品的优点，以吸引买主。应尽量避免用艰涩难懂或枯燥无味的语言，避免消费者不理解广告内容的现象发生。

6. 运用对比

在杂志上运用对比，比在报纸上要方便得多。因为杂志的印刷质量都十分精美，不管是印刷彩色图片还是黑白图片，都能保证广告构图的精细和质感。现代杂志又多以彩色印刷为主，因此在广告创作中，运用色彩的对比、构图的对比、大小的对比，在黑白中套彩色或在彩色中运用黑白对比，都可达到突出广告的效果。

（五）杂志类文案创作的特点

杂志广告文案与报纸广告文案有很大的共同点，但杂志媒体有一个重要的特征就是专业性较强、有特定的受众范围。杂志媒体的知识性、娱乐性、专业化特征及目标受众群体的相对明确、稳定和较高的文化水平，决定了杂志广告文案的独特性，即对象化、个性化和专业化特点。

1. 对象化

每种杂志都有自己的目标受众群体，读者就是杂志广告的诉求对象。杂志广告的语言风格应针对他们而定，即符合他们的文化水平、欣赏兴趣、美学爱好和语言习惯，为他们所熟悉、欣赏，使他们感到亲切。采用理性诉求还是以情感人，语言表达高雅一点还是通俗一些，语言风格含蓄深邃还是浅显直白等，都要针对不同的受众对象而定。也就是语言风格要对象化。例如，美国一份针对一般大众的衬衫杂志广告文案：

穿“哈特威”衬衫的男人

正文：美国人最后终于开始体会到，买一套好的西装而内穿一件大量生产的廉价衬衫会毁坏整个效果，实在是一件愚蠢的事。因此在这个阶层的人群中，“哈特威”衬衫就开始流行了。首先，“哈特威”衬衫耐穿性极强——这是多年的事了。其次，因为“哈特威”剪裁——低斜度及“为顾客定制的”——衣领，使得您看起来更年轻、更高贵。整件衬衣不惜工本的剪裁，因而使您更为“舒适”。下摆很长，可

图13-5
杂志广告4

深入您的裤腰。纽扣是用珍珠母做成的——非常大，也非常有男子气。甚至在缝纫上也存在着一种南北战争前的高雅。最重要的是“哈特威”使用从世界各地进口的最有名的布匹来缝制他们的衬衫——从英国来的棉毛混纺的斜纹布，从苏格兰奥斯特拉德地方来的毛织波纹绸，从西印度群岛来的海岛棉，从印度来的手织绸，从英格兰曼彻斯特来的宽幅细毛布，从巴黎来的亚麻细布，穿上这么完美风格的衬衫，会使您得到众多的内心满足。“哈特威”衬衫是缅因州、渥特威城的一个小公司里的手艺人缝制的。他们老老小小在那里已经工作了整整114年。您如果想在离您最近的店家买到“哈特威”衬衫，请写张明信片到“G.F哈特威”缅因州、渥特威城即可。

这则服装广告案，以十分诚恳的语气介绍了衬衫的各项优点，仿佛是位和蔼可亲的老师傅在向自己的客户介绍产品，一反一般产品介绍的枯燥无味，给人很强的信赖感。此广告文案新颖、独特，富有新意，增强了读者对产品的信赖感，从而达到了广告宣传的目的。

2. 个性化

语言的表达是平面广告创意和信息内容的体现。说语言风格的个性化，就是指杂志广告文案的语言要体现出个性化特征，并与目标受众的个性心理相吻合，使人感到新鲜、独特、不落俗套，令受众耳目一新。只有这样才能使杂志的目标受众乐于接受，并深受影响。例如，“山东肥城桃”初到香港时在杂志上做的广告：

正文：我叫肥城桃，这次来香港，还是生平第一次。所以也难怪各位看见我就直叫“啊呀”了！（谁叫我生得那么大得惊人呢）在咱们家乡——山东，我可是早与莱阳梨、香蕉、苹果齐名了。人们只要一提起山东水果的三绝，总不会忘记提到“小名”的，我所以迟迟不出“闺门”一步，并不是因为我架子大，更不是因为我见不得人——丑怪，恰恰相反，我生得一点不丑，不是说大话，可能比莱阳梨好看得多哩。就是比香甜吧，我也不比它们两位差。讲内在呢，在某些方面我还比它们强得多，什么维他命A、B、C……我都有，而且很丰富。只有一样我始终没法跟它们比，那就是我生来身子（皮）单薄，而且越到好吃的时候，皮越加薄，汁更多，谁只要把手指儿一挑，我就完蛋——汁就会流个涓滴不剩……

广告以第一人称自我介绍口若悬河，活像一个胖妞儿操着一口山东腔向人细诉身世，展尽自己可爱处，同时又没有贬低他人、自吹自擂的味道，让人觉得诚实亲切。一个个儿大、皮带香甜、汁浓的鲜桃形象飘荡在人的脑海中，勾起人们的食欲。这则广告的最成功之处就在于以第一人称的口吻介绍商品，通过“形象传递”并用别致、个性化的语言增强了受众对产品的认可。

（六）杂志类文案创作的表现形式

在杂志广告版面的不同形式中，全页、半页、四分之一页、跨版，一般都放在杂志内芯中的某个固定或不固定的页码或彩色插页中，将吸引受众的任务和形式的魅力体现交给了画面。广告文案的任务是将画面中的信息内容做必要的提示、附加、感性的、价值的升华。因此广告文案要以最少的文字来表现最深广的内容，这就要求：

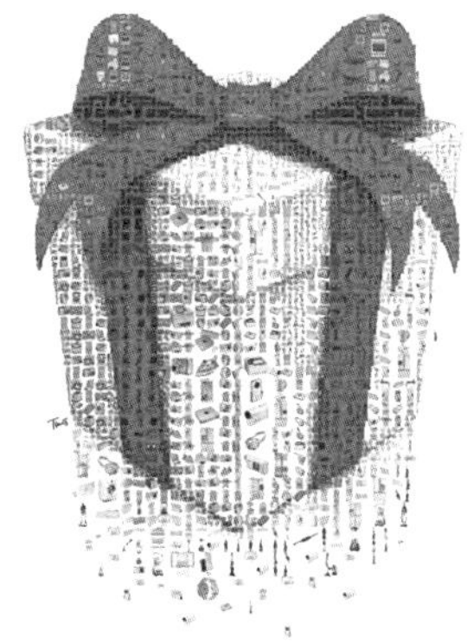

图13-6a
圣诞盒子的马赛克插图

图13-6b
伟大的礼物指南- 消费者报告杂志封面

图13-6c
圣诞盒子内部的马赛克插图

图13-6d
消费者产品封面

（1）杂志广告文案要简明扼要，提纲挈领，点到为止。

（2）广告文案的结构不要拘泥于形式齐全，而是要着重用最少的文字体现最丰富的内涵。

（3）要充分体现编排的意义，用大标题字体或出跳的字体来吸引受众的关注。

（4）广告文案的信息内容除了要针对受众的内在需求进行诉求外，也要关键性地解释画面中的信息内容、信息特点和附加价值，要体现文字与画面之间的内在对应。

（5）诉求形式要以特定受众所喜闻乐见的形式为选择标准。

当今优秀的杂志广告，其文案基本上都体现了上述所规定的写作要点。封底、封二、目录对页、封面这四种杂志版式，一般都是属于指定版面。封面以完全的图形来进行视觉表现，文案至多也只能表现品牌名称或用广告口号语形式表现品牌特征。封底与封面一样，不仅给阅读杂志的特定受众看，还要考虑到特定受众之外不经意中看到的受众，因此封底的广告文案要去除过多的专业性字眼，体现大众化特征（图13-6a~图13-6d）。

（七）杂志类文案创作的写作要点

1. 文图搭配适当

杂志广告与报纸广告有许多的相似之处，用于报纸广告文案的写作技巧对于杂志广告文案的写作而言，很多地方是相同的。但由于杂志广告又具有自身的独特之处，从而导致了杂志广告又与报纸广告有很多不同的地方。

一般来说，杂志广告中的标题，其字体都较大，这样正文就相对较少。报纸广告的标题虽然也很大，但其作用主要是吸引读者的注意力，并诱导读者去阅读正文，因此，其正文内容较丰富，要求图文配合，并不存在谁更重要的问题。与报纸广告比较而言，文案与图片配合是杂志广告重要的表述手段，由于杂志自身的特点（印刷质量高、纸张质量好等），图片更多承担了传递形象信息的任务，如果图片没有很好的文案做解说，图片的内涵就不容易使读者理解，可能造成不必要的误导。同时，如果杂志中出现了过多或过密的文案，则失去了杂志自身的特点，不能充分发挥杂志媒体的优越性。

2. 注意杂志广告的专业化

因为杂志广告的目标受众群体均有一定的专业素养和文化水平，因而，在专业性杂志上做专业商品广告时采用专业化的语言风格，易于被专业目标受众所理解。这样不仅可以节省很多文案，而且有利于有的放矢，增强广告效果。比如，在电影杂志上做影视广告，在体育杂志上做体育用品广告等。同时，如果在专业杂志上请相关的业内专业人士做专业陈述、利用名人广告诉求效应、广告文案的语言选用相应的专业术语和专业化的语言风格，人们就会在崇拜心理和共同心态的作用下，跟从其消费。

例如，在美国《体育周刊》上的广告文案就是：美国一家广告公司为Nike集团公司刊登了一幅单页、四色的印刷广告，这个广告全幅刊登了体育界著名人士卡尔顿·费克斯的头像，并在版面的左侧以左边对齐的方式从上到下排列文案。文案每一行的长度都不一样，长的可占画面横向的1/3，短的只有两个单词。文案在画面上的视觉效果类似于电视广告的话外音，相当引人注目。

正文：

我，不要一刻钟的名声，我要一种生活。

我不愿成为摄影镜头中的引人注目者，我要一种事业。

我不想抓住所有我能拥有的，我想有选择地挑选最好的。

我不想出售一个公司，我想创建一个。

我不想和一个模特儿去约会。

那么我的确想和一位模特儿去约会。

控告我吧！

但是我剩余的目标是长期的。

一天天做出决定的结果，我保持稳定。

我持续不断的重新解释诺言。

沿着这条路一定会有，瞬间的辉煌。

总之，我就是我，但这一刻，还要更伟大的，杰出的记录，厅里的装饰。

我名字在三明治上。

对。

我将不再遗憾地回顾。

一个家庭就是一个队。

我将不再遗憾地回顾。

我会始终信奉理想。

我希望被记住，不是被回忆。

并且，我希望与众不同。

只要行动起来。

在画面的右下方，则是一句对卡尔顿的介绍：Carlton Fisk，到目前为止，已在主联盟效力21年。

此广告就是采用了名人广告的诉求形式，用具有说服力的行业代表来引起目标消费者的高度注意和自觉的跟从。而这个注意和跟从是一种生活方式和价值趋向的注意和跟从，是行为方式的注意和跟从。卡尔顿在此既是一个舆论的领导者又是一个示范性的消费者。广告中产品的目标消费者是运动员和运动爱好者、运动崇尚者。广告是以运动员中的佼佼者做模特，讲述出运动员的心声。

思考与练习题：

分别阐述报纸广告和杂志广告媒体对平面创意设计的意义。

第14章

户外广告媒体创意

凡是在露天或公共场合传播广告信息的物质或工具，都称为户外广告。户外广告一般是路牌、霓虹灯广告、气球广告等设置在露天里的各类广告的统称，但主要是指路牌广告和霓虹灯广告。户外媒体环境分析与电视、广播、报刊不同，它具有更强的灵活性。户外广告媒体是可以不断有新型的媒体产生的。比如沙滩广告，在沙滩上用有模具的压路机轧出广告图案。在世界各地，一些更新颖的广告载体正被开发出来，比如最新的广告技术可使被推介商品“悬浮”于半空中，英国有人发明了车轮上的广告，法国嗅觉广告正在兴起，美国推出热气球广告等，美国的一家广告公司更是异想天开，打算向太空发射一个直径达20km的球形广告牌，把广告做在这个小月亮上。

1. 户外广告的优点

地理方位的可选性；传播信息的持久性；信息表现上的直观性。

2. 户外广告的局限性

注视时间短，传达信息有限；广告目标对象的选择性差；注意度差。

3. 选用户外广告的注意事项

简化信息；合理处理画面与色彩；注意与周围环境协调；讲究易读性。

一、路牌广告

这是指设立于街头、路边以油漆绘制或喷绘制成的表现广告产品特性或企业精神的巨型广告牌。由于在较长的时间里，广告牌固定地设置在街头、路边，它在向行人进行广告宣传的同时，也客观地起到美化环境的作用（图14-1a～图14-1b）。

根据户外广告牌的面积及形状，可把户外广告分为三种类型。

（一）“S”型牌

广告牌面积超过250平方米，常分布于各楼顶，楼侧面等位置，因为面积巨大，数目相对较少。

（二）“B”型牌

广告牌面积在21平方米至29平方米之间。“B”型牌主要分布于各楼宇、桥梁等位置，面积大，位置佳。

（三）“P”型牌

广告牌面积在1平方米至20平方米。“P”型牌随处散布，如人行道灯箱、灯柱灯箱、电话亭、车亭等小型广告牌。

不同的牌型满足不同产品的需要。不同产品类型在选择不同类型的户外广告牌方面也表现出一些特征：药品、电器、饮料等家用产品，选择“P”型牌较多。财务银行、不动产以“大”著称。财务银行和不动产多选择一些较大面积的“B”型和“S”型的广告牌，因为面积大，数量少，适合品牌或公司形象宣传（图14-2a～图14-2c）。

图14-1a
纽约广告节获奖作品1

图14-1b
纽约广告节获奖作品2

图14-2a
路牌广告1

图14-2b
路牌广告2

图14-2c
路牌广告3

图14-3
洗发水广告

二、空中广告

即通过空中媒体——气球、飞艇、球伞、吊篮、激光等，传播具体可见的广告信息，也是一种新兴的广告形式。不论何种空中广告，其特点不外乎以下几点：

（1）注目范围广大，并且一旦为人发现，多有“连锁反应”发生和长时间的注目效应。

（2）越是人口稠密区效果越强烈。

（3）广告单纯，印象深刻。

这种广告的缺陷是极易受天气和地理条件影响的，广告效应的重复性差，出现频率不能固定，且费用昂贵，普及性不强（图14-3）。

（一）气球广告

它主要用于展览馆、体育场、广场、集会、集市的上空，将大幅广告标语或广告画幅，用特制的大型气球升入高空，然后在一定的高度用地上的绳索固定。气球色彩明艳，随风飘舞，最适合制造热烈的气氛。

（二）飞艇广告

飞艇是一个巨大的充气体，形状像船。它从气球广告发展而来，但比前者更高级，效果更强烈。体型庞大，可游移飞行，能收到大区域的注视效果。广告主可将它飘浮在一个城市的上空，从地面控制它的飘浮范围。在飞艇上，可以做各种商品广告宣传，既醒目又新奇。在1988年汉城奥运会前，美国“柯达”彩色胶卷公司就曾将涂有柯达胶卷标志色的黄色飞艇飘浮在异国上空。

（三）飞机广告

它在高空利用机尾喷出的各色化学烟雾写字或画简单的图形，新颖别致，易造成令人惊叹的效果和万众瞩目的景观。此形式需事先对飞机的飞行轨迹作周密计划，操作时技术难度极大，费用昂贵。

（四）激光广告

它将地面的激光经过电脑的程序设计射入天上的云层，利用云层的反射，打出文字图案，鬼斧神工，令人叹为观止，仿佛天上的霓虹灯（图14-4）。

三、电视墙广告

电视墙是一种高科技的传播媒体，是由许多小电视组合而成，具有影像显现、文字显示功能，能与电脑连线，发挥电传视讯、实况转播等功能。电视墙的缺点是画面分割过于明显，近处不易看出屏幕显示的图像，画质不如一般的电视（图14-5）。

四、霓虹灯等灯箱广告

这是特定的在夜间使用的广告手段。通过这种广告，可能在黑夜中以一种亮丽的色彩展示出商店招牌。一则便于夜间人们逛商店寻求位置；二则突出自己商店的位置吸引人们前来。这是户外广告中最富丽堂皇的一种，它往往与其他形式的广告结合使用，以互相辉映、不断闪烁的灯光使受众在视觉上产生强烈的动感。它属于夜间影响较大和最为吸引公众注意力的广告媒体（图14-6）。

在现在的繁华街道两旁，一般都有专门刊登广告的灯箱。充分利用它的作用，可以淋漓尽致地展现商品的色泽、品质等内容，也可充分展示企业的形象风貌。

（一）灯箱广告的优点

（1）制作精美，配合灯光效果，更能给人一种赏心悦目的感觉。

（2）保存时间长，可使人们长时间反复地仔细阅读。

（3）受众范围广，凡此街道上的过往行人，车辆中的人，等候公车之人等都能看到。

（二）灯箱广告的缺点

（1）没有现场气氛的烘托，很难吸引匆匆的过往行人驻足观看良久。

（2）易遭到人为破坏，给公众留下一个更差的印象。

五、电子快播板广告

电子快播板（Q板）能在极短时间将重要信息制作完成播出，突破传统户外看板的呆板限制，其关键就在于灵活地利用电磁效应，操作四色旋转体。成千上万的旋转体，各有四种颜色，加上数十种混合色阶，使电子板成为极富变化的超级大拼盘。使用者可依排列组合拼出想要的文字和图案。电子快播板本身就具有耐久、防热、防静电、防紫外线等功能，所以电子快播板在相当长的期限内，不致有毁损之虞（图14-7）。

图14-4
空中广告

图14-5
电视墙广告

图14-6
霓虹灯广告

六、LED电脑看板广告

LED电脑看板是由成千上万LED粒子所构成。LED粒子，又叫发光二极管，是一种有颜色的发光体，呈圆球状。目前使用的LED有红、绿、黄、黑四种颜色，能排列组合成千变万化的图案和文字。如利用色阶的差异性和快速的变化，能表现出立体感和动画的效果：通过软件网络与新闻结合，能及时反映社会脉动，发挥户外小型电视台的功能，提示商品的相关信息，以此激发消费者的购买欲望。这类广告，一般适用于商店经营档次较高，面积较大，目标顾客群文化水平和物质收入水平较高的商店。运用电子屏幕显示广告，可使顾客在逛店之时，无意中即看到广告内容，从而产生一种吸引力。但由于显示不够详细，这就会使得他们亲自赶往商店现场，从而给商店带来不尽的客源（图14-8）。

图14-7
电子快播板广告

图14-8
LED广告

思考与练习题：

阐述户外广告媒体对平面创意设计的意义。

第 15 章 其他各类广告媒体创意

一、电话广告

电话有近百年的历史，但被用来做广告媒体还是近十年的事。电话从最初意义上的听觉系统的交流工具发展为各类信息，包括广告信息的传播媒体，是一个必然趋势。现在，许多广告主把电话广告作为与直接邮寄广告具有同样功能的广告形式。尤其在推销员的工作中，可以先用电话与消费者联络，对商品做简单介绍后，再对有兴趣的消费者进行面对面推销，提高工作效率。

目前，国外有人正在研究开发电话广告的新领域，将广告公司与电话局总机之间联在一条线上，利用打电话的人拿起话筒拨号码的短暂时间做各种广告宣传，号码拨通后，广告随之自动停止。

加拿大一家电话公司，已经以家庭电话为目标，开创了电话广告业务。使用这家公司的电话系统，每当拨好电话号码后，首先接通的是长约4秒钟的广告信息，如“某某百货公司七折大酬宾”“某某餐厅即日起推出节日大餐”等，广告插播完毕后，通话线路才接通。我国自改革开放以来电话的普及已有长足的发展。为此，许多城市的电信局都建立了信息服务台，可以向用户提供诸如电影的场次、城市的饮食服务点、旅游路线等信息服务，这也是一种广告业务。

二、赠品广告

以馈赠为手段，博取用户对企业的好感和记忆（图15-1）。

（一）小型礼品或纪念品

此类赠品要有吸引力，更要有广告效果。一则要与产品有关；二则应是家庭或个人的日用品。发送对象应是目标消费群（包括潜在的目标消费人群）。

（二）免费卡

国外正流行着一种新的广告载体——免费卡，由于其外观和明信片差不多，又被称为广告明信片。这种卡片设计精美，广告以另一种雅致新颖的形式呈现出来，有很高的欣赏和收藏价值，放在酒吧、饭店、机场、书店等高档消费场所供人免费取阅。1988年，广告明信片始于丹麦，此后迅速在各地蔓延开来。1999年，一澳大利亚人将它引入中国，在上海开办了上海邮人商务咨询有限公司，现已将这种业务拓展到全国十多个城市，为200多家公司制作了400多种广告明信片。明信片广告价格低廉、相对独立、传播迅速而持久，被市场认同后，将具有广阔的市场空间。

三、雇员广告

这是当今许多国家喜欢采用的一种广告形式，即雇人充当广告媒体，佩戴广告绶带或持广告旗帜站立街头或巡街展示。在国外一些城市街头，经常可以看到穿着广告衣或拿着广告牌的人招摇过市。有时，他们还在街头表演一番，并高声喊出广告上的内容（图15-2）。

一般是在节日里，聘请一些人员穿上特定的服装或拿着特定的物品在商店所辐射的商圈内进行广告宣传活动。可分为三种形式：

一是聘用普通人员穿着特定服装，以此来烘托商店气氛，或展示商店的新购品种。二是聘用专业人员进行相关商品的演示，知识普及讲座，或是进行一些文娱性活动、演出，以此来吸引大批客流。三是在特定的节日里，聘请一些人员装扮成各种人物、动物等，如圣诞前夜请人扮圣诞老人，一则吸引人们的注意力；二则可宣传商店的亲和形象，提升公众对商店的评价。

四、电影广告

2001年起，在电影院里放映国产和进口大片时可

图15-1
赠品广告

图15-2
雇员广告

图15-3
电影广告

随片播映广告。除了随片广告，电影广告还包括影片印有广告主产品形象的各种海报、彩卡、宣传页、文化衫等。由于广告是在黑暗的电影院放映，广告有效到达率高，是电视等其他媒体所不能比的，价格也比电视广告低许多。当然，随片广告对受众的覆盖率面相对电视而言要小得多，适合受众特定的广告经营者（图15-3）。

随着电影营销的进一步发展，电影广告在我国越来越普及。电影广告大都较短，1～5分钟不等，在正式电影开映前加映。

主要特点有：

（1）同场观看人多，有气氛，有群体的交流性。

（2）强迫性大，不像电视广告播放时观众可自由换台或离去。另外，被专注性强，电影院里观众的视线只能专注于银幕。

（3）银幕宽大，效果逼真，音响强烈，场内秩序好，因而广告印象深刻。

（4）数量小，不易造成观众的厌烦情绪。缺点是传播面小，制作成本高。

五、日历广告

日历广告的最主要特点是能持续进行一年的广告宣传。作为新年前夕的一种馈赠与致贺品，容易引起被送者对企业及产品的友好联想。因此，日历广告又是公共关系的一部分，具有沟通企业之间、企业与个人之间和个人与个人之间感情的功能。

日历广告有挂历、台历两大类型，其中挂历广告最为常用，广告内容也大都与挂历的画面内容具有一定的联系。值得注意的是，日历广告与样本广告或产品说明等广告形式有所不同。因为日历（特别是挂在墙上的）是房内装饰中较醒目的一部分，所以日历广告在印刷精美、艺术设计的同时，更应注意减少日历的“广告味”。日历广告成功的一个诀窍是：广告性越弱，广告日历的效果就越大。

六、售点广告

售点广告，又称店头广告，简称POP（point of purchase advertising）。顾名思义就是在销售点能够促进销售的广告物，或其他能提供有关商品信息、服务、指示、引导的标志。如店内悬挂物、橱窗和柜台的设计、商品的陈列，以及在店内外竖立的能够标示产品特征的立体物等。售点广告是营销活动不可或缺的关键一环，是营销传播活动系列的终点。

售点广告是一种自办媒体，广告主有较大的传播自主性。企业可通过售点广告将自身形象向社会传播，扩大商店或企业的知名度、美誉度。对商店来说，POP广告是它的“脸皮”，能够突出商品的特点和优点，引发消费者对商店差异化的认识，美化购物环境，营造购物氛围，显示商品和服务质量，激起购买欲望，促进销售（图15-4）。

POP广告具有引导消费的作用。有数据表明，一般目的非常明确的购买只占总购买行为的28%~30%，多数的消费者往往是在销售场所临时做出购买决定的。制作精致的POP广告具有很强的直观性和诱惑力，能使消费者迅速产生亲切感、认同感，起到引导提示的作用，方便消费者的购买，也能改变一些消费者原来的设想和购买习惯，做出有利于本企业的购买决策。同时售点广告还可以营造销售气氛，激发消费者的购买欲望，直接提高购买率和购买量。POP广告提醒消费者购买早有印象的商品，这对于差异不大的商品来说，意义重大。当前大型商场在每个柜台前一般都配备了一名导购员为消费者提供各种咨询和建议，从一定程度上讲，导购员的形象也成为一种现场广告的形式。

POP广告一般要求设计精美，保持清新整洁。最好能整体设计，长期使用，可以节省宣传费用。经常看到有些商场的悬挂物不是因为时间太久而色彩全无，就是因为懒得清洗“蓬头垢面”，这不仅会影响传播效果，还会损害商场的形象。

售点广告可分为室内POP广告和室外POP广告两类。

（一）室内POP

根据广告的发布所借用的媒介不同，可以有以下分类。

1. 厅堂POP布局

这从直接意义上而言并不是广告，但若布置恰当，使一些商品能够恰当地凸现来，则也可以认为是借助整个厅堂而进行的广告了。当然，这也是室内的最大的POP广告（图15-5）。

在西单购物中心，其主厅设计，即是利用在电梯的上下之间做成一个近4000m^{2}的天井。这样，在乘客上下电梯之时，对各层最显著的商品都能一眼看见，很容易留下一个较为深刻的形象。同时，这种布局，也给顾客一种舒适感，视野空间顿觉开阔许多。

2. 商品陈列POP布局

它的作用与厅堂布局的作用有着类似之处，但由

图15-4
售点广告

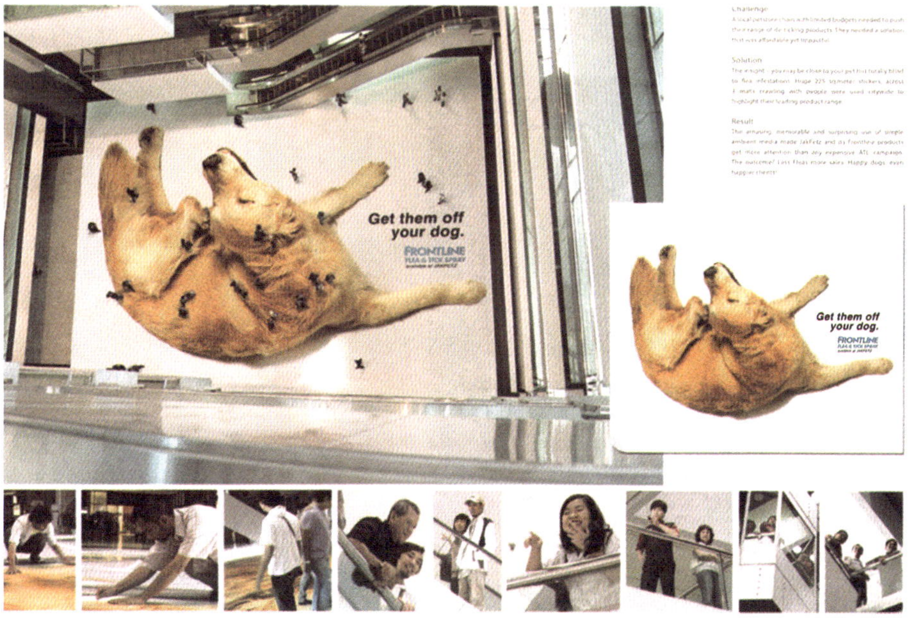

图15-5
厅堂POP

于它与消费者距离最近，故而也最能引起消费者的购买兴趣（图15-6）。

商品的陈列要注意以下原则：

（1）**最畅销**。最能引起消费者兴趣的商品，应陈列在货架外沿中部，距地面约0.7～1.2米，这是消费者第一眼所见的最佳货架位置，能直接提示消费者。

（2）**贵重物品**。这是购买者较少的商品应置于第一层的正门所见之处的柜台内，一则可提升企业档次；二则借助穿梭而过的人流不致显得冷清；三则也较为安全。

（3）**新款服装**。最好选取几类让模特儿穿戴，全方位地予以展示。

（4）**玩具、儿童用品类**。最好是能构筑一个玩具城，将每种样品置于其上并恰当搭配，则很容易激发儿童的兴趣，进而促成家长的购买行为。

3. 货架POP广告

货架的位置设计，将直接关系到消费者的选购顺序，以及是否愿意就此继续去，因而也是广告的一部分。其设计方法，主要有以下几种：

（1）**环岛式**。这种方式为了凸显岛中的商品，并以环岛外围的商品作为陪衬。一般适用于服装品牌荟萃等类。

（2）**行列式**。这是商店的一种常用布局方式，其结构特点方便易行，易于人们选购商品。一般适用于食品、日用百货的自选型商店。

（3）**岛屿式**。这是将环岛式予以分解成多个独立的小岛。这种经营方式，既占空间面积，又不易规范管理，一般只适用于需求量很大或是需求量远远大于供给的商品。

（4）**综合式**。这是将上述三种方式加以重新的组合。根据商店的空间、商品特征、销售情况等因素，予以重新的组合，以此来求得完美的结合效果，从而使商品的广告效应更加突出。

4. 店堂墙面POP广告

在商店内总会有一些多余的墙面，与其空留白壁，倒不如张贴一些店内所售商品的广告海报或优惠告示。这类广告的张贴一定要注意总体规划，与周围所售商品的购物气氛相一致，切不可胡乱一贴，弄得像个广告栏似的。这类广告的作用是，当人们在商品堆里转来转去时，眼睛自会疲倦，身不由己地抬头观看周围的东西，而目光会很自然地投向墙面。此时若有另类精美的广告映入眼帘，势必会刺激神经，对此留下深刻的印象。因此，它的广告作用也是不可替代的。

5. 圆柱POP广告

这与店堂墙面广告有着相似的地位与作用，只是更适宜于某些立体感较强的广告画的张贴。

6. 空悬POP广告

这是那些厅堂较为高大，或是天井式布局的商店所常用的广告，有点类似于店堂建筑外的空悬广告。主要是醒目地告示消费者，某个品牌、某种商品此处有售，另外，也可营造一种浓烈的购物气氛。

7. 观光电梯POP广告

这是指用透明的电梯上下，让顾客在其中深刻感受商店的气势，并粗略地看到商店内的商品布局，而且对一些商品有个粗略的了解。这一般只适于那种规模庞大，楼层较多，且为天井式设计的商店，以这种奇特的方式来达到广告效应，吸引顾客。例如，新东

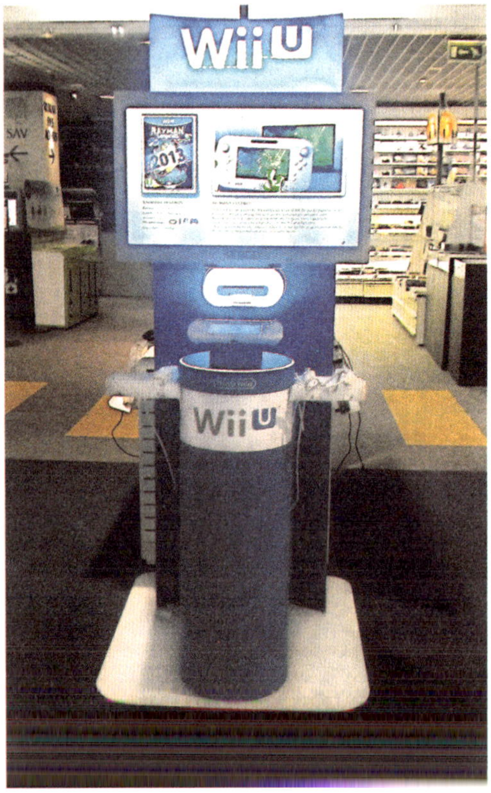

图15-6
商品陈列POP

安市场就采用了这种观光电梯，每日上下电梯的人数都屡屡爆满，引得一片片兴旺的客流（图15-7）。

8. 模特POP广告

这是以塑料模特让其身穿特定服装，或手持特定物品，或头戴特定帽子，或脚穿特定鞋袜，以此来作为商品的特定广告。对于服装类，用塑胶模特来做广告，是最适宜不过的了。商店可以选择各种不同的身材类型作为模特试穿，以最美的一面展示给顾客，起到一种示范作用。对于一些特定物品，如玩具、礼品等，也可用模特来展示。只是这类模特衣着一定要普通，否则喧宾夺主，人们不知所欲展示广告的商品是哪种了。

9. 折价优惠POP告示

这类广告是最能撩拨消费者心弦的，往往置于入口处、电梯间、商品货架上等地，从醒目的告示起到准确的告示作用。但这类告示也最容易引起纠纷，因此，须有以下内容引起高度重视。

（1）告示内容须明确，注明是哪个品牌、哪个商品、哪类商品等内容进行优惠折扣措施，以免引起分歧。

（2）告示内容的商品必须是确实有一定的供应量，否则等于空头支票，消费者往往有一种被戏弄的感觉，如此一来，则商店岌岌可危。

（3）告示内容一定要简洁明了、醒目，让消费者在瞬间就获得全部信息，此时最容易诱发购物冲动。

（二）室外POP

这类广告，虽不在直接购物的现场，但由于是在去往该地的沿线路旁，可看作是售卖现场的延伸，只是不同于室外POP广告，故暂且称之为场外POP广告。其主要内容也是根据交通工具而派生出来的，主要有。

1. 公交POP广告

这是将经过商店门前的公交车辆广告买下，用以发布商店的新品信息，或是展示企业形象。如，北京的庄胜崇光商场就是买断了电车102路车辆的广告，用以刊登企业的形象广告和优惠特卖措施。这类广告，有着如下的优点：一则是直接昭示商店的形象，发布着相关的商品信息；二则是便于人们前来购物；没去过该地的人，可能会见此公交广告，而直接乘车到商店所在地；三则是持续时间较长，对于每天经此路车上下班的人们，无疑有着重复、重复、再重复的作用（图15-8）。

2. 流动POP广告

这是指在购物现场周围，专门租用车辆进行商店产品的形象宣传，或是直接开展送货上门的服务。这类广告，一则以流动的形式进行企业形象宣传，易吸引过往行人；二则以方便快捷的服务提供给人们，方便人们的生活，容易获取好感；三则是壮大了商店的形象和气势，给人一种气氛浓烈的感觉。

3. 站牌POP广告

这是在各公交车的站点指示牌，出租车的准停站点指示牌上，附带做商店、商品的形象广告，有着与上述两类POP相似的作用（图15-9）。

图15-7
观光电梯POP

图15-8
公交汽车POP

图15-9
站牌POP

七、包装广告

包装广告是与产品贴得最近的广告宣传。包装有小包装、中包装、大包装、内包装、外包装、软包装、硬包装。大包装、外包装、硬包装又称为运输包装；小包装、内包装、软包装则都附带产品说明的性质，产品的详尽信息或企业观念的宣传大都体现在上面。随着超级市场或无人销售商店及开放型百货陈列的普及，包装广告（特别是日用消费品的包装广告）越来越被人重视（图15-10a、图15-10b）。

包装广告的特性体现在如下几个方面：

（1）同商品一体，广告宣传的验证性强。特别是优质广告与优质产品的双重印证，势必产生良性的连环效应。

（2）在购物场所陈放的包装广告，其观者即为欲购物者，对包装广告具有非常的专注性，也最易下最后的决心，尤其是在包装十分精美的情况下。

（3）包装广告更具有“无声推销”的属性，往往较其他媒体广告更令人放心，且离产品最亲近，广告宣传理所当然、理直气壮，因而极少给人“广告味道”。另外，“无声推销”的属性还使某些特殊的商品如治疗“难言之隐”的药物、男士化妆品等商品的推销变得简单迅速。

（4）有些商品的包装具有重复使用的价值，特别是在我国，精美而结实的包装纸和购物袋很少被人丢弃，大都被挪作他用，因而其广告便会以更高的频度和更长的时间影响人们，不仅扩展到熟悉的家人、单位的同事，而且还扩展到更多的陌生的路人。

（5）包装广告是产品的“免费”附加物，因而极易被人“同情”和理解，其给人的记忆也往往同产品形象连在一起，所以识记率高，对产品形象有强化作用，易于“培养”购买者的购物习惯。由此说明，包装广告是最有经济实效的广告。

八、展览广告

（一）展览广告的形式

展览的形式多样，有博览会、展销会、交易会、洽谈会、交流会、新产品发布会以及固定场所的产品陈列等，因而展览广告的形式也是综合的、多种多样的（图15-11a～图15-11g）。

（1）**开放型的广告形式**。观众可自己动手，亲自体验。

（2）**动静结合的立体化广告形式**。在展出产品、文字图表与照片的同时，更多地运用形象生动、信息含量大的幻灯、录像等传播手段。

图15-10a 包装广告1

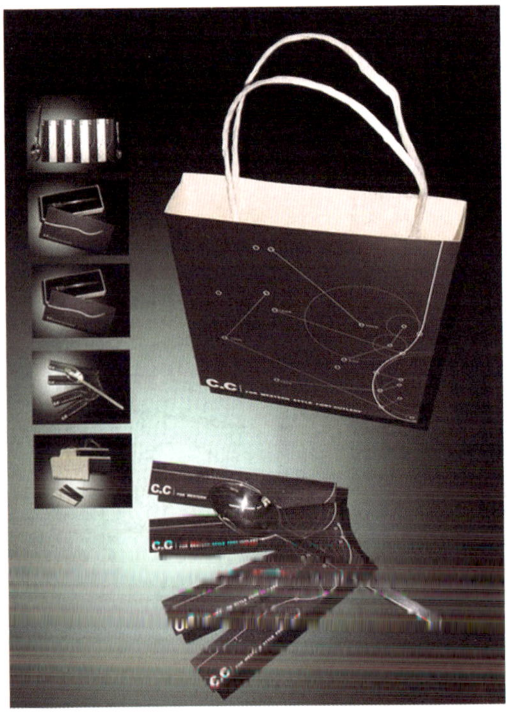

图15-10b 包装广告2

图15-11a
展览广告1

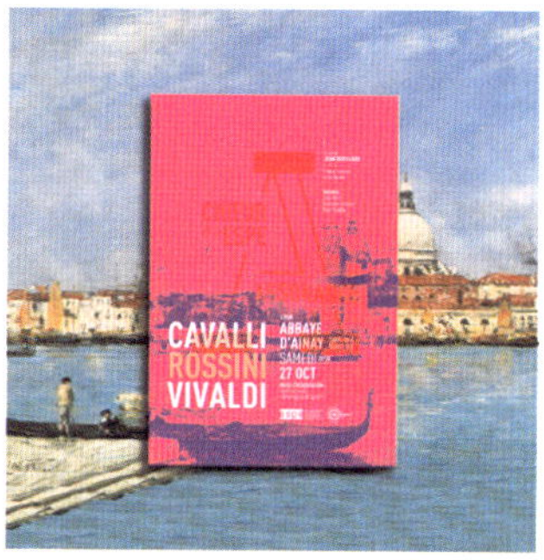

图15-11b
展览广告2

图15-11c
展览广告3

图15-11d
展览广告4

图15-11e
展览广告5

图15-11f
展览广告6

图15-11g
展览广告7

（3）当场示范表演的广告形式。如时装表演、机械操作表演、工艺制作表演等。

（4）与公共关系结合的广告形式。

（二）展览广告的特点

（1）最能迅速而直接地促成大规模批量销售的效果。

（2）面对面的情报传达与信息交流。

（3）信息量最为集中，能全面展示商品的各方面。

（4）具有对新产品的广告诉求的验证性，有利于今后的整体策划。

九、样本广告

产品样本中分为宣传样本和推销样本两类。

宣传样本的作用是为公司或企业做宣传，树立形象，扩大知名度，主要介绍企业的历史、现状、经营项目、销售网络、销售情况、技术管理、科学研究等。跨国公司的样本还把其高级行政管理人员以及世界各地的子公司情况逐一介绍。宣传样本可以是简单的单页、大一点的小册子，或者是画册。推销样本是以直接推销产品、扩大服务为目的的，具体介绍各种商品牌号、规格、花色、价格、方便和服务设施等（如图15-12）。

在西方发达国家，几乎所有的专业商店都有自己的商品样本或目录、单张、折页，文图并茂，印刷精美，明码标价，顾客可随意领取。企业也可对参观来访者奉送一本或一套有关自身宣传的小册子，在沟通产销之间、买卖之间、企业与社会的信息交流和贸易活动中发挥着快捷明显的作用。

与其他媒体广告比较，样本广告的特点主要是：

（1）宣传对象更明确、更集中。有些高档商品的样本，是有目的地送给购买者，以便其阅览和考虑购买商品用。

（2）情报更具体，更详尽，更具说服力。

（3）具有长久阅读和保留价值，特别是工艺品、服装样本，常会被人当作艺术品收藏。

（4）信息反馈快，广告效果明显，尤其是在店堂里、交易会上，常可使买主按图索取，看样成交。

（5）样本注重严密而精确的资料性和知识性，从文到图最少“广告色彩”，很少让人感到厌烦。

十、招贴广告

招贴广告也称为海报广告，它们属于户外广告中最原始、最古老的形式，是在街头指定的广告牌上或在销售地点及其他公共场所张贴的印刷广告、海报等。招贴广告是一种历史悠久的广告形式，经久不衰，至今仍有其他媒体广告不易替代的功能（图15-13a~图15-13e）。

这类广告手段，通常是在指定区域、指定位置或合法张贴区域所张贴的企业产品广告画，它具有以下优点：

（1）目标顾客准确，能完整地传达商品相关信息给目标顾客。

（2）张贴成本较低，一般只有一张画的印刷成本，一点糨糊和人工的劳务费，非常廉价。

（3）张贴方便，时间、地点、工具等没有什么限制。

（4）启动性强，可在一定的范围和极短的时间内造成较大的声势。

（5）艺术感染力强。招贴广告大都是以图画为主，设计考究，最能给人以视觉上的美的享受和心理上的美的熏陶，特别是有关艺术和体育内容的招贴广告。

但同时也有不少缺点：

（1）目标顾客范围很小，通常局限在一个非常小的活动区域内。

（2）保存时间短，很快就会被撕掉或被其他广告所遮住。

蓝光天娇城商业折页1

蓝光天娇城商业折页2

图15-12
样本广告

十一、交通广告

这是指设置在公共车辆、船舶、飞机内部的广告。交通媒体因其公众流动性大、接触的人员多、人员阶层分布广泛而成为很有影响的地区性广告宣传媒体。交通广告就是利用火车、地铁、公共汽车、出租车、电车、客轮和客机等交通工具和车站、码头、机场等的建筑物，以及交通主要道口、设施等设置或张贴的广告。交通广告可分为车身广告和驿站广告。我们这里主要介绍车身广告。车身广告又可分为车内广

图15-13a
克鲁索男士内衣裤推广海报1

图15-13b
克鲁索男士内衣裤推广海报2

图15-13c
克鲁索男士内衣裤推广海报3

图15-13d
克鲁索男士内衣裤推广海报4

图15-13e
克鲁索男士内衣裤推广海报5

告和车外广告。车内广告（含飞机内、火车内、轮船内）费用比较低廉，但阅读时间相对较长，适合做旅游和购物指南类广告，车外广告大都做在汽车和出租轿车上。公共汽车广告分车身两侧广告和车后广告。车后广告虽然面积较小，但从路人的视觉习惯上来说，比两侧广告的视觉停留时间要长些。出租车广告大都做在轿车顶盖上，夜晚时，灯箱式照明面积不大，却颇为醒目。交通广告流动性大，接触的人多，广告对象阶层分布广泛，阅读时间长，费用低廉，适合中小型企业的广告宣传（图15-14a、图15-14b）。

十二、楼宇广告

楼宇广告指投放在户外楼宇超大液晶屏、电梯等候区的楼宇液晶电视、电梯内部的框架等的广告。现代化的大城市里，高层建筑越来越多，电梯在上上下下的运动中，给人们提供了一个新的空间。在没有电梯之前，一些小商小贩在住宅楼的楼梯间贴满了大大小小的广告，搬家的、疏通管道的等，实用而且方便。现在，现代化的电梯里外，更是一个良好的信息发布场所，在等电梯时，人们往往因可视内容太少而感觉到有些尴尬，如果这时有些精彩的广告可看当是比较轻松的。而在电梯里面，广告也可打破沉闷狭挤的气氛，多些生活气息。电梯广告能很好地利用人们在乘坐和等待电梯时的空白心理，具有接受人群消费能力强、数量稳定、价格低廉、阅读的强制性和反复性的特点。国外研究显示居民平均每天使用电梯5次，居民平均每周有两位来宾到他们的公寓。

目前，楼宇广告已实现了对受众的“全程渗透”，从写字楼到商住公寓，从便利店、银行到高级酒店、高尔夫球场，目标消费者所行所至的所有场所都化为有力的“终端”。在楼宇电视广告中，一个场所接触到广告的受众是特定的并且是相对稳定的。显示屏覆盖的场所越多，接触到广告的受众也会相应增加，广告的覆盖人群就越高，这样，广告传播的范围也更大、更有效（图15-15）。

早在2005年，中国传媒大学副校长丁俊杰指出，就行业整体发展态势来说，楼宇电视媒体已经进入了行业的“黄金发展时代”。他呼吁这样一个“黄金行业”媒体应尽快制定一整套行之有效的行业广告标准，从而推动楼宇电视媒体更加良性快速地成长。在随后不久的上海中国楼宇电视广告标准研讨会上，聚众传媒结合专家学者意见提出了楼宇电视广告业的首个行业标准，包括一些具体量化指标，比如：楼宇电视所在环境的噪声不能超过55分贝，因为环境专家指出，60分贝以下的噪声对于身体健康的人一般不会引起人的厌烦，但对于长期生活在工作压力大、身体较为疲惫、处于亚健康状态中的人就有一定的影响。而75分贝的噪声已经严重影响人的思维和情绪。因此，大卖场等嘈杂场所不适合做电视广告。

图15-14a
交通广告1

图15-14b
交通广告2

图15-15
楼宇广告

十三、电子菜谱广告

电子菜谱是以中高档餐厅里平板电脑、ipad等电子产品为媒体，通过高清大图、3D效果、视频效果、音频效果、超链接效果、电视节目效果来增加品牌的公众认知度，面对的受众都是高收入人群，使品牌传播达到最佳效果，充分利用时尚的概念，是到目前为止最年轻、最时尚的新媒体（图15-16a、图15-16b）。

电子菜谱广告是指利用平板电脑可视听化效果，充分结合当今餐饮酒店行业的发展趋势，将广告以图片、文字、视频、互动的形式植入到平板电脑内置电子菜谱当中的一种新媒体广告。它具有诸多优势，如高清触摸电容屏保证了优质的广告显示效果和互动性；运行流畅，保证高清图片及视频的高保真呈现；六大板块八大频道，频道设置清晰，提高广告到达率；全天候广告服务，不受天气等因素的影响，更好的发挥广告价值；广告的强制性高，费用低；人群数量稳定，广告接受于用餐、聚会时段，具备良好的话题环境，是品牌传播的理想场所和时间等。

电子菜谱广告具有以下特性。

（一）针对性

迎合人们休闲娱乐时间碎片化的需求。由于工作与生活节奏的加快，人们的休闲时间呈现出碎片化倾向，电子菜谱媒体正是迎合这种需求而产生的。

（二）科技性

满足随时随地地互动性表达、娱乐与信息需要。以互联网为标志的第三代媒体在传播的诉求方面走向个性表达与交流阶段。对于网络电视和手机电视而言，消费者同时也是生产者。

（三）主动性

人们使用电子菜谱媒体的目的性与选择的主动性更强。

（四）个性化

媒体使用与内容选择更具个性化，导致市场细分更加充分。

（五）内容广

在公共类的交通、运输、安全、福利、储蓄、保险、纳税等方面；在商业类的产品、企业、旅游、服务等方面；在文教内的文化、教育、艺术等方面，均能广泛地发挥作用。

图15-16a
电子菜谱广告1

图15-16b
电子菜谱广告2

十四、数字杂志广告

从本质上来说，“杂志”是一种信息的集束方式，超链接的互联网站也可被称做是数字杂志。而事实上，第一代数字杂志就是以超链接的网页形式出现的，发展到现在已经是数字杂志的第三代了。

多媒体杂志，不仅是制作精美、内容精粹、信息集束、书刊效果的图文、数据、音视频综合运用的电子出版方式。而且具有逼真的书刊效果，翻动页面还会发出“唰唰”的声音；动感十足的图文，点击书上的人物还能开口说话；曼妙的背景音乐、精彩的视频、三维的图像等，无不给人以精美的阅读体验。多媒体杂志还具有无刊号之困扰、无印刷之耗费，内容更新便捷、杂志流传迅速，可以与网站整合、可以与读者互动，图文资料可以让人方便地拷贝，也可以较好地进行版权保护，还能准确反馈阅读次数、读者层次，设置阅读权限等一系列的优势。“多媒体杂志”也就成了第三代数字杂志的代名词（图15-17a～图15-17e）。

图15-17a
数字杂志广告1

图15-17b
数字杂志广告2

十五、移动电视广告

移动电视广告是以移动电视、车载电视、地铁电视等为主要表现形式，通过移动电视节目的包装设计，来增加受众黏性，便于广告投放。

移动电视作为最具开发价值的第五大媒体，以其独有的优势得到广告客户的青睐。移动数字电视是通过无线数字信号发射，地面数字设备接收的方式进行电视节目的播放和接收，是一种新型的、时尚的高科技电视产品。其在传输电视信号上等独特优势体现在，即便是在处于移动状态、时速不超过200公里的交通工具上仍能稳定、清晰地接收电视节目信号，显示出高画质、高音质的画面。

移动电视广告是针对乘客在车内停留的时间较长且处于休闲状态的情况，以其亮丽的广告版面、详实的文字图案给车厢内广告增添了无穷的活力。同时，车厢作为产品宣传的重要阵地，移动电视广告在这里表现出其他媒体不可替代的广告受众率。

十六、黄页广告

自1900年上海出版第一本电话号簿以来，上海“黄页”的历史已逾百年。1998年5月，上海电话号簿公司与美国最大的黄页公司Verizon合资，成立了上海大西洋贝尔黄页广告公司，近两年每年广告收入都超过亿元，占全国“黄页”广告收入的4成，在全

图15-17c
数字杂志广告3

图15-17d
数字杂志广告4

图15-17e
数字杂志广告5

国黄页产品中名列第一。上海黄页产品已有20多个品种，形成多媒体的系列产品，有纸质黄页、电话黄页、网络黄页、WAP黄页等，全方位多媒体信息通道，给市民带来了更多的方便。“黄页中有金矿”。在美国，75%的用户每天使用黄页。如今，黄页已成为独立于出版、广告之外的“黄页媒体”。因其发行量大、覆盖面广、保存期长，又被誉为“第五媒体”。

十七、直接邮寄广告

邮政广告又称直接邮寄广告，英文全文Direct Mail或Direct Mailing的缩写，简称DM。直接邮寄的形式可以免去“中间人”（即经销商），将产品或服务直接介绍给顾客。在西方发达国家，各阶层的居民总是不时地收到从邮局送来的印刷精美的折页、样本、贺卡、购物优惠卡等，大都是关于旅游、餐馆、饭店、航空、超级市场等方面的广告品，这就是DM——直接邮寄广告。在我国，邮寄广告的发展较为迅速，已不局限于征订单之类的初级邮寄函件了。邮寄广告分为一次性邮寄和数次性邮寄两类，主要是根据邮寄的目的和产品（或服务）的性质而定。它是指广告直接向目标公众送达广告信的一类媒体，可分为销售函件、商品目录、产品说明书、小册子、名片、明信片以及传单等多种形式。销售函件是一种十分简单的推销产品的信件；产品目录是将产品的各种形式印在纸上、供有意购买者参考选择的宣传品；产品说明书是指单页或几页不需装订的说明书，大多印刷精美；小册子是装订简单、开本很小的产品说明书，多为32开本或64开本，编印精美；明信片是利用邮局购买的明信片（单张），打上或写上产品及商店的有关供应情况，邮寄给客户的产品介绍；传单则是印刷普遍、编制简单的产品介绍。邮政广告的作用多是为了直接向消费者推销产品，以取得直接销售或邮寄销售的效果（图15-18）。

（一）邮政广告的特点

DM是将各种单一直接行销媒体组合起来，互补互辅，发挥其整体的合力。其特点主要表现在以下几个方面：

（1）邮政广告具有针对性，广告主可以对广告活动进行自我控制，可以有针对性地选择对象。

（2）邮政广告是针对具体的个人或具体单位的，因此具有“私交”性质，可以产生亲切感。

（3）不会引起与同类产品的直接竞争。

（4）不受时间和地域限制，可以有针对性地选择广告时间和地区，也不受篇幅的限制，可以较为生动地详细表达产品的信息内容。

（5）邮政广告可以进行征答活动，从而促成真实可信的信息反馈。

（6）有的放矢，准确性高，且制作简单，费用便宜。

（7）可为顾客安排方便的购买方式。

由于邮政广告所掌握的是直接用户，生产厂家不易受中间商的控制，因而它在现实中越来越受到广告主的重视，成为超越杂志的第二大印刷媒体，尤其是现代邮电事业的发展，更为邮政广告提供了充分的发展空间。

（二）邮寄广告的特殊功能

（1）针对性最强，且可根据预算选择诉求对象。

（2）收件人有种被人尊重的优越感，具有“私交”的性质，又可产生亲切感。

（3）反馈信息快而准确，极易掌握成交情况，有利于产品广告策略的制定和修改。

（4）在同类商品的竞争中，不易被对手察觉。

图15-18
直接邮寄广告

（5）形式灵活，不受篇幅限制，内容可自由掌握。

（三）社区直投杂志广告

住在一高档社区里，每隔一段时间就有可能收到一种免费的广告杂志，厚达200多页，印制精美，当然也是要你掏腰包买他们所推荐的东西。北京现在有《生活速递》、上海有《生活速递》上海版、大连有《时尚生活》、济南有《家与时尚》，都是此类。《生活速递》是国内第一本直投广告杂志，1998年11月创刊，现有上海版等分城市版，设计新颖，印刷精美，内容涵盖时尚、汽车、旅游、美食、IT等领域。以广告为主，内含打折卡。《生活速递》北京版的发行量为4.5万份，上海版为3万份。

在欧美国家中，不同阶层居住的社区有多种免费赠送的刊物，这种方式（DM）以质取胜，它追求的是传阅率、有效率、关注率以及影响率，有针对性强、渗透力强、形式灵活、覆盖面广的特点。直投广告杂志的优势在于定向发行，媒体和商品信息合二为一，媒介和内容高度统一，使杂志的受阅率提高，它的读者就是商品信息的接受者。从客观上说，直投广告这种形式丰富了媒体的层次，丰富了人们的生活，改善了我们的生活质量，起到了引导消费的作用。

（四）选用邮政广告的注意事项

直接邮寄作为平面广告媒体在具体的应用中应该注意技巧性，比如注意设计精美的信封或在信封反面写上主要内容简介等，这些都可以提高开阅率；信封上的地址、收信人姓名也要写工整；还要仔细撰写信的正文，并在信的开头写上收阅者的姓名，这样可以增加亲切感，对读者产生强烈的吸引力。邮政广告可以采取重复邮寄方式加深受众的印象。邮寄广告需注意的事项：

（1）由于针对性强，所以推销产品的功利性特别明显，往往使有些接收者产生一种戒备心理，因此邮寄广告的正文一定要写得诚恳、亲切，讲究文稿艺术。

（2）先不要贸然大规模寄送，应根据最初的信息反馈，经测试后逐步改进，以达到最佳结果，然后再做决定。

十八、票面广告

我国有关部门已同意利用中国体育彩票票面发布广告，又一种可以发布商业广告的新型媒体诞生了。中国体育彩票票面广告宣传将严格遵守国家有关广告管理方面的法律、法规和有关规定，广告位置设在彩票正面，分6个单位销售，内容不含烟草广告。与传统广告媒体相比，中国体育彩票票面广告有着费用低，覆盖面广的特点。目前，全国已有21个省市开发了电脑体育彩票市场，建立了2万余个销售网点。据统计，平均每星期发行6000多万张。其他各类交通票如火车票、飞机票、汽车票、公交月票、信封等也都是良好的广告载体，现在均已被人们认识和开发，只是尚处在初级层次。

思考与练习题：

分别阐述售点广告和邮政广告媒体对平面创意设计的意义。

第16章 特殊媒体广告创意

一、视频媒体广告

（一）以听觉为主要卖点的商品视频广告

以听觉为主要卖点的商品主要包括音响、麦克风等能够将数字信号转换成声音的多媒体硬件商品，这类商品视频广告希望能通过其广告画面表现其声音转换的精确性和音效的立体感。这类商品一般定位于年轻人以及对发声设备有较高要求的专业人士，所以广告风格普遍存在“科技风”与“年轻化”倾向。如果以字幕的方式将这类商品的卖点打在广告屏幕上，那么这种试图强迫消费者动脑筋、读内容的广告已经让人厌倦。而将卖点转换为视觉语言，利用消费者视觉与听觉的意识交错，将单一的听觉感受衍生到视觉享受，同时又以视觉增强听觉的冲击力，视听层面的感觉让音乐更立体生动，从而提升用户的感官体验。

（二）以味觉为主要卖点的商品视频广告

视觉设计作品之所以可反映出食物的味道，主要是因为通过色彩和图像可以心理暗示的方式刺激受众的味觉感受。以味觉为主要卖点的商品是食品，它们涉及少数酸、甜、苦、辣、咸的体验，要人们用语言来描述自己的味觉体验不是一件简单的事情，更不用说要用视觉语言来传达了。一般的视频广告通常采用的方法是告诉大家“好”的味道，或者“号召”大家来品尝，至于该食品到底是什么味道，消费者看了之后还是不知道。造成这种情况的原因是：一方面没有很好地利用每个消费者自身的味觉体验；另一方面则是视觉表达语言过于贫乏。

（三）以触觉为主要卖点的商品视频广告

“触觉和视觉是如此地互相补充，以至我们往往可以根据某物的外形来预言它在触觉上的性质。”以触觉为主要卖点的商品主要包括织物、表面有肌理的商品，以及现在普遍流行的触屏手机等电子产品。以触屏手机视频广告为例，大多数的广告设计师都会从用户的“综合体验”入手，利用各种手段着重表达使用手机后生活变得如何便利。三星Note系列手机的视频广告则与众不同，该视频广告以“手指舞”舞者的表演为基础，添加象征高科技的光线流和跟着背景音乐节奏跳动的色块、光束，让观众看了之后觉得用手指点触屏幕本身是一件酷劲十足的事情。同时，通过表演者充满魔术色彩的表演，向观众传达如下信息：三星手机的人机交互设计是如此的完美，让操作的过程流畅如舞蹈，不会卡机，更不会死机。

（四）以嗅觉为主要卖点的商品视频广告

以嗅觉为主要卖点的商品主要是食品与香水等，前者能够激起人们的食欲，而后者能够愉悦人们的精神。人类在品尝某种食物时有3个标准，那就是“色”“香”“味”，其中“香”即是指人类的嗅觉所带来的感官体验，在品尝食物时这种体验最为深刻，这就是为什么许多人在吃食物前喜欢闻一下的原因。相较于食物，香水更多地具有精神的作用，恰当地使用香水，可以体现使用者的个性，甚至提升使用者的自信心。然而，气味这种东西，无色，无形，要通过视频广告将其特点传达给广大受众，真是有些难度。

（五）以综合感为主要卖点的商品视频广告

以综合感为主要卖点的商品主要指不适合从单一的感官感受出发进行视觉化表现的商品。如东芝牌LED灯泡的视频广告就是以综合感为主要卖点的商品视频广告。灯泡这种商品广告不适合从观众的某一个或者两三个感官入手来做创意，东芝牌LED灯泡的视频广告的创意者使用了一个家庭的餐桌剪影作为主要表达语言，餐厅沐浴在LED灯的黄色灯光下，画面有表示男女主人公自相识起过去的天数，随着天数的不断增加，这个家庭由夫妻两个人变成了5口之家。在这温暖的家庭画面中，一直默默陪伴他们，给他们照明的就是这个LED灯。这时，灯仿佛有了生命和性格，温柔、宽容和可靠的商品形象立刻通过消费者的综合感受而树立起来。

二、事件媒体广告

近年来，事件媒体的兴起，以其独特的营销传播优势，越来越受到营销传播策划人员的青睐，迎合了市场竞争发展的需要。事件是指“历史上或社会上所发生的大事”。在事件营销中，一开始主要是企业把事件活动作为一种有效的传播手段，企划、实施可以直接参与并享受乐趣的事件活动。现在，事件已经不仅仅是一般企业的行为，政府机关或各种团体为了引起公众的注意，也进行多种事件活动。在事件营销中，事件（event）一般被理解为“突然发生的事情”，但我们将它解释为“预定好的好事”。

事件媒体，又称活动媒体，是指企业或组织在战略营销思想的指导下，通过策划、组织和利用具有名人效应、新闻价值以及社会影响的人物或事件，吸引媒体、社会团体和消费者的兴趣与关注，以求提高企业或产品的知名度、美誉度，树立良好品牌形象，最终促成产品或服务的销售目的手段和方式。

（一）事件媒体的兴起和存在的问题

事件媒体在商业领域的兴起是最近几十年的事情，由于各种商业广告及其他的宣传行为过热，造成人们面对大量的信息逐渐显得有些无动于衷。消费者的大脑对于品牌的记忆是很有限的。在媒体爆炸、信息高度密集的今天，人们每天直接和间接接受的产品品牌信息多达数千条，大型超级市场里陈列的货品的种类也是成千上万，可是能够记住的却寥寥无几。为了增强品牌的传播效果，事件媒体逐渐成为一种相当流行的营销手段。著名的手表品牌劳力士曾利用世界登山健将霍尔德梅斯纳不配带任何氧气设备攀登珠穆朗玛峰这一事件为媒体，当霍尔德梅斯纳站在高山之巅时，他举起手腕骄傲地向全世界宣布：“尽管我不带氧气筒，却不会不戴劳力士。”无独有偶，当年日本西铁城钟表商为了在澳大利亚打开市场，提高手表的知名度，雇用了一架直升机，将千余只手表空投下来。当幸运者发现自己拣到的手表居然完好无损时，都高兴地奔走相告，于是西铁城销路大开。江苏康博集团“波司登”羽绒服利用赞助中国南极考察团第16次科考活动这一事件为媒体，在出发前的壮行上，所有的科学家和工作人员清一色穿着“波司登”羽绒服，国内数十家媒体的记者云集，声势浩大。而搜狐“时尚手机之旅”采用的事件媒体是在海拔5355米的四川四姑娘山顶峰，搜狐掌门张朝阳和万科老总王石的手握在了一起。总之，运用事件媒体是近年来国内外十分流行的一种公关传播与市场推广手段，在公关和营销实践中屡屡成功的案例，已证明事件媒体是营销传播极其有效的战略武器。

由于看中了事件媒体在传播中的优良“性价比”，越来越多的企业主和企业趋之若鹜，甚至盲目跟风。特别是一些急欲做强做大，但实力（人力、财力、物力或经验）不够、产品或服务知名度不高的企业，由于对事件媒体奉若神明，却往往因此陷入了误区，非但没有打造出知名品牌，反而砸了自己的牌子。目前存在的主要问题有以下几个方面。

1．明星问题

许多企业一窝蜂的上马“明星项目”。经常出现一位名人同时为不同的产品做广告的尴尬局面。央视的黄金时段，明星刚卖完金六福，又卖起复读机；除了空调，还有饮料。客观地讲，利用明星媒体宣传品牌是可行的，但被国内企业用滥了，反而丧失了消费者的信任。

2．赞助问题

赞助是事件媒体的手段之一，通过赞助某一体育运动、公益活动或政府项目等，来扩大企业的知名度。比如万宝路几十年如一日的赞助世界顶级F1方程赛事；健力宝赞助中国奥运军团等都是可圈可点的先例。但是，也有不少国内企业的赞助与发展战略不符，虽然在消费者面前混个脸熟，但实际上反而分散了企业或品牌在消费者心目中的统一形象。

3．哗众取宠

目前有不少人以为事件媒体只需要追求现场的轰动效应就可以了，因而，有的策划人热衷于搞轰动型的事件营销，甚至穿着日本军装游行，层出不穷。某内衣品牌将广告语“完美女人”改成“玩美女人”，招摇于上海闹市，意图造成新闻效应，但事与愿违，这次“事件”非但没有带来销售上的拉动力，反而招来有关部门的处罚，倒赔了20多万元。

4．忽视风险

事件的不确定性使得企业在使用事件媒体时暗藏着风险。比如2002年世界杯期间，国内企业纷纷打出中国队征战韩日世界杯的牌，但由于对中国队的风险估计不足，造成传播效果的虎头蛇尾。如杨晨所代言的某款空调品牌，世界杯之前京城各大商场几乎都看得见杨晨招牌式微笑的POP广告，但中国队表现不佳，“杨晨微笑”几乎一夜之间消失殆尽。

（二）事件媒体的特点和作用

1. 事件媒体的特点

（1）**投入小，产出大**。如今，国内大众媒体的广告费居高不下，许多企业有好的产品却苦于没有足够的宣传经费，而事件媒体往往是借助或炒作一些事件、新闻，将企业的信息在短时间内达到最大最优的传播效果，甚至能让企业或产品一夜成名，并为企业节约大量的宣传成本。事实证明，好的事件媒体无论是在投入还是在知名度的提升方面，回报率都优于其他广告形式。

（2）**具有话题性**。如果事件媒体运用得当，往往具有一定的话题性，能吸引到媒体或公众的目光，成为社会上一时讨论的热点。日本横滨本田汽车销售公司的青木勤社长，曾为销售而别出心裁策划了卖车种树的“本田妙案”使本田汽车的销售一时独领风骚。汽车尾气排放会污染城市环境，青木勤社长从公路上行驶如梭的汽车洪流中，心生灵感：车卖得越多，尾气对城市的污染越严重，所以本田公司不能只顾卖车，而应当通过卖车来促进城市绿化。于是，一个绝妙的营销方案在青木勤社长脑中产生。今后每卖一部车，便在街上种一棵纪念树此举一经实施，就在消费者中形成了特别反响：“同样是买汽车，为何不买绿化街道的本田汽车？！”这种“你买我汽车，我为你植树”的“事件营销”方法，使得本田汽车的销售量由此猛增，一路领先。

（3）**更贴近消费者**。事件媒体也是企业与消费者沟通的重要手段。著名的零售品牌7-Eleven超市曾利用事件媒体，成功地实现了与消费者之间的对话。在奥美的帮助下，生意萧条的7-Eleven制定了一个长期的事件营销策略，其核心主题为“扮演消费者生活节奏的吹笛者”。7-Eleven在这个策略的指引下，充分与包括政府、媒体、社区、供应商等策略执行伙伴密切配合，结合中西方节日、民俗、热点事件、天气等元素不断地为消费者吹响生活的笛声，提醒消费者跟上生活的脚步。仅仅半年时间，7-Eleven就举行了8场记者会、话费代收、圣诞火鸡大同盟、饥饿募捐、贩实肠病药皂、近20次抽奖等活动，累计回函上百万封，取得了极佳的业务绩效。

（4）**具有新颖性**。事件媒体中的事件大多具有新颖的特点，这样才可以在繁杂的信息中突显出来。维珍的创办人理查德·布兰森总是别出心裁地给维珍的营销里加点儿调味品，弄出些幽默和恶作剧来，使得人们总是对维珍保持着兴趣。他驾着热气球飞越大西洋，并且创下了单人独自飞越大西洋的世界奇迹；他驾着坦克在广场上游行；赤裸着全身在海滩上奔跑；衣冠楚楚地陪同戴安娜王妃登上他的维珍公司的客机，然后出人意料的从怀里掏出一瓶红酒，把它洒在王妃华丽的衣服上。在海湾战争中，奏请英国王室同意，派出大型客机，义务为政府接回英国人质。人们喜欢称他为：叛逆的布兰森；嬉皮士布兰森；冒失鬼布兰森；冒险家布兰森。爱屋及乌，人们也越来越喜欢维珍的品牌，乐意接受维珍的产品和服务。

（5）**具有系列性**。心理学研究表明，要使一个人记住某个名称最好的方法就是多次重复的提及。因而，在运用事件媒体时，最好能将事件的发展过程形成一个系列，在目标消费者心中留下深刻的印象。在品牌成长的过程中，需要许许多多的事件不断地给品牌注入新的活力元素，才能使消费者得到不断的新鲜体验，积累对品牌的信赖和忠诚。在实施事件营销策略时，品牌要先设计一套切合企业自身资源状况，切合目标消费群体的喜好和心理特征需求的事件营销的原则和执行策略的框架，使事件营销本身具有一个较整体的骨架，从而形成品牌自身的事件营销的特色。可口可乐在保持其品牌核心诉求的前提下，在中国市场不断地根据中国民俗和潮流事件的发生和变化随时调整其策划的事件，跟上消费者不断更新的喜好，从而获得上佳的销售业绩。

2. 事件媒体的作用

（1）**提高知名度**。在当今的传播过度的市场环境中，善用事件媒体可使品牌快速从成千上万的商品中冒出头来，增加竞争胜算。1998年5月，索肤特木瓜白肤系列产品在新疆上市；6月，《乌鲁木齐晚报》刊登了一条新闻——红山体育场将举办大型体育彩票摸奖活动，大奖30个，每个奖金额高达18万元。这条新闻启发了策划人。因为彩票摸奖的参与者大都属于感性型，比较容易冲动，而索肤特木瓜白肤香皂以祛斑为卖点，价格不高，宣传点突出，感性消费者很容易产生购买行为，两者的目标群体相当吻合。尤其本次大奖为18万元，具有很大吸引力，参与摸奖的人应该不会太少。经过进一步细化，一份包括现场气氛布置、大规模宣传品派发和买香皂送彩票等两部分内容的活动方案连夜形成，活动取得了很好的效果。

（2）培养品牌忠诚度。宝洁公司善于利用事件媒体来培养品牌忠诚。2000年，飘柔成立了“自信学院”，学院特别邀请“疯狂英语”创始人李阳为首席讲师进行大型演讲。由此揭开序幕，并由宝洁公司人力资源部的资深讲师主持了一系列以“建立自信、培养自信、展示自信”为目标的教学培训活动。2001年寒假期间，宝洁公司旗下的佳洁士和舒肤佳针对小学生开展的一个“健康三部曲”活动。2001年6月由因去头屑功效而闻名的著名头发护理品牌海飞丝主办的薄荷海飞丝FLASH闪客广告创意大赛等。这几起事件营销案例，不仅都取得了很好的宣传效果，有效地扩大了品牌知名度，还提升了品牌忠诚度。

3. 事件的主要类型

（1）自然发生的事件。自然发生的事件指的是一种自然演化、社会进程中自然而然发生的而非人为主动策划、导演的事件。这类事件可能是：一种正面事件，对提升企业、产品形象、塑造品牌有利的事件；一种负面事件，即对产品、品牌不利，有损企业、组织形象的事件；一种中性事件，即介于正面事件与负面事件之间的事件。对于自然发生的事件，一是要考虑如何借助自然发生的事件，发掘事件价值为我所用；二是考虑如何规避不利事件的负面影响，特别是对于危机事件，还应进一步考虑如何化危机为转机，在逆境中求生存，求发展。

（2）人为策划的事件。凡非自然发生的事件皆为人为策划的事件。在这类事件中，有的需要通过申办，如奥运会、九运会、世博会等，有的是完全由政府自己策划的；有的只是一次独立的事件，而有的则成为每年固定举行的活动。按照事件的类别，人为策划的事件可以分为：

1）体育事件。例如，国际比赛：北京申办2008年奥运会、厦门举办国际马拉松比赛等。国内比赛：广州承办九运会等。

2）展览会事件。据中国国际展览中心统计，1999年全国举办展览会总数为1326个，比上一年增长近5%。在展览会的带动下兴起了一批“展会城市”，其中尤以北京、上海、广州、大连等城市最为引人注目。

3）博览会。博览会是指规模庞大、内容广泛、展出者和参观者众多的展览会。一般认为博览会是高档次的，对社会、文化以及经济的发展能产生影响并能起促进作用的展览会。例如1999年5月1日至10月31日以“人与自然——迈向21世纪”为主题的昆明世博会；上海以“城市，让生活更美好”为主题申办的2010年世博会。

4）贸易性质的展览。为产业即制造业、商业等行业举办的展览。主要目的是交流信息，包括交易会、贸易洽谈会、展销会、看样定货会、成就展览等。例如九八贸易洽谈会、广交会都是贸易性质的展览。

5）消费性质的展览。基本上都展出消费品，目的主要是直接销售。例如，广州市在2003年11月首次由政府出面举办“国际汽车展”。

6）会议事件。如上海承办APEC会议。“APEC即亚太经济合作组织领导人非正式会议，是亚太经合组织最高级别的会议。”APEC有21个经济体成员，2001年10月在上海举行的是第九次会议，共有3万名代表与会，会议的主题是“新世纪、新挑战：参与、合作，促进共同繁荣”。这是新中国成立以来，在我国举办的规格最高、规模最大的多边国际活动。

7）文化事件。是指以文化活动或与文化相关的人、事物为内容的活动。包括各类艺术展，如2002年广州举行的两个大型艺术展，即广州三年展、中国艺术双年展，在全国造成了比较大的影响，改变了从前公众认为广州是一个没有艺术气氛的城市的印象。演奏会、公演，如厦门在2002年5月举行了鼓浪屿国际钢琴艺术节，第二届中国音乐最高奖《金钟奖》颁奖也同时在鼓浪屿举行。国内外著名音乐大师齐聚鼓浪屿出席这两个音乐盛会，把名岛、名曲、名家、名琴组合交融。各类文化节，如2001年8月的贵阳国际围棋文化节、中国青岛啤酒节、中国潍坊风筝节、中国吴桥杂技节、洛阳牡丹花会、丹东国际旅游节、平遥国际摄影大展、南宁国际民歌艺术节等。

8）媒体事件。是指通过策划，利用媒体的议题设置功能进行炒作，从而达到营销目的的活动。如《新周刊》首次提出了成都“第四城”的概念，并对成都进行全貌式报道，以50页的篇幅把成都提到了继北京、上海、广州之后第四大城市的显著地位。在这个专题中，《第四城》《为什么是成都》《成都的六个可能》《热爱成都的101个理由》等主干文章，在城市建设、经济实力、生活质量、文化魅力和城市声誉等诸多方面与其他城市进行对比。之后，“第四城”的概念引发了强烈的反响，不少媒体纷纷以大篇幅报道，并展开热烈讨论，成了各地市民的热点话题。

三、表演媒体广告

表演方式的最大特色，是通过群众喜闻乐见的文艺表演，让顾客较为自然地接受企业的宣传。

（一）直接的文艺广告

上海市曾举办过一次广告文艺晚会，有广告舞、广告歌、广告相声等。一群小演员头戴兔帽，身穿大白袄，簇拥着一颗硕大的奶糖，和着欢快的节拍，跳起了“大白兔奶糖迎春”的舞蹈。相声演员运用单口相声，既批评了某些个体商贩的骗人行为，又有声有色地介绍了市场上的名牌沙发。青年舞蹈家构思和创作了三个舞蹈，演员们套着夸张了的商品模型，翩翩起舞，精粹的舞蹈语汇与强烈的广告信息相结合，独特而创新。筱声咪与孙明这对老搭档，在四位套着啤酒瓶模型的少女伴舞下，老歌新唱，用观众熟悉的流行歌曲介绍了优质啤酒。

（二）间接的文艺广告

这种方式并不是专门为某种商品做广告，但是把商品信息巧妙穿插在一些谈家常式的表演中，起到了宣传效果。例如《消费时报》上海记者站和上海电视台合作，以“日用消费品知识系列比赛”为题，举办了专栏节目，采用风趣对话、实用示范、喜剧表演、景物展示等形式，介绍了轻工产品的特性及使用方法。这些节目有故事、有情节，看上去不是广告，但效果胜过广告。其中有一辑节目题为“围裙丈夫”，是一出连续性的喜剧，由上海三名滑稽演员扮演老、中、青三位“围裙丈夫”，通过他们在生活中遇到的一些问题，宣传了保温瓶和瓷制品的知识。比如这三位围裙丈夫比赛谁花钱最少却能买来最适用的保温瓶，结果他们分别购买了可卸式电热杯、方便饭盒、新颖大口瓶，还讲了各自的理由，实际上是介绍了三种新产品及其用途。

（三）以产品名义举办的文艺演出或演唱比赛

虽然文艺演出或演唱比赛与产品没有直接关系，但由于是以产品名义举办的，因此起到了强化产品形象的效果。比如，前些年上海电视台连续举办了三届“卜西欧杯”家庭演唱大奖赛，每次有五六十个家庭参赛，初赛、复赛、决赛，前后历时几个月，引起观众莫大的兴趣，复赛的收视率高达93%。由于在节目播映中，通过比赛的名称、舞台背景的广告电光揭示板、伴奏的电子琴和环绕比赛的选票、奖品把广告信息汇聚在一起，使人们对赞助企业有了更深的了解。它越过了普通电视广告的界限，通过五光十色的电视节目把广告按照电视特性进行风格情趣多样化的组合，使人们分不清哪是节目，哪是广告，因而形成一种多姿多彩的“广告文化”。

思考与练习题：

试举两例以特殊的广告媒体方式充分调动视、听、闻、尝、摸等各种感观功能，让人们在谈笑中自然地接触和接受企业所要传送的广告信息和广告观念，以增强广告效果，从而产生一种可信的感染力。

参考文献

[1] 万秀凤，高金康. 广告文案写作 [M]. 上海：上海财经大学出版社，2005.
[2] 杨群祥. 广告策划 [M]. 广州：广东高等教育出版社，2005.
[3] 钱旭涛. 广告设计10法 [M]. 杭州：浙江人民美术出版社，1995.
[4] Ronnie Lipton. 信息化平面设计 [M]. 杭州：中国青年出版社，2003.
[5] 陈梁. 装潢设计 [M]. 杭州：中国美术学院出版社，1999.
[6] 小岛良平. 小岛良平的设计世界 [M]. 南宁：广西美术出版社，2000.
[7]（美）史蒂芬·何拉，特内萨·佛南德. 平面设计师职业指南 [M]. 上海：上海人民美术出版社，2006.
[8] 王亚非，韩晓曼. 平面设计实用手册 [M]. 沈阳：辽宁美术出版社，2001.
[9] 周臻，高空. 平面设计·上册 [M]. 济南：山东美术出版社，2003.
[10] 王雪青. 法国平面设计经典（上）[M]. 上海：上海画报出版社，2003.
[11] 第十届中国广告节组委会大贺集团编. 历届中国广告节金奖作品集 [M]. 南京：江苏美术出版社，2003.
[12] 李湘皖. 视频广告中的“多感”视觉表达 [J]. 包装学报，2016（2）.
[13] 黄军. 激发与推演：广告图形创意课题训练 [M]. 南京：江苏美术出版社，2007.
[14] 陈俊良. 广告媒体研究 [M]. 北京：中国物价出版社，1997.
[15] 莫华军. 广告设计 [M]. 北京：中国建筑工业出版社，2005.
[16] 张扬，曹莹. 广告制作 [M]. 北京：中国水利水电出版社，2006.
[17] 陈瑛. 广告策划与设计 [M]. 北京：化学工业出版社，2006.
[18] 陈放，聂德彬. 广告策划 [M]. 北京：蓝天出版社，2005.
[19] 孙瑞祥. 广告策划创意学 [M]. 天津：天津人民出版社，2007.
[20] 杨柳，孙绍昆. 广告策划 [M]. 北京：中国民族摄影艺术出版社，2016.
[21] 陈原川. 广告游戏 [M]. 北京：中国建筑工业出版社，2003.
[22] 王艺湘. 新媒体时代品牌形象系统设计 [M]. 北京：中国轻工业出版社，2015.
[23] 马瑞，汪燕霞，等. 广告媒体概论 [M]. 北京：中国轻工业出版社，2015.
[24] 王艺湘. 数字媒体设计 [M]. 北京：兵器工业出版社，2013.
[25] 张完硕，纪好. 以陌陌为例的移动社交用户体验要素探究 [J]. 艺术与设计，2016（3）：320.
[26] 钟以谦，媒体与广告，中国人民大学出版社，2001.
[27] 夏琼. 广告媒体 [M]. 武汉：武汉大学出版社，2002.
[28] 褚多锋，奚春雁. 媒体经营运作实务全书 [M]. 北京：清华大学出版社，2001.
[29] 赵劲松. 广告媒介实务 [M]. 北京：世界知识出版社，2001.
[30] 纪华强. 广告媒体策划 [M]. 上海：复旦大学出版社，2003.